智库中社 中国社会科学院创新工程学术出版资助项目

中国校车发展研究

张车伟 等著

Study on the Development of
School Bus in China

中国社会科学出版社

图书在版编目（CIP）数据

中国校车发展研究/张车伟等著 . —北京：中国社会科学出版社，2018.3
（智库丛书）
ISBN 978 - 7 - 5203 - 2130 - 3

Ⅰ. ①中…　Ⅱ. ①张…　Ⅲ. ①校车—发展—研究—中国
Ⅳ. ①G474

中国版本图书馆 CIP 数据核字（2018）第 037810 号

出 版 人　赵剑英
责任编辑　王　衡
责任校对　朱妍洁
责任印制　王　超

出　　版　中国社会科学出版社
社　　址　北京鼓楼西大街甲 158 号
邮　　编　100720
网　　址　http://www.csspw.cn
发 行 部　010 - 84083685
门 市 部　010 - 84029450
经　　销　新华书店及其他书店

印刷装订　北京君升印刷有限公司
版　　次　2018 年 3 月第 1 版
印　　次　2018 年 3 月第 1 次印刷

开　　本　710×1000　1/16
印　　张　15.5
字　　数　254 千字
定　　价　68.00 元

前　　言

　　党的十九大报告提出"优先发展教育事业",其中,校车关系到学生的通勤安全和教育选择权,是重大的民生和教育问题。近年来,中国校车行业的发展取得了一定的成就,但仍然存在一些短板和问题,亟须解决,例如,校车需求量大、校车市场和管理不规范、法规执行不力、交通安全事故多发和安全意识宣传不足等问题。尤其在中国的农村地区,"上学远"、缺乏专业校车以及校车安全事故频发等问题十分突出。

　　中国校车发展刚刚起步,校车安全管理和校车行业发展存在诸多问题,多部门管理、缺乏政府协调机制,校车经营散乱、管理不规范,校车运营举步维艰。目前,校车的实际需求强烈,校车供给能力也有保障,校车生产标准不亚于欧美国家,但是,校车市场和产业却难以快速发展。

　　为深入系统地研究中国校车发展问题,中国社会科学院人口与劳动经济研究所成立了由张车伟所长任组长的课题组,并邀请国内相关专家参加,在理论研究的基础上,先后赴浙江德清、江苏六合、山东青岛、安徽天长、陕西阎良、甘肃酒泉、宁夏中卫校车发展典型地区进行了实地考察,并到美国、英国、日本等国家就校车与教育发展进行调研和交流。经过4年多时间的调查和研究,最终形成了本书的研究成果。

　　本书将对中国校车发展进行全面系统的研究,从理论上阐述校车的属性,评估中国校车的实际需求和供给能力,分析校车管理存在的关键问题,借鉴世界主要国家校车发展和管理的经验,探索适合中国实际情况的校车运营管理体系,提出推动中国校车发展的政策建议。

　　本书是在案头研究和国内外调研的基础上撰写而成。全书共分七章,具体如下:第一章"将校车发展纳入'优先发展教育事业'的战略中",由张车伟、王永洁、高文书撰写;第二章"校车问题的理论分析",由张车伟、赵文撰写;第三章"中国校车需求预测",由王智勇、王磊、杨舸撰写;第四章"国内校车发展模式:地方经验探索",由程杰、屈小博、高文书、陈景彪撰写;第五章"中国校车管理体系:制度安排与政策法规",由屈小博、蔡翼飞、向晶撰写;第六章"校车发展的国际经验",由王永洁、谢倩芸、孙兆阳、周晓光、陆旸、陈景彪撰写;第七章"中国校车运营管理体系",由高文书、程杰、蔡翼飞、孙海燕、汤华撰写;附录为课题组赴7个省(市、自治区)对校车发展的实地调研报告,由程杰、赵文、屈小博、王磊、向晶、杨舸、周晓光等撰写。

本书不仅希望解决中国校车发展面临的具体问题,也希望从理论上对校车问题进行系统分析。本书还有很多不足之处,敬请读者批评指正。

目　　录

第一章　将校车发展纳入"优先发展教育事业"的战略中 ……………（1）

　　一　中国校车行业发展中存在的问题 ………………………（1）

　　二　国外校车管理经验 …………………………………………（3）

　　三　推动中国校车行业发展的政策建议 ………………………（5）

第二章　校车问题的理论分析 …………………………………………（8）

　　一　校车问题的由来和存在的问题 ……………………………（8）

　　二　解决校车问题的理论思考 …………………………………（12）

　　三　解决校车问题的现实路径 …………………………………（14）

第三章　中国校车需求预测 ……………………………………………（18）

　　一　全国校车需求估算与预测 …………………………………（18）

　　二　人口流动与校车需求 ………………………………………（27）

　　三　各地区校车需求估算 ………………………………………（40）

第四章　国内校车发展模式：地方经验探索 …………………………（49）

　　一　校车发展的动因与功能 ……………………………………（49）

　　二　校车发展的运营管理 ………………………………………（53）

　　三　校车发展的筹资模式与成本分摊 …………………………（56）

　　四　校车发展的关键问题 ………………………………………（61）

第五章　中国校车管理体系：制度安排与政策法规 …………………（66）

　　一　中国校车管理制度与政策规定：国家层面 ………………（66）

二　中国校车管理制度与政策法规:部委部门层面 ············（70）

　　三　地方校车管理制度与政策:基于典型调研地点的总结······（76）

　　四　校车管理和组织运营中的突出问题　···············（79）

　　五　中国校车管理制度和政策体系的关键问题与建议 ········（81）

第六章　校车发展的国际经验 ···············（84）

　　一　美国校车的发展和管理经验　···············（84）

　　二　英国校车发展和经验借鉴　···············（125）

　　三　日本的校车制度及其借鉴　···············（151）

第七章　中国校车运营管理体系 ···············（161）

　　一　中国校车运营管理体系和管理原则 ···············（161）

　　二　校车管理运营体系相关主体的定位和职能 ···········（164）

　　三　可供选择的几种校车运营管理模式 ···············（169）

　　四　中国校车管理运营体系的保障机制 ···············（170）

　　五　中国校车管理运营体系的评价机制 ···············（173）

附录　中国校车发展典型模式调研报告 ···············（177）

　　一　浙江省"德清模式"调研报告 ···············（177）

　　二　江苏省"六合模式"调研报告 ···············（188）

　　三　山东省"青岛模式"调研报告 ···············（192）

　　四　安徽省"天长模式"调研报告 ···············（203）

　　五　陕西省"阎良模式"调研报告 ···············（209）

　　六　甘肃省"酒泉模式"调研报告 ···············（220）

　　七　宁夏回族自治区"中卫模式"调研报告 ···········（230）

参考文献 ···············（238）

第 一 章

将校车发展纳入"优先发展
教育事业"的战略中

党的十九大报告提出"优先发展教育事业",其中,校车关系到学生的通勤安全和教育选择权,是重大的民生和教育问题。近年来,中国校车行业的发展取得了一定的成就,但仍然存在一些短板和问题,亟须解决。尤其是校车安全事故频发,引发了社会各界对中国校车安全问题的高度关注。政府部门出台了相关制度和规定,2012 年 4月 5 日,国务院颁布了《校车安全管理条例》(国务院令第 617 号)。校车行业也逐步制定和完善了标准,2010 年 7 月全国第一部《专用小学生校车安全技术条件》(GB24407 - 2009)国家标准颁布实施,2012 年 4 月国家质检总局、国家标准化委员会颁布了《专用校车安全技术条件》(GB24407 - 2012)。地方政府陆续出台了针对校车的补贴政策,涉及购车补贴、运营补贴和税费减免等,各地探索了不同的运营模式。但中国校车存在巨大的供需缺口,亟须建立起有效的校车运营体系。

一 中国校车行业发展中存在的问题

1. 校车需求量大、服务不足

与美国、英国和日本等发达国家相比,中国的校车需求量更大,这不仅与人口数量相关,也与学校区域规划相关。美国实行学区管理制度,学校分布较为合理,不同学区间教学质量差距较小,学生以学区为单位就近入学;而在中国存在较为明显的教学质量差异,为了选择更好的学校，一些家庭需要解决子女上学路程遥远和接送子女的问题。此外，校车服务不足也与中国校车市场不发达、地方财政紧缺和政府对校车项目的重视程度不够有关。

2. 校车资源不对等，农村缺乏校车的问题尤为突出

城市的校车服务相对成熟，而农村地区，尤其是中国中西部农村缺乏校车的问题十分突出。除此之外，城市外来人口聚集区和城乡接合部也面临着较为突出的校车不足和管理不规范的问题。与之相对应，存在"黑校车"和"超载校车"等安全隐患。

3. 缺乏全国性的统一立法，现有法律、法规执行不力

2012 年，中国相继出台了三项校车管理条例和标准，分别是《校车安全管理条例》《专用校车安全技术条件》和《专用校车学生座椅系统及其车辆固定件的强度》。然而，中国的校车立法和执法存在诸多问题。一是缺乏全国性的统一立法，当前校车立法大多为地方政府规章和规范性文件，存在一定的部门和地方利益。二是现有校车管理条例的出台在 2012 年前后，由于校车事故的频发和社会舆论的压力，很多法条的出台时间快，应当更多地依托事实基础、实地考证和群众参与。三是校车管理条例的实施和监督不力，缺乏有效的监督机制以及对从业行为失范者的惩罚机制。四是地方政府从事校车管理、执法和监督的专业人员数量不足。

4. 地方政府没有意识到校车发展的重要性，校车管理权责不明

一些地方政府没有意识到校车发展的重要性，受限于财政拨款，没有鼓励，甚至出现限制校车发展的现象。中国校车虽由多部门共同管理，但缺乏明确的责任方，应当明晰政府部门的校车运输安全管理责任，成立专门的管理委员会，建立政府协调机制。

5. 校车交通安全事故频发

交通事故是造成中小学生意外伤亡的主要原因，而校车安全事故频发的根源是多方面的，包括缺乏专业的校车、缺乏专业的校车工作人员、超载、监管和惩罚不力、与校车和道路交通安全相关的法律法规不健全。

6. 缺乏专业的校车工作人员和管理人员队伍

缺乏专业的校车工作人员（驾驶员和陪护员）是很多国家校车行业

发展中面临的问题，一方面，这是由于严格的高标准导致符合条件的驾驶员紧缺；另一方面，校车专用性导致驾驶员工作时间短、收入低、驾驶员队伍流失率高。中国缺乏专业的校车工作人员，大多数地区的校车司机只是普通驾驶员，并没有相关条例或规范明确界定驾驶员的驾龄、驾驶经验、身体和心理素质。

二 国外校车管理经验

1. 校车运营方式多元化和市场化

日本有五种校车运营方式，包括学校运营型、地方政府运营型、专用巴士委托型、专用巴士包车型和时段包车型。其中，学校运营型是较为常见的形式，即由学校购买车辆、聘用司机，幼儿园的校车大多采用这种方式。地方政府运营型是指在一些偏远和人口稀少的地区，由地方政府购买车辆并聘用校车工作人员，由于这些地区确实存在上学不便的情况，这些地区的校车运行费用主要依靠中央或地方政府的财政补贴而不需要校车利用者承担。此外，校车服务的市场化是一大趋势，当前，专用巴士委托型的校车在日本较为普及，由学校或地方政府购买校车，然后委托给交通运输公司；专用巴士包车型和时段包车型也是重要的市场化运作方式。校车运营方式的多元化和市场化对于解决校车需求量大、缓解校车供不应求等问题具有重要意义。

2. 将校车费用纳入教育费用支出，加大地方政府财政补贴

根据国外的校车管理经验，对于校车项目的财政补贴是多元化和多层次化的，包括国家财政补贴、地方财政补贴、教育经费补贴和学校预算。日本的经验是，在公立学校由政府出资购置校车，除了教育经费补贴，还有地方财政以及彩票收入的支持，私立学校校车购置同样可以得到部分国家补贴；而校车的日常运行费用则主要来源于学生的乘车费或学校的预算。

3. 注重立法保障，将免费乘坐校车纳入义务教育的一部分，规范道路和交通运输规定，明确校车优先权

美国的校车法律规定，免费乘坐校车是义务教育的重要组成部分，联邦和地方政府需提供相关的法规、政策和财政支持推动校车项目。美

国、英国和日本都明确规定校车在道路上享有优先通行权，其他车辆遇校车不得超车，在校车停靠点和学校附近都有明确的时速规定和标志。为提升校车的使用效率和公益性，校车法律中明确界定校车服务对象，规范通勤距离要求。例如，英国《1944 年教育法案》要求英格兰和威尔士的各地方政府为家与学校距离大于 2 英里的 8 岁以下学生，距离大于 3 英里的 8 岁以上学生和所有上下学会途经不安全路段的学生提供免费上下学交通服务；此外，身体或精神残疾等特殊需求群体，不受通勤距离约束。

4. 明确政府职能和责任，提升管理效率

美国在校车管理上实行三级责任模式，即联邦政府负责制定标准，规定州和地方政府职责，建立校车管理机构；州政府制定具体守则，提供财政支持；学区负责具体的校车运营和日常监督。地方政府享有一定的自由裁量权，如在通勤距离要求等方面，在国家标准的基础上地方政府可以进一步降低通勤距离要求，从而使本地区的学生更多地从中受益。

5. 实行校车生产的专业化和标准化，校车运行和监管的电子化和信息化

美国在校车生产和维护方面，执行严格的专业化和标准化的生产条例，并建立电子信息平台共享校车、学生、学校和站点信息，对校车运行实时监控。

6. 校车工作人员队伍专业化，培训和考核定期化

美国对于校车驾驶员的驾龄、驾驶技能、经验、身体和心理素质都有专门的要求，有专门的校车驾驶员执照，开展定期的考核和培训，并重视对驾驶员和陪护人员的行为规范培训；日本的校车司机多为经验丰富的中年驾驶员，有专门的驾照，接送学生的过程中有全程陪同的指导老师。

7. 成立专项基金，鼓励社会赞助

英国政府发起了整体运输专项基金（Total Transport Pilot Fund），用于公共交通事业建设，包括购置校车、培训工作人员和补贴校车费用，资金来源于不同行业，鼓励企业和个人赞助，政府在基金运作中起协调者和代理人的作用，专项基金的成立缓解了预算不足的问题。

8. 兼顾公益性，关注特殊需求群体

"有特殊需求的群体"是指在医学上认定的身体上、心理上、精神上或智商上存在缺陷，需要特殊照顾的人群。英国和美国为残疾和有特殊需求的学生提供校车服务，且不受通勤距离等条件的约束，有专门的残疾人专座。

9. 充分发挥社区功能，鼓励通勤方式的多元化

加拿大的社区功能较为发达，以埃德蒙顿市为例，在中小学和大学的学校站牌都有安全步行（Safe Walk）社区组织的标牌和广告宣传栏，由社区居民和学生担任志愿者，学生和家长可通过电话或 APP 简单快捷地预约步行陪护人员，通常由两名志愿者陪护学生步行从站点或学校回家，这在一定程度上缓解了学生对校车的需求，通过充分发挥社区功能，促进了学生通勤方式的多元化，使得公共交通和步行成为颇受欢迎的通勤方式。

三 推动中国校车行业发展的政策建议

1. 顶层规划，统筹校车行业的发展，将校车发展纳入"优先发展教育事业"的大战略中

将校车发展纳入"优先发展教育事业"的大战略中，政府、市场、学校和社区多方参与校车行业的发展，相互协调和补充。为统筹校车行业的发展，应采取以下措施。一是强化中央政府责任，高度重视校车行业发展和校车安全，提供立法、制度和财政保障，制定相关法律，推动校车发展战略，将校车发展纳入国家的"优先发展教育事业"中。二是立法保障，将校车服务供给纳入义务教育，完善道路和交通运输规定，确定校车优先权。三是推动校车行业的市场化，鼓励市场竞争，规范校车市场。四是充分发挥政府、市场、学校和社区的协调作用，政府发挥规划、立法、执法和监督职能，提供一定的财政支持；市场负责生产、运行和租赁；学校负责校车日常管理；社区承担安全意识的宣传和接送学生上下学的志愿者职责。五是鼓励民间社团，如成立校车协会，便于学校、交通运输公司和地方政府信息共享。六是设置专项基金，鼓励社会赞助，通过财政资助、税收优惠和社会捐赠多渠道筹措经费，支

持校车行业的发展。

2. 推进管理体制改革，成立校车管理办公室，加强对校车发展的规划、管理、执法和监督

整合相关教育部门、交通管理部门和宣传部门，成立专门管理机构对校车进行专项管理，建立协调机制；开展学生交通安全教育；在校车购置和驾驶员资格审查等方面严格把关。此外，在学校层面，也应当建立校车办公室，专门负责校车的购置、维护以及对校车和乘坐人的管理。

3. 多项措施并举，保障校车安全

第一，完善并严格遵循校车生产标准，生产和使用标准化的校车是保证校车安全运行的首要前提。第二，针对不同年龄和不同学习阶段的学生，生产专用性校车，包括幼儿专用校车、小学生专用校车和中学生专用校车。第三，制定并执行与校车相关的交通运输、车辆管理和交通安全方面的法律和法规，赋予校车优先通行的特权。第四，加大校车整治力度，严厉打击"黑校车"和校车超载现象，严惩危害校车安全的交通违法行为。第五，在校车生产、租赁和使用中加入更多的安全要求条款。第六，严格挑选校车司机，对校车司机开展定期的考核和培训，规范校车工作人员的言行以及与学生的互动，通过引入"计分"机制监管校车司机。第七，在校车设计上应设置特殊需求座位以兼容特殊需求的学生。

4. 结合国情、因地制宜、平衡差距，注重农村校车发展

党的十九大报告指出，"中国特色社会主义进入新时代，我国社会主要矛盾已经转化为人民日益增长的美好生活需要和不平衡不充分的发展之间的矛盾"。不平衡不充分的发展是当前中国社会主要矛盾的根源，各地和城乡之间的经济发展差距大。在校车项目中，要关注地区差异，考虑实际情况，避免"一刀切"，各地要秉承实事求是、因地制宜的方法论，发展适合本土和当地经济发展水平的校车运营方式，给予地方政府一定的自由裁量权。今后政策调整应该尤其关心农村地区学生的乘车问题，既扩大公共交通的覆盖面，也要充分发挥政府的宏观调控作用，推动农村校车发展，对农村、偏远地区、人口稀少地区、气候和地理环境恶劣地区、城乡接合部以及城市外来人口聚集地给予更多的校车财政

补贴，促进教育事业的公平发展，减少学生由于通勤问题而辍学的现象。

5. 鼓励通勤方式多元化，充分发挥社区功能

多渠道解决学生的通勤问题，在大城市，积极倡导绿色出行，鼓励步行、骑行和公共交通，可尝试推广新能源校车。营造人文关怀的环境、在校园或社区开办安全知识讲座，提高学生和家长的交通安全意识。发挥社区的作用，在农村和边远地区，设置儿童接送站点，由家长或村庄志愿者陪护儿童，提高校车运行效率。

6. 校车运行的电子化和信息化

安装校车定位系统，以区域为单位对运行校车实时监控，实现校车运行电子化、信息化。此外，学校之间可以共享校车资源，不同学校或同一学校的不同年级实行上下课错峰安排，提高校车使用效率。

第 二 章

校车问题的理论分析

一 校车问题的由来和存在的问题

目前，中国义务教育阶段学生按照上学路程远近，上下学方式可以分为三类。距离学校较近的，采取就近步行方式；距离学校较远的，采取公共交通或校车的方式；距离学校较远、学生分布又较为分散的，采取寄宿制学校的方式。在很多地区，公共交通不发达，校车服务呈现供不应求的局面，需求方处于弱势地位，"黑校车"盛行。

校车，顾名思义就是为学生上下学安全和方便而提供的专用车。之所以需要校车，是因为学生很弱小，不具备在社会上与成年人竞争社会资源的能力。距离学校较远的学生，利用公共交通上下学既不方便也不安全，因此，家长多选择提供校车服务的社会车辆。而社会车辆出于盈利目的，违规超载时有出现，车辆本身也不具备校车的技术安全性。近年来出现的校车事故，都是由此而发。因此，社会各界希望政府能够尽快帮助解决这一问题。

解决校车问题有两种基本途径。一种是由政府规范校车市场的运行，借助市场力量保障远途学生上下学的安全性和便利性。另一种是将校车服务纳入教育服务中，作为公共服务提供给社会。参考国际经验，英、美等发达国家最初的校车服务是市场自发产生的，政府进行了一些市场规制。在汽车发明、公路改善之后，政府财力允许提供全民校车服务，校车服务逐步纳入公共服务范围。目前，包括美国在内的很多发达国家是强制学生乘坐校车的。

中国是一个中等收入国家，能够提供给教育的社会资源还非常有限。长期以来，无论在城市还是在农村，都存在着学生上学难的问题。因此，就近入学是一直以来坚持的办学方针。

1986 年《中华人民共和国义务教育法》（以下简称《义务教育法》）颁布实施，其中第九条规定："地方各级人民政府应当合理设置小学、初级中等学校，使少年、儿童就近入学"，这从法律上保障了学生就近入学的权利。虽然教育政策不断变化，但基础教育阶段学生就近入学的原则始终保持不变。经过几次修订，2006 年 9 月 1 日起实施的《义务教育法》第十二条规定："适龄儿童、少年免试入学。地方各级人民政府应当保障适龄儿童、少年在户籍所在地学校就近入学。"由此可见，就近入学原则一直是获得政府肯定并具有法律地位的一项规定。

然而，在教育的现实境况中，义务教育阶段的学生就近入学并未完全实现。随着居民收入水平的提高，校车需求越来越广泛。近年来，随着经济结构和人口布局的调整，城镇化程度的不断提高，就近入学矛盾有所加剧。具体来看，校车需求主要来自以下五个方面。

第一，由择校导致的就近入学困境。一些学生和家长为了选择教育质量更好的学校，而放弃本区域内的服务学校，进入非就学区域就学，由此导致学生上学路程增加。这是因为，城市学校布局与城市建设发展不匹配，城市义务教育阶段择校现象普遍，很多学生不能就近入学，上学接送问题也很突出。

第二，城市人口膨胀，交通拥堵问题逐渐突出，接送孩子除了是家长的负担外，对学校附近交通也造成较大压力。校车是解决这一问题的有效途径。

第三，城乡学前教育规模迅速增长，低龄儿童、幼儿自理能力差，入园接送问题日益突出。

第四，流动人口子女就学导致的就近入学困境。随着中国城市化进程的发展，农业转移人口的子女随着父母来到城市，其就学问题成为了一大难题。中国城乡二元结构的体制弊端和教育资源分配不平衡性，导致这些学生在选择学校时受到极大限制。他们或是进入打工子弟学校，或是支付高额的借读费进入流入地学校，甚至有些学生被迫辍学。在他们选择学校的过程中，就学距离是考虑的次要因素，有些学生和家长为了实现就学，不得不选择那些愿意接受他们，但上学路程很远的学校。

第五，农村人口出现空心化，导致大量农村小学和初中被裁撤、合并，进而使许多孩子上学距离变远。自 2001 年中国在农村地区实施大范围的学校布局调整以来，大量农村中小学被撤并，农村地区义务教育阶段学生的就近入学问题日益凸显。

在以上所述的五种困境中，由学校布局调整带来的问题尤为突出。2001 年国务院颁布《关于基础教育改革与发展的决定》（国发〔2001〕21 号），第 13 条规定："因地制宜调整农村义务教育学校布局。按照小学就近入学、初中相对集中、优化教育资源配置的原则，合理规划和调整学校布局。"学校布局调整的初衷是按照人口布局，通过重新调配教育资源，在集中与重组中寻求最大限度地提高教育资源的使用效率，以此来提高教育质量。撤并那些教学质量不高的农村小学，将学生集中到教育水平相对较高的乡镇去上学，这种做法虽然有利于提高教育效率与质量，然而在实际中也出现了一些问题。

中国小学和初中的平均在校学生人数从 2001 年开始快速上升（见图 2-1 和图 2-2）。分城乡来看，主要是县镇小学、县镇初中的平均在校学生人数大幅上升。这是大量农村小学、初中被裁撤、合并造成的。学校布局调整是适应经济社会发展的必然选择，但短时期内产生的负面影响也需要社会重视。

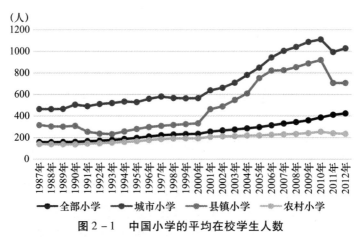

图 2-1　中国小学的平均在校学生人数

资料来源：历年《中国统计年鉴》。

注：因 2013 年之后国家统计局不再公布县、乡小学数，故之后的平均在校学生人数无法计算。

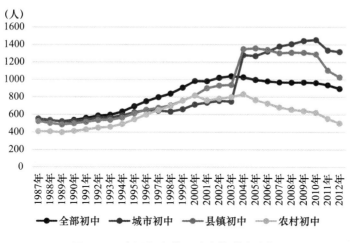

图 2-2　中国初中的平均在校学生人数

资料来源：历年《中国统计年鉴》。

注：因 2013 年之后国家统计局不再公布县、乡中学数，故之后的平均在校学生人数无法计算。

由于上述原因，导致校车需求日益增长，用于运送孩子上学的社会车辆越来越多，但是由于中国缺乏发展校车的经验，校车发展呈现了一派虽繁荣却缺少秩序的景象。无论是学生自己骑车或坐公交车、家长骑车或开车接送、家长组织包车接送，还是个别学校开通校车，都存在安全隐患。特别是农用车、货运车、报废车、拼装车接送，小客车超载等现象非常普遍，乘坐这些校车的幼儿、学生每天都处于危险之中。如此泥沙俱下的校车发展格局，无可避免地伴生了各种问题，特别是多起恶性校车事故刺痛了社会神经，引发了社会的广泛关注和孩子父母对安全的担忧。

从目前国内校车运行的实际情况来看，主要存在几个突出问题。第一，各地校车车型混杂，很多车辆本身不是专门为运送学生而设计的，安全性能不达标。第二，财政资金不足，无法完全满足各地校车需求。第三，缺乏科学统一的校车运营管理模式，资金筹措还没有具体的指引政策，校车维持成本相对高昂，缺乏校车费用承担的国家标准，跟车制度维持艰难，校车利用率需要提高。第四，校车的公路配套建设制约校车发展。

二 解决校车问题的理论思考

校车问题出现之后，不断有社会舆论呼吁立法和通过财政手段提供公共校车服务来解决这一问题。任何一种服务是否能成为公共服务，很大程度上取决于公众是否有需要。公众对于安全校车有需求，但家长和学校无力提供，因此应该由政府承担起这个责任，满足公众需求。但这并不是说，校车完全应该由政府负担。校车是社会经济发展到一定阶段的产物，其问题表现在学校，但其根源在社会，它是一个复杂的社会问题。

从前文看，由财政提供校车服务能够解决这些问题，但并不代表应该这样做。比如，由择校导致的就近入学问题，其原因在于家长的择校需求，其对校车的需求就不应该由纳税人承担。而农村实施的大范围中小学撤并，直接导致了农村学生上学远、上学难问题，在可负担的范围内，可以考虑由财政支持的校车服务来解决这一问题。

从理论来看，校车具有一些公共产品属性，但不完全是公共产品。社会产品分为公共产品和私人产品。公共产品是指供社会成员共同享用的产品，具有非竞争性和非排他性。这些产品一般不能由企业和个人来提供，需要由政府来提供，如国防、基础教育、市政建设、社会保障等。提供这些公共产品是政府在市场经济中的基本职能之一。政府向公民征税，作为提供这些公共产品的资金。

义务教育阶段的校车应该是准公共产品，具有有限的非竞争性和局部的非排他性。这是因为，第一，就近入学和寄宿制学校的学生绝大多数不需要校车接送。第二，政府提供了公共交通，能够满足大多数学生上下学的合理需要。第三，并非每个公民家庭都有校车需求，校车需求在各地区、各阶段、各类居民家庭的需求不平衡。校车这样的准公共产品如果由市场提供，就会出现因市场化、金钱化而追逐利润的情况，失去公益性和安全性。如果完全由政府提供，则会造成社会不公。所以，义务教育阶段的校车应该由政府介入。

中国校车问题的出现，有其特殊性。中国正在经历人类历史上最大规模的城镇化，人口布局正在经历大调整，教育资源也需要大整合。许多地方中小学合并、撤校，正是在这一大调整中出现的，校车问题正是在这一大背景下产生的。如果根据目前的校车需求，政府进行大量投入，等到未来人口布局调整完成，校车需求大幅度下降的时候，这些校车就会闲置浪费。

校车本身运行的经济性不高，推广困难。校车运行的第一位是技术安全性，而且还要在制度上保证专用性，因此，校车运行的经济成本很高。而且，由于地区发展程度不同，越是边远贫穷的地方越需要校车，但成本极其高昂。在目前中国的发展阶段和居民收入水平下，无论是利用市场手段运行校车，还是国家投入，成本都很高昂，社会难以承受。

尽管校车推广面临着以上诸多困难，但我们还要看到校车运行带来的社会效益。第一，校车可以解决一部分学生上学难的问题，可以大幅提升学生交通安全系数，降低学生上下学交通安全事故的发生率。第二，乘坐校车可以减少学生不平等感，促进学生交流融合。第三，校车对特殊教育学校的学生有特别重要的意义。第四，可以缓解寄宿制学校学生的安全问题、身心健康问题、学校的管理和服务问题以及家长的经济负担问题。第五，校车不仅有助于保障学生平等受教育权的实现，也有助于对政策中利益受损者的补偿，具有一定的公益性。第六，促进家庭幸福与社会和谐，校车需求刚性化与供给严重缺失的双重压力使得孩子上下学的交通问题成为不少家长的心病。推行校车制度，不仅可以减轻家庭经济负担，而且可以让家长安心工作。第七，生态效益。校车制度缺失的情况下，私家车接送学生不仅造成严重交通拥堵，也造成了巨大的资源浪费和环境污染。除了节约能源，校车还可以缓解城市交通压力，大幅减少汽车废气排放所造成的环境污染，具有显著的生态效益。

总体来看，校车的特殊性体现在三方面。第一，高安全性。由于校车的服务对象是极易受到意外伤害、缺乏自我保护能力的未成年人，所以它应具有高安全性能。第二，公益性。校车主要用于接送学生上下学，为远距离学生求学提供便利，它是保障学生平等受教育权的重要支撑条件。伴随义务教育的发展，校车需求成为一种基本的公共服务需求，它是社会公共服务系统的重要组成部分，具有一定的公益性。第三，高成本性。由于校车营运时间随学生作息和教学安排而定，运营时间和路线的固定性使校车空载率较高，成本耗费大。解决校车问题，既要回应当前的社会关切，也要顾全长远，发挥经济社会效益。

三 解决校车问题的现实路径

（一）一些地区提供公共校车服务的探索和经验

随着中国公路建设不断加强和符合安全要求的校车的生产，一些地区陆续进行了提供公共校车服务的探索，并取得了宝贵的经验。通过对浙江德清、江苏六合、山东青岛、安徽天长、陕西阎良、甘肃酒泉、宁夏中卫的实地调查，我们总结了一些值得借鉴的做法和经验。

1. 解决校车的经费一定要认清国情

基于中国目前的基本国情，义务教育阶段学生的交通需求不等同于校车需求，即不一定通过专用校车这个途径来解决，特别是在大中城市，应当优先发展公共交通，提倡学生乘坐公交车辆上下学。

2. 政府购买服务

就传统而言，公共服务的提供一般由政府全部包下来。这虽然保证了服务的普惠性，但也由于缺乏竞争与监督，带来质量方面的问题。从20世纪中后期开始，在理论上和实践上，政府购买公共服务这一方式受到重视并逐渐在各国推行。对于公共服务，政府主要是在财政上保障，其具体运营，则由社会组织或者企业进行，政府出资购买。这种模式较之传统模式，有诸多优势。

3. 使用专用校车

使用专用校车来解决学生交通需求最为明显的优势是，相对于其他运输方式，校车安全系数更高、更有保障，且集中接送学生的运营模式有利于提高车辆和道路资源的利用率。这一点已得到社会各界的普遍认同。

4. 社会各界监督

合理解决校车安全问题，要在监管执行方面给予足够的支持。要监管校车安全，一方面，要加强群众监督，让校车接受大众的审查，使校车安全透明化；另一方面，要加强媒体监督，对于违规车辆给予充分曝光；同时，还要增加警力资源，确保覆盖路段安全。只有加强校车安全的监管，确保有关校车安全的政策得以落实执行，才能杜绝校车安全问题的发生。

5. 重视安全教育

应重视校车安全理念和制度建设，严格制定和执行校车运行的相关安全标准，规避侥幸心理。加强校车司机的思想教育，让校车司机定期参加安全知识学习和考核，实行淘汰制。学校应当对学生、学生的父母或其他监护人进行交通安全教育，向学生讲解校车安全乘坐知识和校车安全事故应急处理技能并定期组织演练。同时学校应当指派照管人员随校车全程照管乘车学生，并定期对随车照管人员进行安全教育，组织随车照管人员学习道路交通安全法律法规、安全防范和急救知识，增强安全防范意识，时刻提醒驾驶人员遵守校车管理的有关规定，提高责任心。

6. 做好保障工作

通过立法等手段，赋予校车更多的路权，让校车成为真正的"特权车"，因为这样的"特权"，人民发自内心地拥护。同时，要重视校车驾驶员的驾驶技术与应急能力考核，严格监管校车使用，避免校车因车况差、超载成为马路杀手。

7. 完善法律法规

中国要加强校车相关事项的立法，完善法律法规体系。诸如，生产厂商的相关法律、管理主体的相关法律、司机的相关法律、学校的相关法律，以及事故的追究与问责等法律法规。

8. 完善校车标准

在美国有60多个美国联邦机动车安全标准，其中有许多标准是针对校车的。这一点值得我们借鉴。我们要制定出完善的校车的生产标准、校车的分类标准、校车的安全标准、严格的出厂及淘汰标准、驾驶员标准、校车行驶标准等系列标准体系，从校车的硬件及软件方面打好安全基础。

9. 明确管理机构

目前，中国校车管理的责任主体还不明确、权责模糊，教育部门、交通部门、公安部门对校车存在多头管理。这种状况，急需用立法的形式加以明确其权利与义务，界定职责，理清关系。

10. 提高运营效益

校车票价可以参考市场价格。幼儿校车服务时间与义务教育学生的服务时间错开，可以作为提高校车运营效益的重要手段。

（二）国务院制定《校车安全管理条例》

为了加强校车安全管理，保障乘坐校车学生的人身安全，2012年4月5日，《校车安全管理条例》（以下简称《条例》）由国务院公布并实行。《条例》对校车服务的原则、管理责任主体、校车使用地区、制定和修订校车安全国家标准的部门、校车驾驶人资格、校车通行安全、校车乘车安全、相关法律责任等进行了规定。根据《条例》，高中学生上下学不纳入校车服务范围，幼儿入园也以保障幼儿就近入园和由家长接送为原则。对确实难以保障就近入学，并且公共交通不能满足学生上下学需要的农村地区，县级以上地方人民政府应当采取措施，保障接受义务教育的学生获得校车服务。对确因特殊情况不能由监护人或其委托的成年人接送，需要使用车辆集中接送的幼儿，应当使用按照专用校车国家标准设计和制造的幼儿专用校车。

国务院在充分总结实践经验、广泛调查研究、认真研究各方面的意见的基础上，制定了《条例》和一系列相关法规和文件。之前，社会各界主要围绕十大热点提出许多意见和建议，诸如：①就近入学还是发展校车；②幼儿和高中生是否应当使用校车；③校车高标准是否可行；④教育部门牵头还是其他部门牵头；⑤校车运营是否应当市场化；⑥驾驶人资格条件是否应该更加严格；⑦校车是否应该享有优先权；⑧学校是否应派随车照管人员；⑨是否应该加重法律责任；⑩3年过渡期长还是短。

2010年2月19日，国家质检总局发布了《专用小学生校车安全技术条件》，对专用小学生校车的定义以及校车的配置标准进行了相关规定。2011年11月27日，时任总理温家宝在第五次全国妇女儿童工作会议上要求，"法制办要在一个月内制定出《校车安全条例》"。2011年12月11日，国务院法制办公布《校车安全条例（草案）》征求意见稿，向全社会征求民意。2012年1月13日，《专用校车安全技术条件》《专用校车座椅系统及其车辆固定件的强度》两项国家强制性标准通过审查。2012年3月5日，校车安全问题首次被写进政府工作报告，要求"加强校车安全管理确保孩子们的人身安全"。

《条例》规定，县级以上地方人民政府应当根据本行政区域的学生数量和分布状况等因素，依法制定、调整学校设置规划，保障学生就近入学或在寄宿制学校入学，减少学生上下学的交通风险。对确实难以保障就近入学，并且公共交通不能满足学生上下学需要的农村地区，县级以上地方人民政府应当采取措施，保障接受义务教育的学生获得校车服务。

　　《条例》规定，国家要建立多渠道筹措校车经费的机制，并通过财政资助、税收优惠、鼓励社会捐赠等多种方式，按照规定支持使用校车接送学生的服务。支持校车服务所需的财政资金由中央财政和地方财政分担，支持校车服务的税收优惠办法。

　　《条例》规定，县级以上地方人民政府对本行政区域的校车安全管理工作负总责，组织有关部门制定并实施与当地经济发展水平和校车服务需求相适应的校车服务方案，统一领导、组织、协调有关部门履行校车安全管理职责。

　　《条例》规定，依法设立的道路旅客运输经营企业、城市公共交通企业，以及根据县级以上地方人民政府规定设立的校车运营单位，可以提供校车服务。县级以上地方人民政府根据本地区实际情况，可以制定管理办法，组织依法取得道路旅客运输经营许可的个体经营者提供校车服务。

　　《条例》规定，本条例施行后，用于接送小学生、幼儿的专用校车不能满足需求的，在省、自治区、直辖市人民政府规定的过渡期限内可以使用取得校车标牌的其他载客汽车。

　　《条例》是在校车事故频发之后，快速出台的。尽量广泛征求了社会各界意见，考虑到了相关各方诉求，但仍然多少具有一些应急性质，其中多项措施还有待完善，如经费问题。任何成熟的社会政策不可能一蹴而就。未来公共校车服务还需要更加完备，这就需要我们对校车问题进行进一步的深入研究。

第 三 章

中国校车需求预测

随着人口结构的变化以及人口的流动和迁移，许多地区出现了撤校或并校的问题，这给相关的居民小区子女就学带来不便。合理的学校布局和配置应该是使所有的居民小区子女都实现方便入学。但现实的问题是学校的分布并非短期内可以改变的，因此，如何考虑让学生们实现就近和安全地往返于学校和居住点之间，就成为当前重要的议题。这不仅是教育部门需要考虑的问题，也是家庭和社会各界特别关注的问题。

一 全国校车需求估算与预测

（一）校车需求预测方法回顾

1. 校车需求总量预测

随着校车新标准的实施，自 2011 年下半年开始的校车标准之争也最终落下帷幕。随着国家新校车标准的出台和政府对校车采购财政支持力度的加大，将催生规模高达数百亿甚至上千亿元的校车产业，其前景被业内普遍看好①。

据教育部统计，目前国内接送幼儿、学生上下学的车辆为 28.5 万辆，其中符合标准的校车为 2.9 万辆，合格比例仅为 10%。同时，在一系列校车安全事件的刺激下，地方政府对校车的重视程度提升到前所未有的高度。早在 2011 年 8 月，浙江德清、山东威海等国内 7 座城市就启

---

① 丁倩、尤嘉勋：《国内外校车市场发展现状及未来市场需求展望》，《商用汽车》2012 年第 9 期。

动了校车改革试点。2011 年 1 月，作为国内首个正式公布校车方案的地方政府，山东龙口一次性投入 1700 余万元购置了 50 辆宇通"大鼻子"校车，均价每辆 35 万元；2012 年年初，甘肃庆阳投入 980 万元购置了 40 辆"大鼻子"校车；重庆市也将投入 3000 辆安全标准化校车。

按照目前地方政府对校车的重视程度，国家校车标准一旦获得通过，前 3 年必将是集中采购时期，校车势必成为相关客车企业重要的利润增长点。同时，由于基数增大，此后每年因报废需要更换的校车将超过 10 万辆，这也为校车产业可持续发展提供了保障。目前中国小学在校学生有 1 亿人左右，幼儿园约有 50 万所。以 5000 万人需乘坐校车、每辆校车乘员 50 人计算，校车的需求量就将达 100 万辆。虽然现在并没有来自权威部门的具体数据，但以宇通客车专业报价 40 万元的校车为例，国内校车产业规模高达上千亿元，已成为业内共识。

2. 校车需求（量）预测方法（省级、地市级）

（1）校车需求量

有关研究通过调查河南省洛阳市中小学生上下学各种交通方式所占比率，计算出洛阳市市区校车市场的潜在客流量。根据近几年的潜在客流量，首先采用加权平滑预测模型、灰色系统模型和灰色—马尔柯夫预测模型进行初步预测，然后采用组合预测模型来对未来客流量进行最终预测。根据最终预测结果计算出洛阳市市区普及校车工程所需要的校车数量（2015 年要达到 1243 辆的校车拥有量。以 5 年的时间来实现全面推广校车，则每年需要从生产厂家购进 249 辆)[1]。

（2）校车需求

有研究以"中国义务教育发展报告"的课题研究为基础，对广西壮族自治区农村地区义务教育阶段的学生家长和学校管理人员进行问卷调查和访谈，以了解中国农村地区中小学管理人员和学生家长对校车的需求程度、费用承担、运营安全和管理责任等有关方面的态度和看法。结果表明：农村地区对校车有较大的需求，家长和学校管理人员均认为校车是确保学生上下学途中人身安全的有效途径，也希望政府能担起有关的责任；但由于地区发展滞后等因素，当地学校和政府在校车管理、经费、人员等

---

[1]　叶正梗等：《洛阳市中小学校车需求量预测》，《大观周刊》2012 年第 15 期。

基本保障方面无法跟进，校车问题还须"因地制宜"地辩证看待①。

还有研究以北京市中关村地区3所小学为研究对象，对这3所小学进行了大规模摸底调查，以问卷形式调查了学生的居住地分布、交通出行结构、出行距离以及学生家长对乘坐校车的意见及意愿等，并对调查结果进行了具体分析。结果表明，学生家长对于开通校车的需求较大，且校车运营的正规性、安全性是吸引其选择校车接送的最主要因素。最后，从运营模式、线路规划、法律保障、交通管理、安全宣传等方面，提出了小学开行校车的建议②。

3. 小结

目前，现有研究文献中没有预测国内市场校车需求量的研究。已有的"预测"文献可以分为三大类：第一类是校车行业或企业的粗略"估计"；第二类是对校车的"需求"调查；第三类是针对某个特定城市（如洛阳市市区）所做的校车需求量预测。第一类的预测是对校车需求量的较粗略的估计，不能称之为严格意义上的预测。第二类主要采取问卷调查和访谈的方式获得社会（主要针对家长）对校车的需求，也谈不上对校车需求量的直接预测。第三类是对某个特定城市的特定区域所做的严格意义上的预测，能为我们的预测提供经验，如"客流量"的概念和整个研究思路。但是，如何借鉴也存在很多困难，问题包括：第一，单个城市的预测是否能够简单拓展到全国；第二，"客流量"预测之外是否应该有"中小学（包括部分幼儿园儿童）学龄人口规模、结构预测"；第三，人口迁移导致的地区间学龄人口分布的变化，基层学校撤并引起的校车需求变化。

（二）全国学龄人口与校车潜在需求

1. 第六次全国人口普查数据估计的学龄人口与校车潜在需求

学龄有两种含义：一是指达到入学年龄的儿童。各国学制规定不一。英国规定5岁儿童入学。朝鲜、罗马尼亚、美国、法国、日本、德

---

① 甘凤春：《广西农村地区中小学校车需求状况调查报告》，《西南农业大学学报》（社会科学版）2013年第2期。

② 余柳、刘莹：《北京市小学生通学交通特征分析及校车开行建议》，《交通运输系统工程与信息》2011年第5期。

国等规定 6 岁儿童入学。俄罗斯、南斯拉夫等规定 7 岁儿童入学。中国现行的教育法规定 6 岁儿童入学。二是指符合普及义务教育入学年龄阶段的儿童。有的仅指 6、7 至 11、12 岁小学阶段的学生为学龄儿童；也有称 6、7 岁至 17、18 岁整个普通教育阶段的学生为学龄儿童。与此相适应，把在普通学校受教育的时期，分为 3 个年龄阶段——小学阶段为学龄初期，初中阶段为学龄中期，高中阶段为学龄晚期。

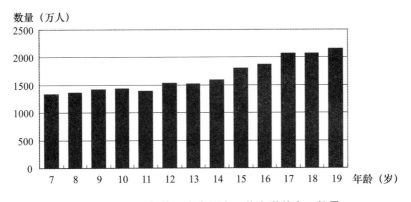

图 3－1　2010 年第六次全国人口普查学龄人口数量

资料来源：国家统计局网站，http：//www.stats.gov.cn/tjsj/pcsj/rkpc/6rp/indexch.htm。

第六次全国人口普查显示，2010 年中国 6—19 岁学龄人口总量达2.31 亿人。随着年龄的减小，学龄人口数量也在减少。2010 年，6—11岁组的单岁学龄人口不到 1500 万人，12—16 岁组的单岁学龄人口不到2000 万人，17—19 岁组的单岁学龄人口刚超过 2000 万人且不超过2200 万人。

在不考虑校车利用率、校车（载客量）类型、校车报废更新和其他诸多限制校车发展因素的情况下，仅按照每辆校车承载 35 名学生计算，表 3－1 给予了不同情形下的分年龄校车潜在需求量和全部校车潜在需求量。

简单估算表明，如果 6—19 岁学龄人口乘坐校车比例为 5%—20%（情形 2、3、4）的话，校车潜在需求量为 33 万—132 万辆。如果 6—16 岁学龄人口乘坐校车比例为 5%—20%（情形 2、3、4）的话，校车潜在需求量为 24 万—95.9 万辆。

表 3 - 1 　　　　　　　　　　校车潜在需求量　　　　　　　　　（万辆）

年龄（岁）	情形 1 30%乘校车	情形 2 20%乘校车	情形 3 10%乘校车	情形 4 5%乘校车	情形 5 1%乘校车
6	12.7	8.5	4.2	2.1	0.4
7	11.5	7.7	3.8	1.9	0.4
8	11.7	7.8	3.9	2.0	0.4
9	12.2	8.1	4.1	2.0	0.4
10	12.4	8.3	4.1	2.1	0.4
11	11.9	8.0	4.0	2.0	0.4
12	13.2	8.8	4.4	2.2	0.4
13	13.1	8.7	4.4	2.2	0.4
14	13.6	9.1	4.5	2.3	0.5
15	15.4	10.3	5.1	2.6	0.5
16	16.1	10.7	5.4	2.7	0.5
17	17.8	11.9	5.9	3.0	0.6
18	17.8	11.9	5.9	3.0	0.6
19	18.5	12.3	6.2	3.1	0.6
全部合计	198.0	132.0	66.0	33.0	6.6
6—16 岁合计	143.9	95.9	48.0	24.0	4.8

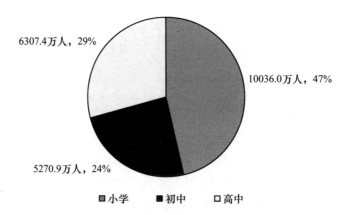

图 3 - 2　2010 年第六次全国人口普查学龄人口数量和构成

从图 3-2 可以看到，学龄人口中，小学生和初中生占多数，即占 71%。而且高中生年龄大多数在 15 周岁以上，他们的行动能力和判断力已经接近成年人。因此，可以说，满足小学生和初中生的校车需求，是政府、社会和家庭关注的重点。

2.2020 年和 2030 年的校车潜在需求

20 世纪 70 年代以来，中国经历了生育水平快速降低并长期保持在较低生育水平状态。1990 年之后，总和生育率一直低于更替水平，官方认为总和生育率在 1.8 左右，学界认为要低于 1.8，甚至可能低于 1.5。2010 年及以后出生的人口将主要是 1975 年之后出生的人口婚育的结果，父母一代人口总量的萎缩，加之总和生育率低于更替水平，导致未来学龄人口还将继续减少。预测参数简单设置如下：生育水平 2010—2015 年均为 1.5，2016—2020 年分别为 1.6、1.65、1.7、1.75、1.8，2012—2030 年均为 1.8；死亡水平保持不变。我们主要考虑 2020 年、2030 年的校车潜在需求，因此，只要预测 2020 年、2030 年的学龄人口变化，就能够基本满足这个预测要求。

表 3-2　　　　　　　　　2020 年校车潜在需求量　　　　　　　　　（万辆）

年龄（岁）	情形 1 30% 乘校车	情形 2 20% 乘校车	情形 3 10% 乘校车	情形 4 5% 乘校车	情形 5 1% 乘校车
6	13.6	9.1	4.5	2.3	0.5
7	13.5	9.0	4.5	2.3	0.5
8	13.5	9.0	4.5	2.2	0.4
9	13.4	8.9	4.5	2.2	0.4
10	11.6	7.8	3.9	1.9	0.4
11	13.4	8.9	4.5	2.2	0.4
12	13.4	8.9	4.5	2.2	0.4
13	13.1	8.7	4.4	2.2	0.4
14	13.1	8.7	4.4	2.2	0.4
15	12.7	8.4	4.2	2.1	0.4
16	12.7	8.5	4.2	2.1	0.4
17	11.6	7.7	3.9	1.9	0.4
18	11.8	7.9	3.9	2.0	0.4

续表

年龄（岁）	情形1 30%乘校车	情形2 20%乘校车	情形3 10%乘校车	情形4 5%乘校车	情形5 1%乘校车
19	12.3	8.2	4.1	2.0	0.4
全部合计	179.5	119.7	59.8	29.9	6.0
6—16岁合计	143.9	95.9	48.0	24.0	4.8

简单估算（见表3－2）表明，2020年，如果6—19岁学龄人口乘坐校车比例为5%—20%（情形2、3、4）的话，校车潜在需求量为29.9万—119.7万辆。如果6—16岁学龄人口乘坐校车比例为5%—20%（情形2、3、4）的话，校车潜在需求量为24万—95.9万辆。

表3－3　　　　　　　　　**2030年校车潜在需求量**　　　　　　　　（万辆）

年龄（岁）	情形1 30%乘校车	情形2 20%乘校车	情形3 10%乘校车	情形4 5%乘校车	情形5 1%乘校车
6	13.8	9.2	4.6	2.3	0.5
7	14.3	9.5	4.8	2.4	0.5
8	14.8	9.8	4.9	2.5	0.5
9	15.2	10.1	5.1	2.5	0.5
10	15.1	10.1	5.0	2.5	0.5
11	15.0	10.0	5.0	2.5	0.5
12	14.8	9.8	4.9	2.5	0.5
13	14.5	9.7	4.8	2.4	0.5
14	13.7	9.1	4.6	2.3	0.5
15	13.7	9.1	4.6	2.3	0.5
16	13.6	9.1	4.5	2.3	0.5
17	13.6	9.1	4.5	2.3	0.5
18	13.5	9.0	4.5	2.3	0.5
19	13.5	9.0	4.5	2.2	0.4
全部合计	199.0	132.6	66.3	33.2	6.6
6—16岁合计	158.4	105.6	52.8	26.4	5.3

简单估算（见表 3 - 3）表明，2030 年，如果 6—19 岁学龄人口乘坐校车比例为 5%—20%（情形 2、3、4）的话，校车潜在需求量为 33.2 万—132.6 万辆。如果 6—16 岁学龄人口乘坐校车比例为 5%—20%（情形 2、3、4）的话，校车潜在需求量为 26.4 万—105.6 万辆。

（三）校车实际需求的限制参数

上文只从学龄人口角度粗略估计了当前及 2020 年、2030 年的校车潜在需求量，然而，潜在需求和实际需求之间还有诸多中间限制环节。通过在全国多地的实地校车发展情况调研，研究人员发现包括人口、地理、经济和政治等几大因素决定了校车实际需求。

1. 人口

目前中国校车主要服务于小学和初中阶段的学生，托儿所和幼儿园等学龄前人口使用校车存在较大安全隐患，高中阶段学生基本具备了乘坐公共交通、步行或骑行等自行上下学的能力。由此，从人口变化视角看，考察 6—16 岁学龄人口，校车需求及其变动基本达到预测校车需求的目标。

由于长期的低生育水平，中国 6—16 岁学龄人口发展的总体趋势是总量不断降低，因此从人口数量变化角度看，校车需求将会出现不断萎缩的前景。

城乡分布变动是学龄人口变化的另一个主要因素。伴随着不断推进的城乡人口流动和不断深入的城市化进程，学龄人口也处在乡城流动之中。部分农村学龄人口跟随其他家庭人员流动到务工城市，从而在城市上学。调研情况表明，中国校车需求主要集中在农村，城市公共交通条件相对较好。因此，从人口流动角度看，校车需求也将会弱化。

2015 年 10 月 29 日，中国共产党十八届五中全会明确提出"全面实施一对夫妇可生育两个孩子政策"后，2015 年 12 月 27 日，全国人大常委会表决通过了人口与计划生育法修正案，"全面两孩"政策于2016 年 1 月 1 日起正式实施。生育政策变动预计将会带来出生人口一定程度的增加，也必将会增加未来校车需求人口数量，从而在一定程度上延缓校车需求弱化的进程。

2. 地理

校车运营对于交通和道路条件的要求比较高。这主要是为了保障学生乘坐校车的安全。然而，客观现实是城乡交通基础设施存在较大差别，农村不同地区的校车运营道路的差别也比较大。例如，运营在农村山区中的校车所面临的道路情况必然要差于城市平原地区。

另外，各地调研发现，校车仅服务于住所与学校之间距离在2—3千米之外的学生，住所与学校之间距离为2—3千米的不予提供校车服务。因此，校车需求与学校和学生住所之间的分布状态是决定校车需求的重要因素。以往，学生住所大部分在学校周围，现在，随着人口出生数量的下降，发生并校的情况大幅增加，学生住所与学校之间的距离在增大，因此，这客观上就增加了校车需求量。

总之，从地理因素看，山区的校车需求量要高于平原，偏远和交通不便地区的校车需求量要高于繁华和交通方便地区，并校将增加校车需求量。另外，还需考虑的是，并校将会导致有校车需求的学龄人口数量变化和校车线路的重新规划，这些也将影响到校车需求量。

3. 经济与政治

除人口与地理因素之外，经济与政治是进一步决定校车需求量的关键因素。校车的运营要纳入有序管理框架之内，主要依赖于地方政府的财政支持力度以及他们对于校车问题的重视程度。

（1）经济因素方面。一是校车的利用率。由于校车的专业用途，校车在节假日和工作日上下学之外的时间，都处于闲置状态。虽然校车车辆处于闲置状态较长，但是校车司机的人工费用、校车管理服务费用、校车维护费用甚至校车停放费用都不会减少。为了克服这一最为重要的经济条件限制问题，多地校车运营采取了"两班制"甚至"三班制"措施，以提高校车利用率。所谓的"两班制"或"三班制"指的是，每天上下学，校车分别都接送两次或三次。以"三班制"为例，早上接学生上学时，将接送学生的距离分为最远、中间和较近三类，最先安排最早的时间去接最远的学生，将最远的学生接到学校之后，接着去接中间距离的学生，最后去接较近距离的学生，也就是说，早上接学生上学一辆校车需要连续运营3趟。放学的时候，同样也是分3趟将全部学生送回家。如此一来，校车利用率提高了，校车需求量也降低了。

以前需要3辆校车才能完成的任务，目前只需要1辆。如此一来，校车需求量将会变为"一班制"的1/3。

二是校车运营成本、费用分担模式以及校车费用的涨价模式。校车费用分担最终是政府、校车公司、学校和家长的一场博弈。各方都觉得付出大致等于回报，或者"有利可图"，才能够让校车持续运营下去。任何一方利益没有照顾到，校车运营都将难以为继。因此，校车运营还和地区经济发展水平和人民收入水平紧密相关。

（2）政治因素方面。政治因素主要涉及政府和教育行政主管部门。中国校车发展处于起步阶段。各地开展校车事业也主要是缘于政治事件。非法校车和黑校车事故将政府和教育行政管理部门推到了风口浪尖，他们不得不承担之前没有明确要求承担而现在不得不承担的高政治风险事业——校车事业。安全是校车官员们首要考虑的问题，因此，不鼓励托儿所和幼儿园的学龄前儿童乘坐校车。

校车发展仍没有全国性的中央政府层面的制度安排，各地发展校车主要依靠自身财力，勉强维持运营，如果没有中央的经济、政策和制度等支持，地方政府不愿意继续采购和运营校车。

二 人口流动与校车需求

中国的流动人口规模从20世纪90年代初开始与日俱增，从最初的2100余万人增加到现在的2.21亿人。最初的"民工潮"以比较年轻的单身人群为主，随着生命历程的推进，曾经的"打工妹"和"打工仔"在流动的过程中结婚生子组建家庭以后，大部分仍然继续流动着，他们的子女的生活状态与他们幼时截然不同，与其一起流动的子女成为"流动儿童"，被送回老家的子女则成为"留守儿童"。流动学龄儿童的数量对各区域校车需求存在影响，人口流入地区的校车需求增加了，人口流出地区的校车需求减少了。

因此，要准确计算学龄儿童的校车需求状况，就必须掌握流动儿童变动的规模。流动人口是指离开户口登记地半年以上，流动跨越了乡级以上行政区划范围。本书的流动儿童是指流动人口中0—17周岁的人群。

本节将以 2005 年 1% 抽样调查和 2010 年第六次全国人口普查数据为依据，对当前人口流动与学龄儿童流动现状进行判断，并估算由此带来的校车需求的变动。对区域人口流动和学龄人口流动规模进行预测，并估算人口流动影响的全国校车需求数量变动情况。

（一）人口流动现状

1. 当前流动人口规模逐年增长

中国流动人口的规模迅速增长。根据第三次全国人口普查数据估算，1982 年中国流动人口的数量仅为 657 万人。20 世纪 80 年代中期以后，中国的流动人口经历了一个迅速增长的过程。1987 年，全国的流动人口就猛增到 1810 万人。此后，流动人口的增长更是势不可当，人口流动的目的地也逐渐突破小城镇而大量进入大中城市。1990 年全国流动人口数量达到 2135 万人，占全国总人口的 1.89%。而仅仅 10 年之后，2000 年，全国流动人口数量超过 1 亿。进入 21 世纪以后，流动人口继续保持快速增长的势头。到 2010 年，流动人口达到 2.2 亿人，比 2000 年增长 81.03%。2014 年，流动人口数量达到 2.53 亿人，此后，流动人口数量开始下降。2017 年 11 月 10 日，国家卫生计生委流动人口司发布的《中国流动人口发展报告 2017》显示，2016 年，中国流动人口规模为 2.45 亿人，比上年年末减少了 171 万人。这是中国流动人口总量连续第二年下降，主要是由于户籍制度改革，使得部分流动人口在流入地落户转化为新市民。

2. 流动儿童规模将近 4000 万人，义务教育阶段达到 1509 万人

根据 2010 年第六次全国人口普查数据，0—17 周岁流动儿童占全国流动人口的比例为 16.70%，规模已经高达 3697 万人。根据 2005 年全国 1% 人口抽样调查样本数据，14 周岁及以下流动儿童占全部流动人口的比例为 12.45%。根据这一比例和全国流动人口总量（1.4735 亿人）推算，全国 14 周岁及以下流动儿童规模达到 1834 万人。与 2000 年第五次全国人口普查数据相比，全国 14 周岁及以下流动儿童数量增长了 424 万人，5 年间增长 30%。流动儿童规模增长十分迅速，2000—2005 年 5 年增加了 550 万人，增幅为 27.3%；2005—2010 年 5 年 0—17 岁流动儿童增加了 1164 万人，增幅为 46%。

表 3 - 4　　　　　　　　1982—2005 年中国流动人口年龄构成指标

		1982 年	1987 年	1990 年	2000 年	2005 年	2010 年
各年龄流动人口在全部流动人口中所占比例（％）	0—14 岁	33.60	21.60	16.15	13.78	12.45	11.34
	15—64 岁	57.91	72.72	80.42	82.88	84.03	85.53
	65 岁及以上	8.50	5.67	3.43	3.34	3.52	3.12
	总计	100	100	100	100	100	100
平均年龄（岁）		28.22	28.17	27.17	29.01	30.36	30.80
年龄中位数（岁）		23.00	24.00	24.00	27.00	29.00	29.00

　　从流动儿童的年龄结构来看，除了 0 岁儿童所占比例较低，其他各年龄的流动儿童的分布比较均匀。分年龄阶段来看，0—5 岁学龄前儿童、6—14 岁义务教育阶段学龄儿童、15—17 岁大龄流动儿童占全部 0—17 岁流动儿童比例分别为 27.11%、40.86% 和 32.07%，由此可以推算，全国 0—5 岁学龄前流动儿童、6—14 岁义务教育阶段学龄儿童和 15—17 岁大龄流动儿童的规模分别是 1002 万人、1509 万人和 1186 万人。

　　3. 学龄流动儿童变动趋势

　　（1）义务教育阶段儿童中流动儿童的比例提高

　　《中华人民共和国义务教育法》第十一条规定："凡年满六周岁的儿童，其父母或者其他法定监护人应当送其入学接受并完成义务教育；条件不具备的地区的儿童，可以推迟到七周岁。"因此，本书将 6—11 岁儿童界定为小学适龄儿童，12—14 岁界定为初中适龄儿童。2000 年第五次全国人口普查数据显示，小学适龄儿童中有 4.57% 为流动儿童，其中，1.05% 为跨省流动儿童，3.52% 为省内流动儿童；初中适龄儿童中有 3.60% 为流动儿童，其中，0.63% 为跨省流动儿童，2.97% 为省内流动儿童。2010 年第六次全国人口普查数据显示，所有指标都有所提高。小学适龄儿童中有 15.1% 为流动儿童，其中，4.55% 为跨省流动儿童，10.55% 为省内流动儿童；初中适龄儿童中有 13.26% 为流动儿童，其中，3.99% 为跨省流动儿童，9.27% 为省内流动儿童。流动儿童比例的提升，意味着教育资源的提供必须考虑到外来的儿童，也包括校车的提供。

表 3－5 　　　　2000 年学龄流动儿童占当地学龄儿童的百分比 　　　　（％）

地区	跨省流动人口		省内流动人口		流动人口	
	6—11 岁	12—14 岁	6—11 岁	12—14 岁	6—11 岁	12—14 岁
北京	10.00	3.02	3.12	2.31	13.12	5.33
天津	3.87	4.18	1.29	0.40	5.16	4.58
河北	0.84	0.42	2.06	1.56	2.90	1.98
山西	0.90	0.39	4.46	3.50	5.36	3.89
内蒙古	1.68	1.85	8.73	7.48	10.41	9.32
辽宁	2.10	1.23	5.26	2.85	7.36	4.08
吉林	1.07	0.49	5.25	4.76	6.32	5.24
黑龙江	1.03	0.34	5.94	4.52	6.96	4.86
上海	14.63	6.03	7.62	6.74	22.25	12.77
江苏	1.17	0.72	3.33	2.60	4.49	3.33
浙江	1.27	0.95	5.58	4.48	6.85	5.43
安徽	0.11	0.14	2.03	2.86	2.14	3.00
福建	0.70	0.33	4.99	3.60	5.68	3.94
江西	0.28	0.17	3.81	2.85	4.09	3.02
山东	0.73	0.51	2.60	2.46	3.33	2.97
河南	0.18	0.23	1.83	1.77	2.01	2.00
湖北	0.45	0.14	3.36	3.66	3.80	3.80
湖南	0.39	0.21	2.97	1.85	3.36	2.06
广东	1.47	1.18	5.12	4.31	6.59	5.49
广西	0.64	0.25	3.43	2.70	4.08	2.94
海南	3.83	0.86	5.17	3.67	9.00	4.54
重庆	0.79	0.61	3.50	3.05	4.29	3.66
四川	0.26	0.11	2.96	2.84	3.23	2.95
贵州	0.70	0.31	3.02	3.21	3.72	3.52
云南	1.07	0.46	2.67	2.25	3.73	2.70
西藏	2.01	0.62	1.68	1.86	3.69	2.48
陕西	0.61	0.43	2.92	2.50	3.53	2.93
甘肃	0.27	0.32	2.47	2.82	2.73	3.13
青海	1.84	1.33	4.96	5.65	6.80	6.98

续表

地区	跨省流动人口		省内流动人口		流动人口	
	6—11 岁	12—14 岁	6—11 岁	12—14 岁	6—11 岁	12—14 岁
宁夏	2.96	1.58	5.76	5.05	8.72	6.62
新疆	6.20	4.49	4.98	3.88	11.18	8.37
全国	1.05	0.63	3.52	2.97	4.57	3.60

（2）北京、上海等地的义务教育阶段流动儿童超过半数是外来儿童

随着流动人口的增长，所有地区的义务教育阶段儿童中流动儿童比例均在增长，部分地区的义务教育阶段儿童中流动儿童比例超过一半，如北京、上海。北京的小学适龄儿童中流动儿童的比例由 2000 年的 13.12% 上升到 2010 年的 56.04%，初中适龄儿童中流动儿童的比例由 2000 年的 5.33% 上升到 2010 年的 50.08%；上海的小学适龄儿童中流动儿童的比例由 2000 年的 22.25% 上升到 2010 年的 87.39%，初中适龄儿童中流动儿童的比例由 2000 年的 12.77% 上升到 2010 年的 47.08%。

广东、浙江、福建、天津等东部沿海发达地区的义务教育阶段儿童中流动儿童比例达到 20% 左右。广东的小学适龄儿童中流动儿童的比例由 2000 年的 6.59% 上升到 2010 年的 23.43%，初中适龄儿童中流动儿童的比例由 2000 年的 5.49% 上升到 2010 年的 16.23%；浙江的小学适龄儿童中流动儿童的比例由 2000 年的 6.85% 上升到 2010 年的 47.12%，初中适龄儿童中流动儿童的比例由 2000 年的 5.43% 上升到 2010 年的 29.41%。

除此之外，西部地区的义务教育阶段儿童中流动儿童比例也很高，如内蒙古、青海、宁夏、新疆等。内蒙古的小学适龄儿童中流动儿童的比例由 2000 年的 10.41% 上升到 2010 年的 36.51%，初中适龄儿童中流动儿童的比例由 2000 年的 9.32% 上升到 2010 年的 33.83%；新疆的小学适龄儿童中流动儿童的比例由 2000 年的 11.18% 上升到 2010 年的 24.92%，初中适龄儿童中流动儿童的比例由 2000 年的 8.37% 上升到 2010 年的 27.07%。

表3-6		2000 年学龄流动儿童的数量				（人）
地区	跨省流动人口		省内流动人口		流动人口	
	6—11 岁	12—14 岁	6—11 岁	12—14 岁	6—11 岁	12—14 岁
北京	77049	15874	24015	12139	101064	28012
天津	27564	19358	9188	1844	36752	21202
河北	52932	18625	130504	68618	183435	87243
山西	32931	7633	162720	68693	195651	76325
内蒙古	36060	24116	187311	97513	223371	121629
辽宁	66547	24869	166367	57390	232914	82259
吉林	23745	7253	116659	70453	140404	77706
黑龙江	30311	6586	175594	87808	205905	94393
上海	123350	33792	64224	37767	187574	71559
江苏	74760	29197	212780	104893	287540	134090
浙江	44453	19010	194988	89348	239441	108358
安徽	7755	5459	137652	112454	145408	117913
福建	24403	7337	174726	79659	199129	86996
江西	12171	4427	167354	76358	179525	80785
山东	54357	29347	194698	141846	249055	171193
河南	18078	15855	184586	121556	202664	137412
湖北	28087	5314	211176	143465	239263	148779
湖南	22958	8720	174684	76299	197643	85019
广东	132375	53301	461306	194325	593681	247625
广西	31516	7663	167745	83338	199261	91001
海南	34932	4200	47205	17851	82137	22051
重庆	22718	9482	100606	47411	123324	56893
四川	21096	5053	236271	128348	257367	133401
贵州	30292	7346	131613	75562	161905	82908
云南	47518	11197	118795	54966	166312	66163
西藏	6779	1093	5649	3279	12428	4372
陕西	24419	10449	116233	60605	140651	71054
甘肃	8067	5258	74619	46273	82686	51531
青海	10098	3777	27265	16054	37363	19831

续表

地区	跨省流动人口		省内流动人口		流动人口	
	6—11 岁	12—14 岁	6—11 岁	12—14 岁	6—11 岁	12—14 岁
宁夏	19262	5500	37511	17600	56774	23100
新疆	132470	54878	106349	47437	238819	102315
全国	1282003	473547	4300591	2235099	5582593	2708646

（3）学龄流动儿童的规模增长很快

从绝对规模上来看，全国义务教育阶段流动儿童的规模增长很快。根据 2000 年第五次全国人口普查数据估算，6—11 岁的小学适龄流动儿童的规模为 558 万人，12—14 岁的初中适龄流动儿童的规模为 271 万人；到 2010 年，流动儿童规模翻番，6—11 岁的小学适龄流动儿童的规模为 1309 万人，12—14 岁的初中适龄流动儿童的规模为 596 万人，10 年间分别增长了 134.4% 和 120%。

表 3-7　　　　2010 年学龄流动儿童占当地学龄儿童的百分比　　　　（%）

地区	跨省流动人口		省内流动人口		流动人口	
	6—11 岁	12—14 岁	6—11 岁	12—14 岁	6—11 岁	12—14 岁
北京	55.24	49.36	0.80	0.72	56.04	50.08
天津	20.86	15.94	1.26	0.96	22.12	16.9
河北	1.14	1.10	7.22	6.93	8.36	8.03
山西	1.70	1.49	15.37	13.54	17.07	15.03
内蒙古	5.36	4.96	31.15	28.87	36.51	33.83
辽宁	4.95	3.67	13.06	9.68	18.01	13.35
吉林	1.53	1.55	10.74	10.88	12.27	12.43
黑龙江	1.57	1.71	10.54	11.48	12.11	13.19
上海	84.75	45.66	2.64	1.42	87.39	47.08
江苏	8.51	6.57	10.96	8.46	19.47	15.03
浙江	29.19	18.22	17.93	11.19	47.12	29.41
安徽	0.54	0.67	7.45	9.14	7.99	9.81
福建	9.94	9.72	17.80	17.39	27.74	27.11

地区	跨省流动人口		省内流动人口		流动人口	
	6—11 岁	12—14 岁	6—11 岁	12—14 岁	6—11 岁	12—14 岁
江西	0.73	0.83	8.78	10.07	9.51	10.9
山东	1.68	1.44	8.78	7.53	10.46	8.97
河南	0.25	0.32	5.38	6.86	5.63	7.18
湖北	1.42	1.17	9.37	7.76	10.79	8.93
湖南	0.56	0.60	9.40	10.09	9.96	10.69
广东	10.98	7.61	12.45	8.62	23.43	16.23
广西	1.59	1.07	8.98	6.09	10.57	7.16
海南	5.22	4.01	15.23	11.69	20.45	15.7
重庆	5.68	4.60	7.51	6.08	13.19	10.68
四川	0.91	0.79	9.93	8.66	10.84	9.45
贵州	1.13	1.17	11.16	11.58	12.29	12.75
云南	2.50	2.08	8.59	7.17	11.09	9.25
西藏	1.69	4.68	1.69	4.68	3.37	9.35
陕西	1.89	1.65	12.36	10.80	14.25	12.45
甘肃	0.97	1.01	6.70	7.05	7.67	8.06
青海	3.20	2.34	18.11	13.29	21.31	15.63
宁夏	6.70	7.07	21.27	22.46	27.97	29.53
新疆	11.31	12.28	13.61	14.79	24.92	27.07
全国	4.55	3.99	10.55	9.27	15.1	13.26

（4）广东、浙江、江苏、上海、山东和福建的学龄流动儿童规模最大

义务教育学龄流动儿童最多的省份是广东、浙江、江苏、上海、山东和福建。2000 年，广东省的 6—11 岁的小学适龄流动儿童的规模为 593681 人，12—14 岁的初中适龄流动儿童的规模为 247625 人；到 2010 年，6—11 岁的小学适龄流动儿童的规模为 1606962 人，12—14 岁的初中适龄流动儿童的规模为 663370 人，10 年间分别增长了 170.7% 和 167.9%。2000 年，浙江省的 6—11 岁的小学适龄流动儿童的规模为 239441 人，12—14 岁的初中适龄流动儿童的规模为 108358

人；到 2010 年，6—11 岁的小学适龄流动儿童的规模为 1344329 人，12—14 岁的初中适龄流动儿童的规模为 419508 人，10 年间分别增长了 461.4% 和 287.2%，是全国流动儿童增长最快的地区之一。

西部地区的流动儿童也增长很快。2000 年，内蒙古的 6—11 岁的小学适龄流动儿童的规模为 223371 人，12—14 岁的初中适龄流动儿童的规模为 121629 人；到 2010 年，6—11 岁的小学适龄流动儿童的规模为 503890 人，12—14 岁的初中适龄流动儿童的规模为 256740 人，10 年间分别增长了 125.6% 和 111.1%。2000 年，新疆的 6—11 岁的小学适龄流动儿童的规模为 238819 人，12—14 岁的初中适龄流动儿童的规模为 102315 人；到 2010 年，6—11 岁的小学适龄流动儿童的规模为 427501 人，12—14 岁的初中适龄流动儿童的规模为 244677 人，10 年间分别增长了 79.0% 和 139.1%。

表 3－8　　　　　　　　 2010 年学龄流动儿童的数量　　　　　　　　（人）

地区	跨省流动人口		省内流动人口		流动人口	
	6—11 岁	12—14 岁	6—11 岁	12—14 岁	6—11 岁	12—14 岁
北京	332056	148177	4817	2150	336873	150327
天津	100497	39097	6075	2363	106572	41460
河北	51913	21562	327846	136173	379759	157736
山西	41739	21663	378167	196271	419905	217934
内蒙古	73921	37664	429969	219077	503890	256740
辽宁	100932	40173	265961	105858	366894	146031
吉林	20190	10374	142108	73021	162297	83396
黑龙江	29478	17424	197799	116914	227277	134337
上海	617782	152530	19238	4750	637020	157279
江苏	327873	126843	422408	163416	750281	290258
浙江	832812	259885	511517	159623	1344329	419508
安徽	22251	14280	304009	195098	326260	209377
福建	216209	100395	386884	179647	603093	280042
江西	27701	15326	334878	185282	362579	200608
山东	98765	41217	516593	215587	615358	256805

地区	跨省流动人口		省内流动人口		流动人口	
	6—11 岁	12—14 岁	6—11 岁	12—14 岁	6—11 岁	12—14 岁
河南	19333	11916	411255	253467	430588	265383
湖北	42157	17734	279161	117432	321318	135166
湖南	25246	12447	425583	209821	450829	222268
广东	753344	310988	853618	352382	1606962	663370
广西	62080	20312	351784	115100	413863	135412
海南	34359	13819	100328	40353	134686	54172
重庆	110711	49543	146577	65593	257288	115136
四川	49767	24283	541997	264458	591764	288741
贵州	41088	25289	405523	249593	446611	274882
云南	97283	43417	334893	149463	432176	192881
西藏	4876	6940	4876	6940	9751	13879
陕西	40550	19989	264565	130415	305115	150404
甘肃	18155	11014	126044	76465	144198	87479
青海	15272	5939	86539	33653	101810	39592
宁夏	36726	20819	116683	66143	153409	86962
新疆	194000	111034	233501	133642	427501	244677
全国	3940484	1794471	9146478	4165246	13086962	5959717

（5）浙江、上海、北京、福建等地区的学龄流动儿童增长最快

第一，浙江的学龄流动儿童增长最快。从2000—2010年，6—11 岁的小学学龄流动儿童年均增长18.83%，12—14 岁的初中学龄流动儿童年均增长14.50%。第二，上海、北京、福建和天津的学龄流动儿童的增长也很快，6—11 岁的小学学龄流动儿童年均增长率分别为13.01%、12.79%、11.72%和11.23%；12—14 岁的初中学龄流动儿童年均增长率分别为8.19%、18.30%、12.40%和6.94%。第三，贵州、青海、广东、宁夏、江苏和云南的学龄流动儿童的增长也很快，6—11 岁的小学学龄流动儿童年均增长率分别为10.68%、10.54%、10.47%、10.45%、10.07%和10.02%；12—14 岁的初中学龄流动儿童年均增长率分别为12.73%、7.16%、10.36%、14.18%、8.03%和11.29%。

表 3-9　　　　　　2000—2010 年学龄流动儿童年均增长率　　　　　　（％）

地区	跨省流动人口		省内流动人口		流动人口	
	6—11 岁	12—14 岁	6—11 岁	12—14 岁	6—11 岁	12—14 岁
北京	15.73	25.03	-14.84	-15.89	12.79	18.30
天津	13.81	7.28	-4.05	2.51	11.23	6.94
河北	-0.19	1.48	9.65	7.09	7.55	6.10
山西	2.40	10.99	8.80	11.07	7.94	11.06
内蒙古	7.44	4.56	8.66	8.43	8.48	7.76
辽宁	4.25	4.91	4.80	6.31	4.65	5.91
吉林	-1.61	3.64	1.99	0.36	1.46	0.71
黑龙江	-0.28	10.22	1.20	2.90	0.99	3.59
上海	17.48	16.27	-11.36	-18.72	13.01	8.19
江苏	15.93	15.82	7.10	4.53	10.07	8.03
浙江	34.05	29.89	10.12	5.97	18.83	14.50
安徽	11.12	10.09	8.25	5.66	8.42	5.91
福建	24.38	29.90	8.27	8.47	11.72	12.40
江西	8.57	13.22	7.18	9.27	7.28	9.52
山东	6.15	3.45	10.25	4.28	9.47	4.14
河南	0.67	-2.82	8.34	7.63	7.83	6.80
湖北	4.14	12.81	2.83	-1.98	2.99	-0.95
湖南	0.95	3.62	9.31	10.65	8.60	10.09
广东	18.99	19.29	6.35	6.13	10.47	10.36
广西	7.01	10.24	7.69	3.28	7.58	4.05
海南	-0.17	12.65	7.83	8.50	5.07	9.40
重庆	17.16	17.98	3.84	3.30	7.63	7.30
四川	8.96	17.00	8.66	7.50	8.68	8.03
贵州	3.10	13.16	11.91	12.69	10.68	12.73
云南	7.43	14.51	10.92	10.52	10.02	11.29
西藏	-3.24	20.30	-1.46	7.79	-2.40	12.25
陕西	5.20	6.70	8.57	7.96	8.05	7.79
甘肃	8.45	7.67	5.38	5.15	5.72	5.43
青海	4.22	4.63	12.24	7.68	10.54	7.16

续表

地区	跨省流动人口		省内流动人口		流动人口	
	6—11 岁	12—14 岁	6—11 岁	12—14 岁	6—11 岁	12—14 岁
宁夏	6.67	14.24	12.02	14.16	10.45	14.18
新疆	3.89	7.30	8.18	10.91	6.00	9.11
全国	11.88	14.25	7.84	6.42	8.89	8.21

（二）人口流动影响的校车需求数量变动情况

人口流动的规模和流向将对校车需求产生影响。对于东南沿海发达地区来说，流动人口仍然在增长，学龄流动儿童的流入将增加校车需求；对于中西部地区来说，作为流动人口的主要来源地，学龄儿童的流出将减少校车需求。下文我们将测算流入地和流出地因为人口流动而发生的校车需求变动的情况。

每一个地区均存在人口流入和人口流出，学龄儿童流入会增加校车需求，而学龄儿童流出会减少校车需求，净流入学龄儿童关系到校车需求的净增长量。根据各省（市、自治区）的净流入学龄儿童状况，将其分为5类地区。

1. 流入重点地区

上海和北京的校车需求是受到净流入学龄儿童影响最大的地区，2010 年，净流入的6—14 岁学龄儿童占当地常住儿童的比例分别为71.18% 和51.77%。浙江、天津、新疆、广东净流入的6—14 岁学龄儿童占当地常住儿童的比例分别为21.97%、16.73%、10.91% 和9.10%。对于上海和北京，我们可以把人口流动对校车影响系数设定为50%；而对于浙江、天津、新疆、广东，我们可以把人口流动对校车影响系数设定为10%—20%。

2. 流入次重点地区

江苏、福建、辽宁、宁夏、海南的校车需求是受到净流入学龄儿童影响的次重点地区，2010 年，净流入的6—14 岁学龄儿童占当地常住儿童的比例分别为5.20%、5.03%、3.20%、3.16% 和2.95%，我们可以把人口流动对校车影响系数设定为3%—5%。

3. 流出重点地区

安徽的校车需求是受到净流出学龄儿童影响最大的地区，2010年，净流出的6—14岁学龄儿童占安徽常住儿童的比例为13.8%。湖北、河南、贵州、湖南、江西、四川净流出的6—14岁学龄儿童占当地常住儿童的比例分别为5.30%、5.70%、5.74%、6.26%、7.01%和7.07%。我们可以把安徽的人口流动对校车影响系数设定为 -13%，对于湖北、河南、贵州、湖南、江西、四川，可以把人口流动对校车影响系数设定为 -5%——-7%。

表3-10　　2010年各省流入和流出的6—14岁跨省学龄流动儿童

地区	跨省学龄流入儿童		跨省学龄流出儿童		净跨省学龄流动儿童	
	人数（人）	占当地儿童比例（%）	人数（人）	占当地儿童比例（%）	人数（人）	占当地儿童比例（%）
北京	480233	53.28	13621	1.51	466612	51.77
天津	139594	19.20	17954	2.47	121640	16.73
河北	73475	1.13	211738	3.25	-138263	-2.12
山西	63402	1.62	73056	1.87	-9654	-0.25
内蒙古	111585	5.22	86676	4.05	24909	1.16
辽宁	141105	4.50	40862	1.30	100243	3.20
吉林	30564	1.54	87295	4.39	-56731	-2.85
黑龙江	46902	1.62	147969	5.11	-101067	-3.49
上海	770312	72.47	13621	1.28	756691	71.18
江苏	454716	7.86	154160	2.67	300556	5.20
浙江	1092697	25.53	152303	3.56	940394	21.97
安徽	36531	0.58	899575	14.39	-863044	-13.80
福建	316604	9.87	155398	4.84	161206	5.03
江西	43027	0.76	438334	7.77	-395307	-7.01
山东	139982	1.60	186354	2.13	-46372	-0.53
河南	31249	0.27	684742	5.98	-653493	-5.70
湖北	59891	1.34	297795	6.64	-237904	-5.30
湖南	37693	0.57	450097	6.84	-412404	-6.26
广东	1064332	9.72	68103	0.62	996229	9.10

续表

地区	跨省学龄流入儿童		跨省学龄流出儿童		净跨省学龄流动儿童	
	人数（人）	占当地儿童比例（%）	人数（人）	占当地儿童比例（%）	人数（人）	占当地儿童比例（%）
广西	82392	1.42	211119	3.64	-128727	-2.22
海南	48178	4.80	18573	1.85	29605	2.95
重庆	160254	5.30	297795	9.84	-137541	-4.55
四川	74050	0.87	677932	7.94	-603882	-7.07
贵州	66377	1.14	399330	6.89	-332953	-5.74
云南	140700	2.35	117013	1.96	23687	0.40
西藏	11816	2.71	9287	2.13	2529	0.58
陕西	60539	1.80	105869	3.15	-45330	-1.35
甘肃	29169	0.98	102154	3.45	-72985	-2.46
青海	21211	2.90	22288	3.05	-1077	-0.15
宁夏	57545	6.83	30956	3.67	26589	3.16
新疆	305034	11.64	19193	0.73	285841	10.91

4. 流出次重点地区

河北、广西、甘肃、吉林、黑龙江、重庆的校车需求是受到净流出学龄儿童影响的次重点地区，2010 年，其净流出的 6—14 岁学龄儿童占当地常住儿童的比例分别为 2.12%、2.22%、2.46%、2.85%、3.49% 和 4.55%。我们可以把河北、广西、甘肃、吉林、黑龙江、重庆的人口流动对校车影响系数设定为 -2%——-4%。

5. 无影响地区

西藏、云南、青海、山西、山东等省份校车需求几乎没有受到学龄儿童跨省流动的影响，其2010 年的净流入或流出的 6—14 岁学龄儿童占当地常住儿童的比例大部分不到 1%。

三 各地区校车需求估算

研究校车需求，需要首先界定需求者。根据国内外的经验，校车的需求者主要是中小学生，特别是小学生和初中生。而且在中国，九年制义务教育的实施也使得小学生和初中生受到社会更多的关注，需要更加完善的社会保障制度跟进。基于这样一种考虑，本书中将重点考虑小学生和初生中的校车需求。其次，校车需求也需要考虑地区差异，具体来说，包括地理、地区经济发展和居民居住点的分布等信息。

（一）校车需求估算的理论框架

根据课题组针对山东青岛、南京六合、浙江德清等 7 个城市的校车调研，各地在进行校车需求估算的时候，通常会以问卷的方式了解学生乘坐校车的意愿，再结合学校网点和学生居住点信息来进行综合测算并规划校车运营路线。一般来说，小学生居住地若距离学校 2 千米以内，初中生居住地若距离学校 3 千米以内，不必乘坐校车，可以将这部分人排除在校车需求者之外。通过这种估算框架，可以精确地测算出校车的需求量，从而有利于政府相关部门安排校车。根据调研得到的信息，校车需求主要来自农村和偏远地区的学生，城市学生大多数都可以通过市内公共交通工具来解决往返学校的交通问题，例如青岛市政府在解决中小学生校车问题时，就着重解决农村和偏远区域的学生乘坐校车的问题。因而，校车需求的估算，重点也应当放在农村学生上。

以浙江省德清县为例，可以通过地图的方式来展示各个学校的分布情况及距离各行政村的距离。

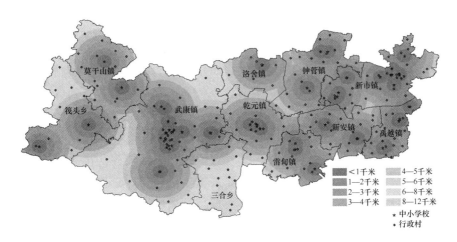

图 3-3　德清县中小学校 1—12 千米缓冲区

图 3-3 展示了浙江省德清县各个乡镇中小学校的分布及其影响半径。从图 3-3 中可以看到，学校的分布并非十分均衡，尽管总体上大多数村庄都有学校可以选择，但依然存在资源配置不均的现象，存在一些村庄有较多的学校选择，而一些村庄则只有较少的学校可以选择。从校车配置的角度来看，可以从图中明确区分哪些行政村内的学生不需考虑校车问题，而对于距离学校 3 千米以外的行政村，则需要考虑，越偏远的地方，需求也越迫切。

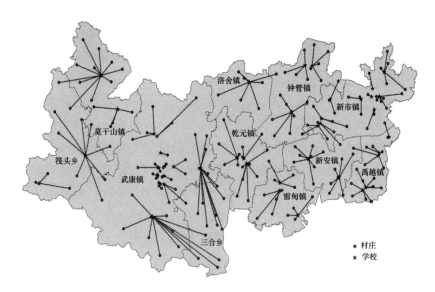

图 3-4　德清县各行政村最近学校示意

　　图 3-4 以浙江省德清县为例，展示了各行政村最近的学校分布。同样的，有些村庄就学方便，而有些则较为不便。测量学校到各个村庄的距离，也有利于制定合理的校车路线，使校车可以最大限度地满足学生的乘车需求。

　　上述的基本框架可以说是一种理想模式，如果能够获得全国的相关数据，就可以对全国各个地区的校车需求量进行精确估算。然而，现实中，针对全国校车数量的估算，不可能像调研城市那样获得精确的各类数据，特别是许多地区只有很少的校车甚至没有校车，各类统计数据也比较缺乏。故而针对全国各地区的校车需求，需要有全国分地区的相关数据来支撑。

（二）基于第六次全国人口普查数据的校车估算

如前所述，受数据的限制，针对全国各地区的校车需求估算，只能根据现有可能获得的相关数据来进行大致估算。

估算校车需求，首先要确定中小学生数量，其次要明确有乘车需求学生的比例，再次是要明确平均每辆车乘坐的学生数。对于中小学生数量，可以有两种途径来获得，一是根据统计资料和年鉴，掌握各个地区的学生数量，二是根据普查数据中人口年龄结构和数量信息，从而推断各个地区的学生数。由于小学和初中生均属义务教育阶段，故而，可以把适龄儿童都纳入学生数，理论上说，这样测算的误差比较小。根据学生数量，按比例估算需要乘坐校车的数量，结合平均每辆校车的座位数，就可以估算出每个地区的校车需求量。

2010年第六次全国人口普查是最近的一次普查，也是目前最有可能参照的人口数量和年龄结构信息。然而，从全国总量数据来看，第六次全国人口普查数据提供了很细致的各年龄人口数量，但这一数据只到省级。到地和县一级的人口数据则只有较为粗略的年龄段数据。以县级数据为例，人口普查数据只提供1—4岁、5—9岁、10—14岁等每隔5年的年龄段人口数据。通常小学是6周岁入学，小学6年，初中3年，即9年以后，15周岁的人依然还在学校。但考虑到一些地方可能存在提早一年上学的情形，特别是农村地区，相应地，也会存在提早一年初中毕业的情形，故而，如果我们把5—14岁的人口作为小学和初中生，是一种合理的估算。

根据笔者估算和统计，分县区来看，中小学生数量最为集中的区域主要分布在河南、四川、山东、广东等一些地区的县区市。在西部地区，以新疆西部和西南部的一些县市区最为突出。而人口聚焦的京津冀地区和长三角地区，中小学生数量并不显著。

如果把县级学生数量按地区加总，则可以计算出按地区统计的中小学生数量。如果按地区计算中小学生数量的空间分布，县级数据汇总后数量级的增加，使得区域间的差异更加明显。可以发现，重庆、四川、广西、江西、河南、山东、河北等省的一些地区中小学生数量较为突出，由于每个地区所管辖的县市数量不一，从而使得按地区统计的学生空间分布格局与按县统计的格局存在差异。

如果按省区统计中小学生数量以观察中小学生数量的空间分布，可以发现，四川、河南、山东、广东、河北等省的学生数量较为突出。

由于校车的种类和车型较多，每种车型所能乘坐的座位数量不一，故而在估算校车需求时，应当做一个合理的假设。根据河南宇通公司的校车规格信息，可以对校车的平均乘坐数量进行合理假设。

表 3 - 11 　　　　　　　　宇通公司各类校车规格信息

车长	11 米	10 米	9 米	8 米	7 米	6 米	5 米
幼儿校车	—	—	—	ZK6809DX3（51—56 座）	ZK6729DX3（37—41 座）ZK6609DX3（27—36 座）	ZK6669DX3（27—36 座）	ZK6559DX3（18—19 座）
小学生校车	—	ZK6109DX2（41—56 座）	ZK6929DX2（38—51 座）	ZK6809DX2（30—44 座）ZK6859DX2（34—46 座）	ZK6729DX2（37—41 座）	ZK6609DX2（27—36 座）ZK6669DX2（27—36 座）	—
中小学生校车	ZK6119DX1（46—56 座）	ZK6109DX1（41—56 座）	ZK6929DX1（38—51 座）	ZK6809DX1（30—44 座）ZK6859DX1（34—46 座）	—	—	ZK6559DX1（18—19 座）

资料来源：http：//www.yutong.com/solutions/。

根据表 3 - 11 的校车规格信息，我们可以设定几种方案（按照需求的满足程度，例如按 30% 满足率）来加以测算，分别按平均乘坐 18、27、36、38、41、44、45、51、56 人来加以测算。

如果把根据估算的中小学生数量，按照满足 30% 学生需求，且每辆校车乘坐 18 人为准而进行的估算，可以发现，就分县区的校车需求而言，河南、四川、云南、贵州和广西等地比较突出，比其他地区更加显著，这一结果与分县区中小学生数量基本一致。如果把所有县区校车需求量加总的话，约有 242.99 万辆校车需求。

如果把根据估算的中小学生数量，按满足 30% 的需求，且每辆车乘坐 27 人为准而进行的估算，可以发现，与前者空间分布格局几乎一致，差别只在校车数量级。如果加总所有区县的校车需求量，则约有161.99万辆校车需求。如果把根据估算的中小学生数量，按满足30%的需求，且每辆车乘坐36人为准而进行的估算，同样的，空间分布格局基本相似。加总计算的话，约有121.49万辆校车需求。如果把根据估算的中小学生数量，按满足30%的需求，且每辆车乘坐38人为准而进行的估算，其空间格局依然没有本质变化。加总计算的话，约有115.1万辆校车需求量。如果把根据估算的中小学生数量，按满足30%的需求，且每辆车乘坐41人为准而进行的估算，也会看到地区间差距明显。加总计算的话，约有78.1万辆校车需求量。如果把根据估算的中小学生数量，按满足30%的需求，且每辆车乘坐41人为准而进行的估算，空间格局仍旧相似。如果把所有县区校车需求量加总的话，约需要有77.5万辆。如果把根据估算的中小学生数量，按满足30%的需求，且每辆车乘坐51人为准而进行的估算，则可以直观展示空间差异。如果把所有县区校车需求量加总的话，约需要有62.3万辆。如果把根据估算的中小学生数量，按满足30%的需求，且每辆车乘坐56人为准而进行的估算，其基本格局保持不变。如果把所有县区校车需求量加总的话，约需要有56.7万辆。从空间分布的角度来看，跟前面的格局基本一致，差别只在不同的数量级。

如果把根据估算的中小学生数量，按满足20%的需求，且每辆车乘坐18人为准而进行的估算，则可以看到分县区差异。如果把所有县区校车需求量加总的话，约需要有117.6万辆。如果把根据估算的中小学生数量，按满足20%的需求，且每辆车乘坐56人为准而进行的估算，则县区差异明显。加总的话，约有52.07万辆校车需求。

可以看到，无论采取哪种口径来加以估算，校车的需求都与学龄人口密切相关，在很大程度上说，学龄人口的空间分布决定了校车需求的空间分布。然而，需要指出的是，校车在很大程度上受制于地方政府的支持力度，而地方政府的支持又受制于地方财政和地方经济发展水平。根据笔者针对全国7个城市的校车调研，一致的判断是，只有受到地方政府财政支持的校车计划才有可能得到很好的落实。因此，在估算校车需求的时候，需要进一步考虑到地方经济的发展水平和财政支持力度。

同样地，如果统计县市经济总量，则从2010年全国各县市经济总量的空间分布可以看到，县市经济存在着悬殊的差异。总体上，沿海地区的县市经济总量明显大于内陆地区。这意味着相比于沿海地区的县市来说，内陆地区校车预算受到地方财政的制约更加明显。县市财政预算收入在很大程度上决定了该县市对于校车的资金支持力度。而财政预算收入又与县市经济总量有着密不可分的关系，经济总量越大的县市，其财政预算收入一般来说也越高。

为了考虑经济对于校车需求的影响，笔者采取加权的方式来计算，即考虑地方的执行力。如果一个地方有较好的经济实力，那么可以合理地假设它也有较好的执行力，而一个地方若是经济较差，则其执行力也相应地要打折扣。基于这样的考虑，笔者在县市校车需求估算的基础上再进行加权计算，从而进一步估算考虑经济发展水平的实际校车需求量。根据 2010 年县市经济统计年鉴数据，可以获得分地区和分县市的人均 GDP，按东、中、西部分别计算人均 GDP 的平均值，假设在东部平均值之上的县市，其执行力度为 1，而介于东部和中部平均值之间的县市，其执行力度为 0.8，在中部平均值之下的县市，其执行力度为 0.6，这样就可以根据权重来计算实际的校车需求量。

如果把根据经济发展水平而进行的加权估算，会看到略有不同的空间分布格局，加总各县区的数量后可以得到总校车需求量约为 176.45 万辆，相比之下，未加权的总需求量约为 242.99 万辆，两者相差约 66.5 万辆。两者的差额主要来自于中西部县市校车需求量的相应减少。

如果把根据估算的中小学生数量，按满足 10% 的需求，且每辆车乘坐 18 人为准而进行的加权估算，其空间格局基本同前。加总的话，会有 58.82 万辆校车需求。如果把根据估算的中小学生数量，按满足 10% 的需求，且每辆车乘坐 56 人为准而进行的加权估算，同样会看到县区间的差异。加总的话，会有 18.91 万辆校车需求。

实际上，各县市在购买校车时可能会是各种载量的组合，因而，按照平均载量来进行估算可能更加贴近实际。如果把根据估算的中小学生数量，按满足 10% 的需求，且每辆车乘坐 38 人为准而进行的加权估算，则会得到相对平均相对贴合实际的校车需求空间分布。加总的话，会有 27.86 万辆校车需求。

（三）小结与建议

校车问题是当前社会广泛关注的现实问题，如何解决好校车的安全可靠运营，关系到中小学生的健康成长。但校车问题的合理解决离不开政府的强力支持，特别是财政支持以及交通和教育等各部门的有力配合。而其中一项重要的基础工作就是对校车的估算，这无论是对教育部还是对各级政府及教育机构而言，都具有重要的参考意义，特别是分地区的校车估算，对各地校车决策具有很强的针对性和参考价值。而利用人口普查数据来估算学龄人口及按不同比例估算校车需求，是一种较为准确的方法。本书还考虑到了各地的财政能力进行加权计算，结果表明，未来几年，全国的校车需求为 27.9 万—176.5 万辆，综合各种因素，可以认为，全国校车潜在需求约为 52 万辆，校车需求呈现稳定并有增长的趋势。即使考虑到生育政策调整带来的新出生人口增加，也不会对校车需求带来实质的影响，而且，随着时间的推移，新出生人口数量会逐渐趋于稳定，随着新型城镇化的推进，来自偏远落后农村地区的校车需求会日趋强烈，随着中西部经济的逐渐发展，各县市财政能力也在增强，因而，未来对于校车的需求量可能仍旧是平稳甚至是呈现增加的趋势。校车需要的重点地区主要是城郊和农村地区，而经济相对落后的中西部地区对校车的需求更加迫切。

当前，由于许多中西部地区义务教育阶段学生数量呈减少趋势，学生的分散居住更需要校车来解决上学问题。但以中西部地区相对较为落后的经济发展状况，仅凭县级财政很难解决校车问题，这就需要地级甚至省级乃至中央政府的有力推动和支持。人力资本水平的相对落后也是制约中西部地区经济发展的一个重要原因，因此，以校车的安全运营来推动中西部地区基础教育的加强，是提高其人力资本水平的有效渠道。为了解决校车运营效率低的问题，可以考虑采用新能源校车，这样，在接和送学生之间较长的时间里，就可以对新能源校车进行充电，从而进一步降低运营成本。对东部地区以及大中城市而言，校车的大力推广，也是解决交通拥堵，促进教育公平的重要途径。校车问题的解决也是一个社会问题，对很多家庭而言，可以释放出更多的时间用于工作或生活。当然，如前所述，校车问题的解决需要政府的强力介入，结合交通、教育等部门才有可能从根本上保障校车的安全运行。各地校车运营的实践也证实了这一点，例如，江阴市校车运行的经验引起了媒体的关注，根据采访，江阴市校车运营的经验归结到一点，就是政府主导，多方联动。此外，各地在解决校车问题上采取了许多政策来确保校车的安全运营。

校车问题关乎学龄孩子的通学问题，也关系到他们的健康成长，社会各界对此都给予了广泛关注。根据我们的估算，校车需求是稳定的，而且稳中有增，这一方面对校车生产企业来说，需要大力提供安全可靠的校车；另一方面，对政府及相关部门而言，应当对这一问题引起足够的重视并投入足够的资金和政策支持，以保障校车的良好运营。

第 四 章

国内校车发展模式：地方经验探索

中国校车发展源于地方内在的需求推动，在城镇化和人口迁移、撤村并校的背景下，尤其是频发的校车安全事故刺激下，各地主动地或迫于压力自发地探索发展校车事业。根据实地调研，本章将全面总结典型地区的校车发展模式，发现校车发展的共性特征和一般规律，找到中国校车发展存在的关键问题和根源所在，为建立具有一般性、统一的校车发展框架，推动全国校车事业发展提供参考依据。

一 校车发展的动因与功能

1. 校车是经济社会发展特定阶段的必然产物

地方积极自发地探索发展校车，背后有其强烈的需求推动。快速的人口、经济与社会转型与发展是目前中国校车发展的最根本推动力。归纳起来，校车发展的内在动因至少包括三个方面：一是人口结构加快转变，出生率持续下降。在经济社会发展和人口控制政策影响下，人口出生率已经在较长时期保持较低水平，并且仍然在持续下降，老年抚养比逐步提高，少年抚养比逐步下降，适龄入学儿童不断减少，农村地区和城镇郊区的学校生源萎缩，学校撤并加快。二是城镇化步伐加快，农村人口大量迁移。城镇化既是经济社会发展的必然结果，也是经济社会发展的推动力。快速的城镇化过程中，大量农村人口向城镇迁移，推动着农村地区经济社会和乡村治理结构的变迁，撤乡并镇、撤村并校加快，学生入学的通勤距离加大。三是城乡二元经济社会结构转型尚未完成。中国正处在二元经济结构向城乡一体化转型的过程中，大量农村劳动力迁移到城镇，但并未能实现完整的家庭迁移，大量留守儿童未能随迁进入城镇入学，子女教育等家庭照料不足。当前中国人口、经济与社会发展的阶段性特征，决定了日益强烈的校车需求，成为激发各地探索校车发展的内在动力。

2. 需求强烈与供给不足引发的矛盾是校车发展的直接起因

一方面，学生上学路途较远，接送运输的需求很强；另一方面，公共交通运输供给不足，私营接送运输服务市场混乱，安全事故频发，供需之间的矛盾突出，学生家长、学校、运营公司甚至监管部门都不满意，地方政府及相关部门面临很大压力。总结各地经验可以发现，发展校车正是解决供需失衡下各种矛盾的必然结果：在第一个阶段，家长、学校与个体承包车主自行协商，采取市场化方式解决学生接送问题，但市场秩序混乱，非法运营、超载现象严重，三轮车、小面包甚至报废车成为主要交通工具，安全隐患严重，尤其是甘肃、江苏等省份发生的恶性校车安全事故引发了全社会的不满和高度关注，地方政府尤其是教育、交通和安全等部门备受责难。在第二个阶段，一些地方试图采用"校车公交化"的方式，如德清、青岛等地利用城乡公交系统解决学生接送问题，并取缔或收购个体承包车，但是，供求矛盾只能暂时缓解，并没有得到根本解决，公交运营运力不足，难以覆盖城乡偏远地区，出现混载、超载等现象，公交公司运营亏损严重，甚至影响正常公交运行，使得学生家长、市民和公交公司都不满意。迫于日趋严重的供需矛盾，一些地方政府倾向于寻找一条专门面向学生提供接送运输服务的途径，通过更加积极的政府干预和财政支持，最终探索出专用校车或校车服务模式。

3. 政府在校车发展中发挥主导作用

各地探索的校车发展模式均离不开地方政府的积极推动，校车的公共产品属性基本上达成了共识，地方财政投入也有了理论基础和依据。总体来看，政府在校车发展中承担着不可替代的关键角色，主要依据以下几个方面：一是校车需求和矛盾是城乡经济社会发展和变迁带来的结果，撤乡并镇、撤村并校由政府主导推动，由此带来的学生入学问题理应由政府负责解决，校车发展应该作为经济社会事业发展的一项内容。二是教育是根本大计，学生是国家未来，影响教育事业发展的障碍都应是政府需要解决的重要议题，校车问题已经在很大程度上制约了义务教育和学前教育的发展，德清、六合、青岛、阎良等地都明确将校车发展作为地方政府一项重要的民生工程。三是校车服务存在明显的市场失灵问题，完全依托私营运输承包难以保障可靠、安全和成本可承受的接送服务，或者因运营成本和服务费用高导致一般家庭无法承受，或者因超载等降低运营成本，导致服务质量低、安全隐患大。既能让学生家庭承受，又能确保接送服务质量的市场尚不成熟或者已经消失，校车服务的市场失灵必须要由政府干预去弥补。四是校车发展是一个比较复杂的系统工程，需要依靠学生家长和学校、教育、交通、安全等诸多机构和部门协作，学校学生基础信息采集、行驶线路规划、道路设施建设等都不是一个部门可以解决的，更不能完全依靠市场解决，各地探索校车发展的过程中至少都牵动6—10个政府职能部门参与并协作分工。五是校车发展还具有较强的正外部性，校车服务省了学生家长的接送时间和成本，从而使他们更安心地投入工作，创造更多社会价值，对于地方经济社会发展有着更为深远的意义。

4. 校车覆盖对象以农村和城镇郊区的小学生为主

政府在校车发展中发挥着至关重要的作用，但校车发展的基本方向仍应以需求为导向，旨在满足切实有乘坐校车需求的学生，并非将所有学生全部纳入校车接送范围。根据各地经验来看，校车发展导向和主要服务对象具有以下几个方面的特征：一是区域上以农村和城镇郊区的学校为主。这些地区的城市公共交通服务无法覆盖，学生家庭分布比较分散，通勤距离较远，城市市区的学生基本上可以由乘坐公共交通工具和家庭接送解决，不是校车服务的重点区域。例如，青岛市明确提出了"先农村后城市、先小学后初中和逐步推开、稳步发展"的原则，天长市90辆校车仅3辆用于市区，全部分配给乡镇中小学和幼儿园。二是服务对象以小学生为主，兼顾中学生和幼儿园。小学生的个人行动能力比中学生弱，需要更多的照料，而幼儿园的儿童行动能力太弱，一般不适用独立乘坐校车，专用校车一般也都是以小学生为对象进行设计，因此服务对象一般以小学生为主。根据各地的实践表明，一般专用校车服务对象实际占到全部小学生的15%—30%，这基本上可以视为专用校车的需求范围。三是非专用校车服务的对象更广，一般以偏远地区尤其是寄宿学校学生为主。这类地区由于运营成本太高，发展专用校车不可行，采用购买校车服务的方式解决学生接送问题，实际覆盖学生范围更广，如酒泉市的寄宿学校学生80%乘坐这种校车。

表4－1　　典型校车发展模式的经济社会背景和基本情况

典型模式	经济社会情况	学校学生情况	校车发展情况	校车服务对象
浙江"德清模式"	浙江省北部，全国百强县排名第42位。城镇居民和农村居民人均收入分别为3.3万元和1.8万元。常住人口50万人	各类学校90所，在校生6.6万人，小学22所、2.4万人，初中19所，幼儿园35所	政府购买91辆专用校车，接送路线140条	12周岁以下学生，接送6600名，约占全部学生的25%
江苏"六合模式"	隶属南京市。城镇居民和农村居民人均收入分别为2.9万元和1.3万元。常住人口90万人	各类学校107所，在校生6.3万人，小学40所、2.6万人，初中20所，幼儿园40所	政府购买100辆，接送路线156条	小学生，接送6000名，约占全部学生的23%
山东"青岛模式"	山东半岛沿海经济中心城市。城镇居民和农村居民人均收入分别为3.2万元和1.4万元。常住人口870万人	各类学校3778所，在校生150万人，小学894所、48万人，初中244所，幼儿园2476所	政府购买903辆专用校车，接送路线1835条	中小学生，接送3.1万名，约占全部中小学生的12%
安徽"天长模式"	安徽省东部县级市。常住人口63万人。城镇和农村居民人均收入分别为1.8万元和1.0万元	各类学校161所，在校生9.1万人，小学45所、3.5万人，初中18所，幼儿园73所	中南公司购买90辆专用校车，接送路线120多条	农村中小学和幼儿园，接送7000名，约占全部小学生的15%
陕西"阎良模式"	西安市远郊区。城镇和农村居民人均收入分别为2.3万元和0.9万元。常住人口28万人	各类学校76所，在校生4.6万人，小学39所、1.4万人，中学12所，幼儿园23所	市、区政府共同购买43辆专用校车	农村小学和幼儿园，接送4200名，约占全部小学生的25%
甘肃"酒泉模式"	河西走廊西端，地广人稀的地级市。城镇和农村居民人均收入分别为2.0万元和0.9万元。常住人口110万人	各类学校580所，在校生19.6万人，小学233所、7.8万人，中学68所，幼儿园268所。寄宿中小学生占到38.6%	政府购买客运公司接送学生的运输服务，补贴学生票价和往返空驶费用	乡镇以上的中小学，寄宿学生约80%乘坐校车

续表

典型模式	经济社会情况	学校学生情况	校车发展情况	校车服务对象
宁夏"中卫模式"	宁夏回族自治区中西部的地级市。城镇和农村居民人均收入分别为 1.8 万元和 0.6 万元。常住人口 118 万人，沙坡头区人口 40 万人	各类学校 502 所，小学 377 所、12.4 万人，普通中学 69 所，幼儿园 51 所	市交通集团和政府共同购买 40 辆校车，政府补贴学校租车费	小学和幼儿园，接送约 2000 名，约占全部小学生的 32%

资料来源：根据各地校车发展模式调研资料整理得到。

二　校车发展的运营管理

1. 校车发展原则上总体采取"政府主导、市场运营"方式

地方政府在校车发展中发挥着主导作用，政府的主要职能表现在以下几个方面：一是政府直接出资购买校车，购买专用校车是一次性的大量投入，德清、青岛和阎良的校车全部由财政出资，六合、中卫的校车由政府和运营公司共同出资。二是政府财政补贴校车运营费用，校车运营费用是连续性的投入，各地政府都在不同程度上给予校车运营公司补贴，以维持其正常运转。三是政府投资建设校车运行配套设施，主要包括道路交通设施、停靠站点设施、接送路线勘探设计、停车场建设、GPS 监控系统等，如德清县政府投资新建标准校车站牌、候车亭以及增设临水临崖路段安全防护栏。四是政府协调职能部门加强校车安全监管，成立校车工作领导小组或建立多部门沟通协调机制，明确各部门职能分工，加强监督管理，完善规章制度，推动校车发展。

2. 专用校车模式的政府主导性更强，非专用校车服务模式相对更依托市场运营

各地探索校车发展过程中，都考虑到区域内的自然、经济和社会环境以及特定的学生接送服务需求，因地制宜地选择不同类型的校车模式，从校车专用性角度可以划分为两大类：一是专用校车模式，即专门针对学生量身定做的校车，符合特定的国家校车标准，目前大部分地区都以此为校车发展的方向，这种模式对校车购买、运营以及监管等要求更高，资金、技术、管理等方面投入更多，地方政府需要发挥更强的主

导性作用。二是非专用校车服务模式，即只面向学生提供交通运输服务，并不购买专用校车，实际上可以视为一种"包车服务"，适用于偏远地区的学校尤其是寄宿制学校，这类模式具有存在的必然性和合理性，政府在其中主要发挥协助和支持作用，重点是补贴运营费用，相关主体的职责认定一般以学校、运营公司和教育部门之间签订的接送服务协议为主，更多地依靠市场化运营推动校车发展。

3. 校车运营公司主要依托国有性质的公共交通集团

大部分地区都成立了专门的校车运营公司，主要呈现出两个特点：一是依托于本地公共交通系统，尽管采取"市场化运作、公司化管理"，但国有性质很强。例如，德清唯一的校车公司——永安学生交通服务管理公司隶属于市公交运营公司；阎良依托公交公司成立校车运营分公司，从交通运输局直接抽调专门人员负责校车运营管理。二是一般只有一家运营公司承担运营，具有较强区域垄断性，如德清、六合、青岛、天长等地从事校车运营的企业都只有一家，只有酒泉的非专用校车服务运营有多家客运公司参与。总体上，地方在探索校车发展的过程中，十分重视校车运营公司的安全性以及监管的便利性，运营方的市场竞争体系尚未建立，社会资本还没有进入校车运营的空间。

4. 校车发展的核心职能部门以教育或交通部门为主，但各地并不统一

校车发展中政府应该承担重要职能，这在各地探索中已经达成共识，但是，关于主要职能部门的职责认定存在差异，哪一个部门应该在校车发展中承担主导或牵头任务，各地实际操作中并不统一，反映出地方对于校车发展的功能属性的认识尚存在分歧。归纳各地的经验，基本上可以分为三类：一是由教育部门牵头，整体负责校车发展，协调各个相关部门。这类情况相对较多，如德清、六合、青岛、中卫等地都明确了以教育部门为牵头单位，反映出地方政府更倾向于将校车发展纳入教育事业，更强调校车的服务对象——学生。二是由交通部门牵头，如阎良在校车探索发展过程中，将主要职能由教育局承担转为由交通运输局承担，反映出地方政府更倾向于将校车视为一种特殊的交通运输服务，更强调运营载体——校车。三是联合监管，即在现有职能机构框架下各司其职，并不突出强调某一职能部门的牵头任务和责任，如天长采取

"谁主管、谁负责"的部门联合监管方式，酒泉则相对更为宽松，以教育、学校和运营公司协议监管为主。

5. 校车监管一般采用多部门协调管理的方式

校车发展是一个复杂的系统工程，需要地方政府主管领导重视，建立良好的多部门协调管理机制，以便有效地协调相关职能部门和机构的工作。许多地方都成立了专门的校车发展领导小组，一般由分管市领导为组长，并在牵头部门下设办公室，负责统一领导和组织协调校车发展和安全运行，如德清成立了学生接送工作领导小组，六合成立了校车安全运行领导小组，中卫设立了校车安全管理联席会议。各地涉及校车发展的协调管理部门少则5—6个，多则十多个。总的来看，有些重要的职能部门是不可或缺的：教育部门负责汇总接送学校和学生信息，制定学生接送总体方案等；交通运输部门负责指导运营公司配置接送运力，勘探接送路线、建设道路基础设施等；公安交警部门负责校车安全监督，驾驶员审核，校车行驶检查以及安全事故调查等；安监局负责综合协调和监督校车交通安全管理；财政和审计部门负责校车发展资金的保障以及资金使用情况监管等；乡镇街道负责辖区内校车道路等基础设施建设、维护以及安全教育和监督等。

表4-2　　　　　　　　　典型校车发展模式的运营管理

典型模式	运营模式	运营机构	牵头主管部门	协调管理部门
浙江"德清模式"	政府出资购车，委托专业公司管理。"政府主导、部门监管、市场运作、公司管理"	永安学生交通管理服务有限公司，隶属于德清公交运营公司	教育局。成立学生接送工作领导小组，副县长任组长，办公室设在教育局	教育、公安、交通、安监、财政、学校、校车公司、县乡政府等
江苏"六合模式"	政府与运营公司共同出资购车，"政府主导、社会参与"	六合客运有限公司，隶属于南京扬子公交公司	教育局。成立校车安全运行领导小组，副区长任组长	教育、公安、财政、交通、城管、安监等部门
山东"青岛模式"	政府出资购车和运营服务。"政府主导、部门监管、企业运作、财政补贴"	温馨校车有限公司，隶属于国有青岛交运集团	教育局。牵头召集多个部门召开校车专项会议	教育、交通、公安、财政、交运集团等部门

续表

典型模式	运营模式	运营机构	牵头主管部门	协调管理部门
安徽"天长模式"	政府主导、市场化运作，运营公司投资购车，政府购买校车服务	中南公司，隶属于中南公交公司	"谁主管、谁负责"的部门联合监管。成立学生交通安全管理工作领导小组，分管教育副市长为副组长	教育、公安、交通、城管、安监、财政、审计以及乡镇街道等部门
陕西"阎良模式"	"局管校用、市场运营" "政府主导、部门监管、市场运作、公司管理"	惠航公交公司校车运营分公司，隶属于交通局直属的区公交公司	交通运输局。成立校车工作领导小组，常务副区长任组长，办公室设在交通局	政府办、交通、教育、发改、宣传、财政、审计、物价、安监、质检、公安以及乡镇等部门
甘肃"酒泉模式"	政府购买客运公司运输服务，"错时放学、集中接送"，"政府主导、社会参与、市场运作、部门监管"	多家客运公司，利用非专用校车接送学生	教育、学校和运营公司协议监管	教育、公安、交通、财政等部门
宁夏"中卫模式"	"企业经营、政府补贴、市场化和公益性结合"	公共交通校车服务股份有限公司，隶属于股份制公司中卫市交通运输集团	教育局。成立校车安全管理联席会议，办公室设在教育局	教育、公安、宣传、发改、司法、财政、建设、交通、安监、规划、质检、法制办等部门

资料来源：根据各地校车发展模式调研资料整理得到。

三 校车发展的筹资模式与成本分摊

1. 校车发展一般采用"财政补贴＋运营公司投资＋学生家庭交费"的筹资模式，由地方政府、校车运营公司、学生家长以及学校等共同分摊成本

校车发展成本基本上包括校车购买费用、校车日常运营费用以及配套基础设施投入三大部分。学生家长一般负担一定比例的校车日常运营费用；除了补贴日常运营费用之外，一次性的校车购买费用和基础设施投资也通常由地方政府全部承担或主要分摊。从全部成本结构来看，按照各地探索经验，平均每年的总费用中，校车购置费大约占20%（校车按照10年折旧估算），日常运营费用约占70%，基础设施建设维护

约占10%。在日常运营费用中，驾驶员工资是最大的部分，一般占40%，其次是燃油费占30%，车辆保险费和维护检测费大约各占15%。

2. 校车购买费用一般由地方政府和运营公司承担

校车购置费是一笔很大的投入，专用校车安全标准更严格，建造成本更高，市场价格一般要高于同类普通客车，目前平均每辆专用校车价格大约在30万元。例如，德清、六合和天长的平均购置成本为25万—30万元/辆，阎良、中卫的平均购置成本为35万—40万元/辆，2011年青岛市出资816万元购买20辆经典的"大鼻子"校车，平均约40万元/辆。从各地经验来看，校车购置费用的分摊主要有三种类型：一是全部由地方政府负担，财政出资直接购买专用校车。德清的经济和财政状况较好，2500万元购车费用全部由县级政府承担；青岛市在全市区推进校车发展，购车费用由市和区两级财政共同负担，阎良的购车费用也是按照2∶8的比例由市和区财政分摊。二是地方政府和运营公司分担，共同出资购买专业校车。六合的3000万元购车费由区政府承担75%，校车运营公司承担25%；中卫的购车费由市政府补贴45%，交通运输集团出资55%。三是全部由运营公司负担，公司直接投资校车业务。天长的2160万元校车购置费用由校车运营公司一次性投资，政府主要在运营环节给予补贴支持。地方政府在校车购置费用方面采取哪种分摊方式，较大程度上与地方经济和财政状况有关。

3. 校车运营费用主要由地方政府和学生家长共同分担

政府一般按照实际发生的运营费用对校车运营公司给予补贴，地方经济社会发展和财政状况差异较大，补贴比例也各有不同，平均来看大约占到总体运营费用的70%，学生家长负担比例平均约为30%，按照乘车人次平均每人每天费用为2—4元，总体上负担水平不高。天长的学生家长负担的运营费用相对较高，达到50%；阎良、青岛的学生家长负担比例较低，只有10%；六合、德清的学生家长负担比例约为30%；酒泉的非专用校车服务模式，政府直接补贴学生票价和空驶费，票价补贴比例为20%—100%。政府补贴来自地方各级财政，主要包括三种情况：一是完全由本级财政负担，如德清每年500万元的运营补贴全部由县政府负担；六合区政府在学期开学前预付300万元，最终全年负担800万元运营费用，校车运营公司亏损全部兜底。二是由县（区）

市两级财政分担，阎良、青岛的运营费用由县（区）市财政按照1∶1原则分摊，对于地市层面整体推进校车发展的地方，区县本级财政的运营负担应该适当降低。三是由县和乡镇两级财政分担，天长多渠道地解决运营费用，城市公交和农村班线国家补贴解决一部分，剩余费用则由市和乡镇政府按照1∶1原则进行分摊。

4. 校车运营公司一般采用收支平衡或微利保收方式维持正常运转

政府主导与市场化运营之间的协调，就是兼顾效率与公平。根据各地经验，大体可以分为三种情况：一是坚持校车运营的公益性原则，政府财政兜底实际运营费用，收支平衡没有盈利。如德清、青岛、阎良、中卫等地基本都采用此种方式。二是确定固定水平的盈利，由政府财政给予奖励补贴，以保障运营公司市场化运转。如六合按照不超过营业额7%的水平奖励运营公司；天长按照10%的固定投资回报率（约200万元/年）进行激励，第二年以后提高到12%。三是完全按照市场化运营确定运营公司收益，政府根据市场化的票价和费用进行补贴，如酒泉的非专用校车服务。

5. 校车运行配套的基础设施建设由地方政府承担

道路交通安全等配套设施是校车安全运行的重要保障，具有更强的公共产品属性，一般都由地方各级政府负责投资建设。例如，2012年德清将校车路线安全设施建设列入全县民生实事百日攻坚项目，投入672万元新建标准校车站牌、候车亭，改造公交站亭，增设临水临崖路段安全防护栏，资金由县和乡镇分担；六合投资2亿元整治运营道路，增加校车会车点，增设站点设施；天长投入200多万元完善学校周边各类交通安全设施以及校园监控系统，确保校车安全运行。

表4-3　　　　　典型校车发展模式的筹资模式与成本分摊

典型模式	校车购买费用	校车运营费用	学生家长费用	基础设施投入
浙江"德清模式"	91辆车，2500万元。县级政府全部承担	总费用700万元/年，其中500万元/年由县政府运营补贴资金	200万元/年，1元/次，2元/天。约占总体运营费用的30%	投入672万元用于站牌、候车亭、安全防护栏等设施，由县和乡镇分摊。30万元GPS监控系统，教育局投入

续表

典型模式	校车购买费用	校车运营费用	学生家长费用	基础设施投入
江苏"六合模式"	100 辆车，3000 万元。区政府承担 75%，校车运营公司承担 25%	总费用 1200 万元/年，其中 800 万元/年由区政府运营补贴资金。学期开学前预付 300 万启动资金，亏损由财政兜底，再按照不超过营业额 7% 奖励运营公司	总费用约 420 万元/年，每人每学期 350 元，平均 2 元/次，4 元/天。约占总体运营费用的 35%	投资 2 亿元整治运营道路，增加会车点，增设站点设施
山东"青岛模式"	2011 年投入 4000 万元购买校车，由区市两级政府共同出资	总费用约 1 亿元/年，其中 9400 万元由区市财政按照 1:1 原则分摊。平均每个学生每天的运营费用为 20 元	总费用约 1000 万元/年，1 元/次，2 元/天。约占总体运营费用的 10%	
安徽"天长模式"	90 辆车，2160 万元。由校车运营公司一次性投资	总费用 1080 万元/年，平均每辆车 12 万元/年。城市公交和农村班线国家补贴 233 万元，市和乡镇政府按照 1:1 原则再补贴 500 万元（其中运营公司按 10% 投资回报率得 200 万元，缺口 300 万元）	总费用 555 万元/年，平均 4 元/天，2 元/次（每天两趟的每人每学期 400 元，四趟的 520 元）。约占总体运营费用的 50%	投入 200 万元用于学校周边交通安全设施及监控系统
陕西"阎良模式"	43 辆车，1800 万元。由区、市两级财政按照 8:2 原则分摊	总费用 1000 万元，其中 800 万元/年由区、市两级财政按照 1:1 原则分摊	总费用为 120 万元。1 元/次，2 元/天。约占总体运营费用的 12%	
甘肃"酒泉模式"	购买校车运输服务，没有校车购买投入	按照一定比例补贴运费。金塔按照市场票价补贴单程票 20% 以及空驶费，瓜州和玉门补贴 50%，肃北、阿克塞全部由财政负担	学生负担单程票价的一部分。金塔学生负担 80%，瓜州和玉门学生负担 50%，肃北、阿克塞学生不需要负担	

典型模式	校车购买费用	校车运营费用	学生家长费用	基础设施投入
宁夏"中卫模式"	40辆车，1530万元。市政府补贴45%，交通运输集团出资55%	总费用600万元。其中360万元由市财政负担。每月租赁费1.1万元/车，每年计10个月，市财政负担60%	总费用240万元，学生家长负担租赁费的40%。平均1.6元/人次	

资料来源：根据各地校车发展模式调研资料整理得到。

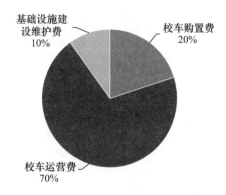

图4-1 校车发展运行的成本结构

资料来源：根据各地校车发展模式调研资料整理得到。

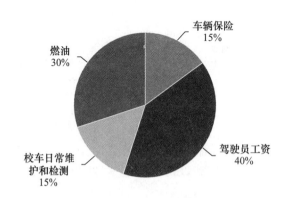

图4-2 校车日常运营的成本结构

资料来源：根据各地校车发展模式调研资料整理得到。

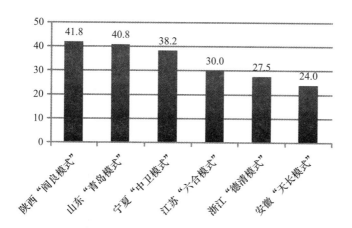

图4-3 典型校车运营模式的校车平均购置费用（万元/辆）

资料来源：根据各地校车发展模式调研资料整理得到。

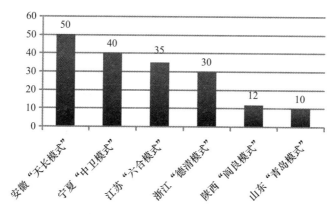

图4-4 典型校车运营模式的学生家长负担运营费用的比例（%）

资料来源：根据各地校车发展模式调研资料整理得到。

四 校车发展的关键问题

在地方政府的高度重视和财政投入保障下，地方自发探索的校车发展模式取得了积极成效，但运行过程中也出现一系列问题，面临诸多挑战和不确定性。总结主要地方的实际经验，以下十个关键问题将影响中国校车事业的长期可持续发展。

第一，校车发展的基本功能与属性是什么？政府在校车发展中应该承担重要角色，基本达成了共识，但是，各地对于校车发展的功能和属性在认识上尚不统一，还存在一定差异。校车安全很重要，但是否重要到必须或只能完全由政府实施？究竟校车应该作为公共产品完全由政府操办，还是一种准公共产品由政府推动市场主导运营？德清、阎良等地更倾向于将其视为公共产品完全由政府主导，而天长、六合、中卫等地对于其公共产品属性的认识则有所差异，这在校车购置费的负担比例上就有所体现。中国的校车发展必须首先清楚地回答这一基本理论问题，校车的基本功能与属性有必要达成统一认识。

第二，校车发展的核心要素是"人"还是"车"？这一问题关系到校车发展的导向，关系到政府职能部门的权责划分与管理模式。如果校车的重点是校车服务对象——"学生"，那么校车发展更倾向于作为教育事业的组成部分；如果重点在于特殊用途的"车"，那么校车发展更倾向于纳入交通运输事业。究竟校车应该是由教育部门主导还是由交通部门主导呢？尽管更多地方在操作中倾向于由教育部门牵头，但实际认识和理解上存在较大争议。教育部门认为他们的职责是教书育人、负责学生在校期间的安全，校车运行主要在校外应该由交通运输部门承担主要责任，而交通运输部门则认为校车是一种特定群体的交通工具，关键目的在于保障学生的安全，教育部门应该承担主要责任。地方经验在某种程度上是特定环境下地方政府部门博弈权衡的结果，并不意味着具有必然合理性，关于校车发展的主导责任和职能认定有必要充分讨论并达成共识。

第三，校车发展的范围边界在哪里？校车发展是城乡经济社会发展的产物，应该遵循需求导向、因地制宜的基本原则，是否有必要全国统一推行标准化的专业校车，是否可以整合利用现有客运资源购买校车服务，探讨酒泉模式的客观必然性有助于解答这一问题。如何确定一个兼顾效率与公平的校车覆盖范围，学生通勤距离（如2千米还是3千米以内）、学生年龄（如是否包括初中生或幼儿园幼儿、是否在12周岁以下）、学校区域（如是否包括城区学校）、学校性质（如是否包括民办学校）等规定或条件如何做到公平合理，校车发展必须要明确合理的范围边界，而且这一范围界定也并非一成不变，应该随着人口、经济与社会发展的变化而动态调整，校车发展长期来看也有可能成为某些地方阶段性的公共服务事业。这一关键问题正是政府、学校和社会各界推动校车可持续发展的重要前提。

第四，如何建立一个良好的校车市场运营机制？校车发展完全由政府部门统筹统管，校车安全系数可能更高，但运营效率低下；若完全交由市场自发运行，又将存在无序竞争、监管缺失的安全风险，如何协调校车安全保障与运营效率之间的关系，有必要建立一个责任明确、监管有效的校车市场运营机制。目前各地经验模式中，基本将校车运营环节完全交由本地国有运营公司（如公交公司、交通部门下属的运输公司等），而且一家独立垄断运营，市场竞争机制缺失，由此必然带来一系列问题，政府监管部门对运营公司监督成本很高，校车运营情况信息不对称以致无法建立合理的运营费用发现机制，也就无法确定合理的政府补贴标准以及运营公司正常盈利水平，甚至造成监管部门与运营公司之间的寻租现象（如虚报成本牟取财政补贴）。值得关注的是，一些地方民办幼儿园或小学自主推行的校车（没有任何政府补贴）收费标准更接近收支平衡的市场化水平，而实际运营费用则比校车运营公司的更低。校车发展的哪些环节可以引入社会资本，如何建立良性的市场竞争机制，这是目前地方经验尚未给出满意答案，但又是必须解决的重要问题。

第五，如何建立一个合理的成本分摊机制？校车发展需要政府部门、运营公司、学生家庭以及学校等主体共同推进，各方需要承担相应的责任，校车运营的成本费用理所当然也应该在各个主体之间合理分摊。分摊原则和比例首先应该反映出各个主体在校车发展中的责任和义务，其次再根据经济和财务状况等因素进行适度的调整。目前校车发展主要由地方政府推动，出现了经济和财政状况好的地方，政府负担比例更高，而经济和财政状况较差的地方，学生家庭负担比例更高的现象。学生乘车收费标准如何确定，如何根据实际情况动态调整，如何在财政负担与家庭承受范围之间找到一个平衡点，这些问题需要由一个合理的成本分摊机制去妥善解决。

第六，各级政府应该承担哪些责任和义务？校车发展由地方政府自发地探索和推动，这是否意味着校车发展就应该是地方政府的责任？实际经验表明，完全由县（市）本级政府推动的校车模式（如六合、天长等）面临相对更大的财政压力和可持续的挑战，而由市和区（县）两级政府共同推动的校车模式（如青岛、阎良等）则相对压力较小。校车发展不应该仅是地方政府的责任，长期可持续发展需要中央、省、市、县等各级政府明确各自的责任和义务。由此，如何建立一个合理的财政分摊机制，如何考虑地区差异确定科学的、有差别的分摊原则，在此基础上进一步明确各级政府各部门应该承担哪些职能和职责（避免诸如校车无法上牌照等相互推诿、躲避责任的现象），校车发展由地方探索实施进入全国统筹推进阶段，中央政府的顶层设计和各级政府的财政分摊是必须要解决的问题。

第七，如何建立一套有效的政策支持体系？目前各地大多采取直接补贴运营费用的方式，即将校车运营过程中发生的全部费用打包整合，按照实际总费用（或再考虑确定的盈利水平）的一定比例给予补贴，根据各项特定费用分类支持政策很少，主要原因可能有两个：一是直接总额补贴的操作简单，二是各类分项政策地方政府的自主权有限。校车长期发展有必要配套相关的政策支持体系，是否可以根据各项不同的运营成本进行补贴，如采取校车购置税减免、燃油税补贴、车辆保险费减免、年检费减免等措施，可以进一步探讨。

第八，如何协调校车专用性与使用率之间的矛盾？校车特定的服务对象决定了这一运输资产较强的专用性，尤其在安全保障的要求下，校车运营过程中进一步强调"专车专用"，资产专用性导致闲置时期较长，闲置成本较高（尤其在寒暑假期闲置损耗现象严重），校车使用率低已经成为各地经验探索中突出的问题。是否可以在保障校车安全的情况下适度灵活地拓展校车使用范围，提高校车使用率；是否可以有效增强运营公司动力，激励他们降低闲置成本、提高运营效率，有待进一步研究。

第九，如何解决校车驾驶员的高标准与低工资之间的矛盾，校车驾驶员是校车安全运行的关键人物，对其高标准要求当然是对学生安全负责，但是目前驾驶员筛选使用存在突出问题：高标准导致符合条件的驾驶员紧缺，而校车专用性导致驾驶员工作时间较短、相对收入并不比其他客车驾驶员更高，驾驶员的流失率较高、队伍不稳定，而部分兼职人员又存在安全驾驶的风险。是否应该考虑制定适当的校车驾驶员标准，是否应该在重视驾驶技术的同时更加重视文明驾驶要求，都是需要进一步考虑的问题。

　　第十，如何解决校车跟车人员与教学之间的矛盾？校车跟车人员是另一个影响校车安全运行的重要人物，目前校车跟车制度执行比较严格，尽管并未明确要求由学校教师负责，但各地实践中考虑到操作便利以及更高的安全性，一般选择以学校教师作为跟车人员，由此带来了比较突出的跟车与教学之间的矛盾。校车安全应该放在至关重要的位置，但同样必须要处理好主要职责划分问题。校车跟车人员是否必须由学校教师承担，校车运营公司是否可以通过市场化、专业化方式提供校车跟车服务，这类问题本质上也涉及校车发展的功能属性以及政府与市场范围界定问题，有待进一步研究。

第五章

中国校车管理体系：
制度安排与政策法规

从理论上来讲，政府与市场对社会资源的配置是两种不同的机制，它们各有利弊又相互补充。对于属性和技术上具有排他性和消费上具有竞争性的私人物品，应主要由市场来配置；对于技术上不具有排他性和消费上不具有竞争性的公共物品（或准公共物品），应主要采取政府配置机制。很明显，校车由于使用和消费对象以及校车服务的功能与定位，具有明显公共物品或准公共物品的属性。但由于校车服务和使用对象的特殊性，对于校车这种具有特殊属性的公共物品的提供，理论和实践模式上既可以是政府供给，也可以是政府向企业和私人购买相应的校车公共服务。因此，完善、合理及有效执行的校车监管制度和政策法规体系对于安全、持续和健康发展的中国校车供给模式至关重要。

本章将在前几章校车服务对象和性质、政府责任与校车服务的可得性理论研究基础上，针对中国校车的实际需求特征和国内校车运营模式的经验与探索，从国家、部门（教育部、公安部、交通部）、典型地方（省市）等不同层面的制度安排、政策规定，系统分析和总结当前中国校车管理制度，提出适宜中国校车可持续发展的制度设计、管理框架及政策体系思路。

一 中国校车管理制度与政策规定：国家层面

从制度和政策法规、行政管理条例来考察，国家层面（国务院令、国务院、国办发文）涉及校车安全管理、行政、政策法规管理的最早出现在 2007 年。表 5 - 1 系统整理了国务院最早关于中国校车管理条例和办法的文件和政策。

表 5 - 1　　　　国家层面的中国校车管理条例和行政法规

时间	发文机关及文号	条例或政策	校车管理的侧重点
2007 年 8 月	国务院办公厅 国办发〔2007〕38 号	《国务院办公厅关于进一步加强安全生产工作坚决遏制重特大事故的通知》	把校车作为重点行业领域的安全专项整治，切实加强农村道路交通安全监管和校车安全管理
2010 年 11 月	国务院办公厅 国办发〔2010〕54 号	《国务院办公厅关于加强孤儿保障工作的意见》	把校车作为"加强儿童福利机构建设，提高专业保障水平"的一部分
2011 年 11 月	国务院 国发〔2011〕40 号	《国务院关于坚持科学发展安全发展促进安全生产形势持续稳定好转的意见》	强调校车作为"深化重点行业领域安全专项整治"，突出特别要抓紧完善校车安全法规和标准，依法强化校车安全监管
2012 年 3 月	国务院 国发〔2012〕13 号	《国务院关于落实〈政府工作报告〉重点工作部门分工的意见》	将校车作为"促进义务教育均衡发展"的部署，明确由教育部、发展改革委、财政部、公安部、交通运输部负责
2012 年 2 月	国务院办公厅 国办发〔2012〕14 号	《国务院办公厅关于继续深入扎实开展"安全生产年"活动的通知》	将校车作为"深化交通运输安全整治"的主要对象之一
2012 年 4 月	国务院令 第 617 号	《校车安全管理条例》	中国第一个全国层面的校车管理条例和行政法规，包括八章62 条
2012 年 7 月	国务院 国发〔2012〕30 号	《国务院关于加强道路交通安全工作的意见》	明确校车应严格按规定安装使用具有行驶记录功能的卫星定位装置，加强校车安全管理的执法
2012 年 9 月	国务院办公厅 国办发〔2012〕48 号	《国务院办公厅关于规范农村义务教育学校布局调整的意见》	强调校车作为"解决学校撤并带来的突出问题"的主要措施之一，明确各地市要组织提供校车服务
2012 年 12 月	国务院 国发〔2012〕64 号	《国务院关于城市优先发展公共交通的指导意见》	把校车列为城市公共交通工具范畴，允许使用公共交通优先车道。强调发展中小学校车服务系统，加强资质管理，制定安全和服务标准

资料来源：以上政策文件和行政管理政策文件从中央人民政府网站（http：//www.gov.cn/）整理。

从国家层面的校车管理制度和行政法规条例沿革来看，中国校车管理体系中制度和政策角度的发展与完善，首先起始于国家对交通事故引发的校车安全重视，将校车作为深化重点行业领域安全专项整治，突出特别要抓紧完善校车安全法规和标准，依法强化校车安全监管。这可以从《国务院办公厅关于进一步加强安全生产工作坚决遏制重特大事故的通知》《国务院关于坚持科学发展安全发展促进安全生产形势持续稳定好转的意见》中看出（见表5－1）。并且这一期间，也是全国校车事故发生率比较高的时期，例如，2011年年底的一系列校车事故引起了社会广泛的关注和热议：2011年12月7日深圳市龙岗"校车事故"缘于学生"居住在布吉甘坑社区，到'遥远'的平湖街道读书，因3万人的居住地甘坑无一所学校"①；2011年12月21日，云南省一个县城小学用马车当校车，接20多名学生上学，途中与一货车相撞，造成2名学生死亡，23人受伤②；2011年11月16日，甘肃省庆阳市正宁县榆林子镇一大翻斗运煤货车与当地幼儿园接送车迎面相撞，造成19人死亡；2011年11月13日，江苏省丰县一辆校车，行驶中为躲避违章行驶的人力三轮车发生侧翻，车辆翻入路边沟塘中，造成15人死亡③；等等。

其次，校车服务的需求与必要性源于2000年以来，中国进城务工人员随迁子女逐年增加。农村人口出生率持续降低，农村地区学龄人口不断下降，各地对农村义务教育学校进行了布局调整和撤并。布局调整和撤点并校虽然改善了办学条件，优化了教师队伍配置，提高了办学效益和办学质量，但同时，农村义务教育学校点大幅减少，导致部分学生上学路途变远、交通安全隐患凸显。因此，"撤点并校"加重了农村地区"上学远"的问题。同时，农村教育经费的不足，很难提供便利安全的公共交通工具。扩大学校规模和班级规模往往成为教育资源不足或者提高有限教育资源利用效率的重要手段。根据教育部"中小学生上下

---

① 张素蓉：《校车事故的深层原因：教育规模布局调整重经济性轻人文关怀性——以深圳市龙岗区为例》，《湖南师范大学教育科学学报》2012年第5期。

② 申寅子：《校车伤害事件敲响学校生命安全教育警钟——兼论中美校车制度措施之比较》，《现代教育科学》2012年第6期。

③ 李岩等：《校车安全事故中的政府责任及对策探究》，《洛阳师范学院学报》2012年第6期。

学出行方式的调查"统计结果显示：2011 年中国中小学校共有在校学生 1.8 亿人，有接送中小学生及幼儿上下学车辆 28.5 万辆，其中符合标准的校车 2.9 万辆，仅占 10.32%，平均 6428 名中小学生才拥有一辆专业校车。乘坐校车上下学的中小学生及幼儿只占 2.77%，约 515 万人，而依靠骑车、步行上下学的占 64.2%，乘坐公交车的占 14.19%，乘坐私家车的占 5.48%，乘坐学校或家长租车的占 5.94%，采用其他方式的占 7.42%，中国校车存在巨大的需求缺口①。在《国务院关于落实〈政府工作报告〉重点工作部门分工的意见》《国务院办公厅关于规范农村义务教育学校布局调整的意见》中，强调了各地要组织提供校车服务。这不仅是解决农村地区中小学上学路途变远、提高交通安全的必要，而且是国家为适应城镇化发展而调整教育布局和发展战略应该提供的服务。

最后，《校车安全管理条例》（以下简称《条例》）的出台标志着中国校车基本的管理制度和行政法规建立，也是国务院相关部委、部门和各省地市制定校车安全和管理实施细则与操作办法指导性条例和必须遵守的行政法规。2012 年颁布的《条例》，包括总则、学校和校车服务提供者、校车使用许可、校车驾驶人、校车通行安全、校车乘车安全、法律责任以及附则等 62 条规定。同时明确了在条例实施后，在省、自治区、直辖市人民政府规定的过渡期限内可以使用取得校车标牌的其他载客汽车。

从《条例》分析中国的校车制度和政策规定，具有以下特征：第一，中国校车制度实际上仅是在安全运营方面建立了一个基本管理制度框架和安全标准，对于校车属性是否属于公共物品，校车服务的政府责任，财政部至今未出台支持校车服务所需财政资金由中央财政和地方财政分担的具体办法。部分省市出台相应省市财政分摊办法的，资金落实环节上，上一级政府承诺的财政资金难以兑现，导致校车安全运营费用出现缺口②，最终会影响校车服务的质量和可持续性。

---

① http://sjb.qlwb.com.cn/qlwb/content/20111120/ArticelA03002FM.htm.

② 例如，课题组在陕西省西安市阎良区调研"阎良模式"时发现，阎良校车工程资金为市政府与区政府各分担 50%，实际运行中，市政府 50% 财政配套资金不能按时按比例拨付，导致阎良校车运营公司对运营费用不能按实际成本做预算。

第二，地方政府对校车服务的提供或购买企业的校车服务，政府的责任和功能定位不是十分清晰。目前的状况是有财力、有试点地方在《条例》约束下，不愿提供更好、规模更大的校车服务；未提供校车服务的地方不愿实施校车工程，不仅是财政资金的压力，更重要的是地方政府一旦实施校车工程，按照《条例》承担的是一系列与教育、交通、公安、安全等相关的责任。而且制度中体现的是，地方政府根据本行政区域的学生数量和分布状况等因素，保障学生就近入学或者在寄宿制学校入学是首选，实在不能解决寄宿和就近入学的要提供安全上下学交通服务。而不是将校车服务作为地方政府应该提供的一项公共物品来定位。

第三，校车服务这种特殊的公共物品属性供给，首要的是解决地方政府提供校车的激励机制问题。对于是由政府主要供给还是政府委托私人或企业提供服务政府来购买，本质上没有区别。地方政府要做的是如何可持续的提供校车服务这种公共物品，核心的两方面应该是财政预算和安全运营的政府监管。安全运营的政府监管是每个地方政府应做的分内之事，校车技术安全标准、校车安全运营的具体方案以及完善的监管体系，这些都是政府的责任。而前一方面校车服务的财政预算需要中央政府有明确的定位，如从每年的财政预算教育经费中专项列支，省市财政配套比例必须有明确预算。做到了这核心的两方面，地方政府完全可从专业化的校车服务企业那里购买服务，地方政府才有激励持续提供校车服务。

二　中国校车管理制度与政策法规：部委部门层面

（一）教育部校车管理相关制度和政策

表5-2　　　　　　　　教育部关于校车管理的规定和政策

时间	发文机关及文号	条例或政策主题	校车管理的侧重点
2007年6月	教育部基础教育司教基〔2007〕6号	《教育部关于切实落实中小学安全工作的通知》	开展以对本行政区域内中小学幼儿园的校车及驾驶员为重点的拉网式排查和清理工作，坚决杜绝因校车或驾驶员不合格造成的学生伤亡事故

续表

时间	发文机关及文号	条例或政策主题	校车管理的侧重点
2007 年 8 月	教育部基础教育司教基〔2007〕12 号	《教育部公安部国家安全监管总局关于加强农村中小学生幼儿上下学乘车安全工作的通知》	加大对农村地区各类"黑校车"的查处和打击力度，正确引导学生和家长抵制乘坐"黑校车"，切实保障学生上下学交通安全
2008 年 4 月	教育部基础教育厅教基厅〔2008〕2 号	《教育部办公厅关于近期几起中小学安全事故的紧急通报》	查处各类非法搭载学生的农用车和"黑校车"，积极争取地方政府支持，通过发展校车为农村寄宿学生往返家校提供安全交通工具
2010 年 11 月	教育部办公厅教基一厅〔2010〕9 号	《教育部办公厅关于中小学幼儿园安全工作 2010 年第 3 号预警通知》	消除校园周边各类安全隐患，坚决治理"黑校车"
2011 年 4 月	教育部办公厅教基一厅〔2011〕3 号	《教育部办公厅关于中小学幼儿园安全工作 2010 年第 2 号预警通知》	教育学生不坐超载车，远离"黑校车"
2012 年 8 月	教育部基础教育司教基一〔2012〕10 号	《教育部等 20 部门关于贯彻落实〈校车安全管理条例〉进一步加强校车安全管理工作的通知》	贯彻落实《校车安全管理条例》，制定《校车安全管理条例》实施办法，制定校车服务方案
2013 年 1 月	教育部、全国妇联、中央综治办、团中央、关心下一代工作委员会联合发文教基一〔2013〕1 号	《教育部等 5 部门关于加强义务教育阶段农村留守儿童关爱和教育工作的意见》	对于公共交通难以满足的地区，要创造条件提供校车服务，加强安全管理，保障留守儿童优先乘坐
2013 年 3 月	教育部、公安部、交通运输部联合发文教基一厅函〔2013〕12 号	《教育部办公厅公安部办公厅交通运输部办公厅关于做好校车信息采集工作的通知》	在全国中小学生学籍信息管理系统中建设校车信息管理子系统，专门管理校车信息、校车驾驶人信息、随车照管人员和校车运营企业信息以及统一的信息采集表。校车信息采集和录入的责任主体是设区的市级和县级教育行政部门

资料来源：以上政策文件和行政管理政策文件从教育部每年政策文件汇编中整理。

由于对农村义务教育学校进行了布局调整和撤并是校车需求的一个主要客观原因，教育部作为中国校车管理的第一个和最主要职能部委，在 2012 年《校车安全管理条例》（以下简称《条例》）之前，一直是以教育部为主对校车的规范管理出台相应的政策规定。通过表 5 - 2 的整理分析，可以得出以下几点。

第一，从 2007 年之前至 2010 年期间，教育部出台的校车管理政策和文件，主要围绕对农村地区各类"黑校车"的查处和打击力度，正确引导学生和家长抵制乘坐"黑校车"，切实保障学生上下学交通安全。以减小学生上下学交通事故、杜绝"黑校车"管理制度的核心。主要是学生上下学交通事故频发，社会舆论及负面影响大，这时期教育部对校车的管理制度是一种被动的政策和文件管理。出了较大的校车事故，马上出台中小学安全事故的紧急通报。因此，这一阶段，教育部对校车的管理制度基本上没有明确的发展定位和制度框架。

第二，《条例》出台后，教育部作为校车管理条例落实的牵头部委，制定实施了系列管理制度和政策，例如 2012 年 10 月出台《教育部等 20 部门关于贯彻落实〈校车安全管理条例〉进一步加强校车安全管理工作》，建立校车安全管理工作机制，制定《条例》实施办法，对校车使用许可、校车驾驶人资格审批、校车通行安全和乘车安全以及法律责任做出详细规定，把校车服务的重点放在确实难以保障就近入学且公共交通不能满足需要的农村地区。要保障过渡期期限内接送学生上下学的所有符合规定条件的载客汽车都取得校车标牌，过渡期结束后，所有接送小学生、幼儿上下学的校车为符合国家校车标准的专用校车。以县为单位制定校车服务方案。县级人民政府要在保障就近入学、建设寄宿制学校、充分发挥公共交通作用的基础上，根据学校分布、需要校车服务的学生人数和道路交通状况等，因地制宜制订校车服务方案，确定校车运营模式，建立校车安全管理制度。按照"既保证安全，又不让学生无车可乘"的原则制订过渡期交通安全方案，组织建立并严格落实校车使用许可制度和校车驾驶员资格审批制度。校车安全管理部际联席会议办公室设在教育部，办公地点是教育部基础教育一司。由此可见，各地校车安全管理工作机制建立情况、校车服务方案等具体管理和日常报送主要是教育部的职责和管理。

第三，教育部明确各省（市、自治区）要将本地校车安全管理工作机制建立情况、《条例》实施办法于 2012 年 9 月 15 日前，将校车服务方案于 2012 年 10 月 15 日前报校车安全管理部际联席会议办公室备案。

根据教育部通报的"2012 年校车安全管理工作进展情况"，所有省

（市、自治区）均已按照《条例》要求启动了《条例》实施办法的制定工作。上海、广西、重庆、青海4个省（市、自治区）已制定出台实施办法，江苏、浙江、福建、甘肃4个省出台了学生交通保障工程实施办法。截至2012年年底，已有26个省（市、自治区）建立了省级校车安全管理工作协调机制，天津、内蒙古、黑龙江、山东、湖北、贵州6个省（市、自治区）的协调机制正在建立过程中。全国已有1235个县（区）制定了校车服务方案，1556个县（区）建立了校车使用许可制度，1541个县（区）建立了校车驾驶人资格审批制度①。根据公安部门统计数据，2012年发生的涉及校车道路交通事故起数和死亡人数同比分别下降了42.1%和50.2%。

（二）公安部、交通部、安监、质量与标准等部委校车管理相关制度和政策

公安部、交通运输部、国家安监总局、国家技术监督局与国家标准委等校车安全管理的职能部委从行业监管的角度对校车的安全管理制定和出台了系列校车安全技术标准、技术指标和校车生产试验标准，以及相应的道路运行、标识及管理规定。整体上可以概括为以下几点。

表5-3 公安部、交通部、安监、标准委等部委关于校车管理的规定和政策

时间	发文机关及文号	条例或政策	校车管理的侧重点
2012年4月	国家质量监督检验检疫总局、国家标准化管理委员会	《专用校车安全技术条件》（GB24407-2012）和《专用校车学生座椅系统及其车辆固定件的强度》（GB24406-2012）	两项标准明确了专用校车及座椅系统的各项技术指标和试验方法
2012年9月	国家标准化管理委员会	《机动车运行安全技术条件》（GB 7258-2012）	增加了校车、幼儿校车、小学生校车、中小学生校车、专用校车，以使标准使用者能更清晰地理解标准相关条款适用的主体。专用校车应具有限速功能或安装限速装置，规定专用校车前部应采用碰撞安全结构

---

① 教育部"2012年校车安全管理工作的进展情况"的报告。

续表

时间	发文机关及文号	条例或政策主题	校车管理的侧重点
2012年3月	公安部科技局	《关于发布公共安全行业标准的公告》	公布校车标志灯、校车停车指示标志牌的标准
2012年7月	交通运输部办公厅交运发〔2012〕329号	《交通运输部关于认真做好〈校车安全管理条例〉贯彻实施工作的通知》	积极配合教育行政、公安等相关部门，建立健全校车安全管理工作协调机制和信息共享机制，全面开展提供校车服务的客运企业排查、科学规划、合理设置公共交通线路和站点，明确的校车享有通行优先权的规定，教育引导营运车辆驾驶员，采取有效措施自觉礼让校车
2011年4月	公安部令第116号	《公路巡逻民警队警务工作规范》	公路巡逻民警队应当配合有关职能部门，督促本地区单位落实交通安全责任制，加强对校车及其驾驶员的交通安全监管
2011年3月	公安部交通管理局	《全国公安交管部门开展"护卫天使行动"》	加强辖区校车安全管理，严格校车及驾驶人资格审查制度和安全教育制度，健全完善校车基础台账，查找安全隐患和管理漏洞，落实整改，让孩子安全便捷出行的范围"无缝隙"
2010年5月	公安部交通管理局	《公安部交通管理局部署进一步加强道路交通事故预防和校园周边交通秩序整治工作》	健全完善校车安全管理长效机制，对校车和校车驾驶人进行一次全面清理，会同教育行政部门加强校车管理和校车驾驶人安全教育；要进一步提高民警应急处突能力，加强技能培训，开展实战演练，确保一旦发生突发事件，民警能及时、有效参加前期处置
2010年8月	中央综治办、教育部、公安部	《关于进一步加强学校幼儿园安全防范工作建立健全长效工作机制的意见》	会同有关部门研究加强校车建设和管理，改善学生和幼儿园儿童的交通安全条件
2012年1月	国家安全生产监督管理总局	《2012年全国安全生产工作重点》	要求校车安装使用卫星定位装置，加快建立省、市、县三级动态监管平台（或监控端）
2011年12月	国务院安委会办公室安委办〔2011〕50号	《道路交通安全"十二五"规划的通知》	安装使用具有行驶记录功能的卫星定位装置，实行企业监管平台专人值守，使日常安全监管常态化。制定完善校车安全技术标准和管理制度，不断提高校车安全性能
2013年2月	国家安全监管总局安监总政法〔2013〕11号	《国家安全监管总局关于印发2013年工作要点的通知》	加强道路交通安全工作，落实校车安全管理各项规定

资料来源：以上政策文件和行政管理政策文件从公安部、交通部、安监部等部委每年政策文件汇编中整理。

第一，以《校车安全管理条例》为基本制度和法规，国家安全生产监督管理总局、国家质量监督检验检疫总局与国家标准化委员会等职能部委制定出台的专用校车及座椅系统技术指标及规定。例如，新校车国标将校车分为轻型校车和大中型校车，轻型校车车长大于5米且小于等于6米，大中型校车车长大于6米且小于等于12米；校车高度不得高于3.7米，专用校车应安装前、后保险杠；侧窗至少下部1/2应封闭，所有车窗玻璃的可见光透射比应不小于50%，且不得张贴不透明和带任何镜面反光材料的色纸或隔热纸；幼儿专用校车乘客区应采用平地板结构；校车应在车外顶部前后各安装两个黄色校车标志灯，安装强制通风装置，从地面至乘客门的第一级踏步高度应不大于35厘米，其他各级踏步的高度应不大于25厘米；幼儿校车座椅的座间距应不小于50厘米，小学生校车座椅的座间距应不小于55厘米，中小学生校车座椅的座间距应不小于65厘米，照管人员的座间距应不小于65厘米；为方便撤离和车外救助，车辆的左侧、右侧应至少各有一个出口，大中型校车还应装有顶部撤离舱口；校车应安装具有卫星定位功能的行驶记录仪，校车应安装车内和车外录像监控系统，应有倒车语音提示系统。这些具体的技术指标和校车安全技术条件，设有一定的过渡期，在已获得许可或通过认证的产品自本标准实施之日起第13个月开始执行。

第二，根据《校车安全管理条例》《专用校车安全技术条件》制定的一系列校车安全运营、管理的制度、方式及具体规定措施，这些作为支撑《校车安全管理条例》的贯彻落实，对于规范专用校车生产。例如，公安部《关于修改〈机动车登记规定〉决定》和《机动车驾驶证申领和使用规定》，明确了公安机关交通管理部门参与校车许可条件审查，发放校车标牌和校车驾驶人资格许可的业务程序和要求。公安部还出台了公布校车标志灯、校车停车指示标志牌的标准。交通部和国家质检总局对校车承载学生人数的也制定了具体规定，如校车最多不得超56人、幼儿校车的最大乘员数不超过45人、小学生校车和中小学生校车的最大乘员数应不超过56人。技术指标和管理措施手段具体的可概括为三方面：一是对校车车辆安全性能要求明显提升，标准在车身结构强度、碰撞防护结构、制动装置、司机视野、轮胎、安全带设置、应急逃生配置、座椅性能等方面的要求均有提升；二是对校车车辆配置更加人性化，标准提出了专用校车的踏步（台阶）不能太高，必须设置上下车扶手、通道必须平整防滑、座椅和隔板必须软化处理、车内空气质量必须达标等一系列要求；三是对校车安全管理相关配置更加完善，标准对限速装置、乘员数量限制、急救箱配备、照管人员座椅配置、灭火装置、专用校车标志灯、停车指示牌、停车提醒标示、行驶记录仪录像监控系统等做出了一系列规定。

第三，职能部委的管理按照政府主导、财政投入、专业运营的原则，研究制定扶持和鼓励校车发展的政策措施，建立健全校车安全管理法律法规体系和安全管理制度，明确校车优先通行权利，明确政府及相关部门监管责任，加强校车监管，保障校车安全。通过相关职能部委一系列政策、标准和行业管理等多方面措施，制定完善校车安全技术标准和管理制度，不断提高校车安全性能；严格执行客运车辆车身上部结构强度要求的国家标准，强制校车的所有座椅安装汽车安全带、校车安装限速装置和采用全承载整体式结构车身。到 2013 年，校车座椅汽车安全带安装率达 100%、完好率达 95% 以上；到 2015 年，校车动态监管装置安装使用率达 100%，运营企业建立监管机制，建成道路公共安全监管与服务平台；全国 75% 的设区的市和 60% 的县建成动态监管平台（或监控端）。研究出台优惠政策，探索并逐步推广行之有效的农村地区校车运营管理模式。

三　地方校车管理制度与政策：
基于典型调研地点的总结

2012 年出台了《校车安全管理条例》后，各部委、省级、市级区域也相应出台了本地区的校车管理办法。中国已经初步形成了从中央到地方的校车管理体系，这为国家校车事业发展和具体目标的实现奠定了制度基础。国家层面的制度安排必须由各个地区落实完成，特别是县级行政单元，行政单元越基层，制度要越具体。因此，笔者将对 7 个调研地出台的具体政策进行分类总结，探讨其中的经验与问题。总体来看，地方校车运营制度体系由三个方面组成。

一是校车运行总体管理制度。每个地区经济社会和自然地理条件都是不一样的，校车发展模式也不可能完全一样，因此每个地区政府都需要首先确定本地区校车应该如何运行，另外还需要对各部门管理职责、运营成本分摊机制、各方的责任与义务等进行原则性的规定，校车总体运营管理制度就是要对这些内容进行设计。在调研的 7 个地区中，每个地方都出台了总体运行管理制度，这样的制度一般是由市或区政府来发布的。例如，德清发布的《德清县学生接送工作管理办法》、阎良发布的《阎良区校车试点方案》、酒泉发布的《酒泉市人民政府办公室校车服务方案》等都属于总体运行管理制度的范围。

二是校车安全设施配套制度。校车服务不仅是校车本身，还包括为校车运行提供一切便利的设施，如校车维修地点、道路安全标志、车载导航系统等。这些设施如何安置，如何管理都需要政府和相关部门给出具体的制度设计。德清制定了《学生接送车运行线路安全设施建设方案》，明确乡镇（开发区）所属校车运行线路标准站点牌、候车亭、临水临崖路段的安全防护措施的建设任务，还制定了《德清县校车运行线路安全实施建设标准》，对站点标牌有国标、候车亭没有国标的情况进行规定。南京市六合区根据《校车安全运行规定》，投资 2 亿元资金整治校车营运道路，增加会车点，增设学生上下车站点设施。

三是校车运行安全管理制度。发展校车事业的根本出发点在于保障学生往返安全，因此校车制度中另一个重要的环节是校车运营安全管理制度。校车运营安全管理制度需要政府相关部门、校车运营企业与学校合作，政府制定安全的指导性规范，由校车公司制定具体操作规程，由学校协同监督，实现多方面有效对接。从对 7 个调研地的考察来看，各地都制定了比较全面的校车运营安全管理制度。德清制定了《德清县校车运行线路安全实施建设标准》，在此基础上校车公司建立了《安全管理规范》《驾驶员安全操作规范》《驾驶员违规行为扣分标准和处理办法》《校车 GPS 监控管理制度》《校车安全及服务质量检查制度》《校车驾驶员工奖考核细则》等规章制度，对公司的日常运行进行规定，对校车驾驶员的操作进行指导，对校车运行轨迹、速度进行监控，确保行车安全，确保学生接送工作安全、有序和高效。甘肃省酒泉市肃州区政府制定了《校车安全管理责任书》，肃州区客运公司、学校、老师及家长联合签署《交通安全管理目标责任书》明确了各方的责任。江苏省南京市六合区教育局制定《六合区校车运行跟车人员职责》《六合区小学生上放学校车突发事件应急预案》明确了各方的责任，校车公司编制了《校车安全管理手册》《校车管理日志》规范和监督每辆校车的运行。

表 5 - 4　　　　　　　　7 个调研地校车运行管理制度汇总

发布地点	发布机构	政策法规名称
浙江德清	德清县政府	《德清县学生接送工作管理办法》
	德清县人大	《德清县学生接送车优先便利通行的实施办法》
	接送工作领导小组	《学生接送车运行线路安全设施建设方案》《德清县校车运行线路安全实施建设标准》
	永安学生交通服务公司	《安全管理规范》《驾驶员安全操作规范》《驾驶员违规行为扣分标准和处理办法》《校车 GPS 监控管理制度》《校车安全及服务质量检查制度》《校车驾驶员工奖考核细则》
陕西阎良	阎良区政府	《阎良区校车试点方案》《阎良区农村定点小学校车试行方案的通知》《西安市阎良区人民政府关于西安市阎良区校车工程的实施方案》《西安市阎良区校车工程实施方案》
	阎良区教育局	《阎良区校车管理办法》
宁夏中卫	中卫市政府	《中卫市校车运营管理方法（试行）》
	中卫市教育局、公安局	《中卫市沙坡头区校车安全运营即时监管制度》《中卫市中小学幼儿园校车交通安全专项整治行动实施方案》
	沙坡头区政府	《中卫市沙坡头区校车运行工作实施方案》
甘肃酒泉	酒泉市政府	《酒泉市人民政府办公室关于批转酒泉市 2012 年中小学校车安全工程实施方案的通知》《酒泉市人民政府办公室校车服务方案》
	教育局、公安局、交通局	《安全工作责任目标管理责任书》《学校安全维稳工作目标责任书》
	肃州区教育局与学校	《学校安全维稳工作目标管理责任书》
	肃州区教育局、公安分局交警大队、运管所和学校	《校车安全管理责任书》
	肃州区客运公司、学校、老师及家长	《交通安全管理目标责任书》
	肃州区教育局	《肃州区教育系统道路交通安全工作手册》

续表

发布地点	发布机构	政策法规名称
江苏六合	六合区政府	《南京市六合区校车安全运行管理办法》
	六合区政府与扬子公交六合分公司	《六合区小学生接送专车运营补贴补偿办法的备忘录》
	六合区教育局	《六合区校车运行跟车人员职责》《六合区小学生上放学校车突发事件应急预案》
	扬子公交六合分公司	《校车安全管理手册》《校车管理日志》《学生乘车须知》
山东青岛	青岛市政府	《校车安全管理暂行办法》《青岛市校车安全管理办法》
	青岛市交通运输集团	《随车照管员岗位培训教材》《校车驾驶人岗位培训教材》
安徽天长	天长市政府	《天长市学生专用车辆运营管理实施细则》
	天长市教育局	《学生专用乘车协议》《学生专用车值班教师工作职责》《学生专用车随车照管幼儿教师工作职责》《学生专用车候车和乘车要求》
	天长市中南汽车公司	《学生专用车驾驶员月度考核表》

四 校车管理和组织运营中的突出问题

（一）地方经济和财政实力是校车发展的动因吗？

根据课题组在全国典型地市调查的典型校车发展模式，地方经济和财政实力并非校车发展的根本动因，并不是简单地只要地方经济发达，财政收入好，地方政府有钱投入就一定能发展好校车。事实上，校车运营和组织管理的核心问题并不是财政投入，而是如何实现集中管理与多方平衡的问题。例如"德清模式"。德清县是排名40位左右的全国百强县，仅仅是因为经济基础好就出现了校车"德清模式"吗？相比较来看，同处于东部沿海地区的宁波、温州、东莞等经济实力更强，为何没有更早推动当地校车发展？实际上，从地方竞争格局来看，德清县在经济和产业发展方面并没有优势，地方政府去"拼经济"似乎机会不大、难以出类拔萃，去"拼民生"反而成为更好选择、似乎也是唯一路径，在良好经济基础和财力保障下，抓住一两个备受关注的民生问题更容易闪现"亮点"、迅速见效。"德清模式"正是在目前这种地方政府竞争格局和机制下自发形成的，经济基础和财政能力的确是校车发展的重要保障，但显然不是充分条件。

（二）政府主导的校车运营效率与可持续性

尽管全国大多数地方的校车模式实行或采用"政府主导、部门监管、市场运作、公司管理"的机制，但实际上市场化成分并不高、市场机制也未建立，只有一家在政府指导下组建的校车运营公司。在没有市场竞争情况下，监督成本较高，运营公司增强成本控制和提高效率的动力不足，如何实现长期可持续运营将成为较大挑战。可以考虑适当引导社会资本进入，建立良好市场竞争机制，扩大校车运营公司范围，提高校车运营效率。例如，"德清模式"中地方财政承担了全部费用的八成以上，这种模式是否可以在其他地区尤其是中西部欠发达地区推广？分摊机制是否还有再调整的空间？例如，学生家长负担比例适当提高，降低对财政的依赖程度，若将目前每趟1元的乘车收费标准提高到2元，即家长负担比例提高40%、财政负担比例下降到60%，是否能够维持校车正常运营？按照"德清模式"估算，平均每年1000万元校车运营费用保障6600名学生，平均每个学生每年约1500元，目前家长负担300元左右，这一负担水平还有多少调整空间？对于经济发达程度不同的地区是否可以有弹性、有多大弹性？在地方政府和学生家长均无法承担的情况下，中央财政是否可以分担一定比例？校车的核心既不是"人"也不是"车"，而是政府应该提供的一种公共服务。因此，真正抓住校车服务的本质，是政府应该如何提供或者购买这种公共服务。

（三）校车组织管理与运营维护的激励

虽然各地根据《校车安全管理条例》建立了"校车办"进行校车调配、使用和管理，政府各相关监管部门相互协作联动管理，但是无论是教育部门作为校车管理主体责任部门，还是交通部门作为校车管理的主体责任部门，都是政府部门，很难做到监管与责任的统一，或者说多部门的相互协作联动管理的主体实际上是交通局或教育局。因此，各部门虽然有明确的职责分工和监管范围，但是否能真正有效地起到安全管理的作用，是否能使目前的校车运营体系持续有效地运行，还有待研究。

校车的专用性要求更高标准的日常维护管理，"德清模式"中，校车没有配备专用停车场，与其他公交运营车辆停放在一起，寒暑假期间长期停放不用，在露天下风吹雨淋，减少了校车使用寿命。在政府主导模式下，运营公司没有强烈动力建设专用的停车场或车库，仍然需要政府规划和出资建设。如何改变运营公司的激励机制、增强提高维护管理效率；或者如前面提到的关键问题，如何积极引入市场竞争机制，以提高校车运营的政府投入效率，仍是目前亟须解决的问题。

五　中国校车管理制度和政策体系的关键问题与建议

（一）引导地方政府积极参与校车可持续发展的激励制度

一个好的管理制度和政策框架的核心，是提供正确的激励。所谓正确的激励，就是让参加各方的行为主体的追求和社会的追求尽量一致，使制度设计真正有效。有效的制度，就是在特定条件下能提供有效激励的制度。

对校车激励制度来说，一方面是财政投入，这方面中央财政应明确从相应的财政预算中拨付一定比例用于支持和激励地方政府对校车发展的投入，如中央财政从每年基础教育预算明确一定比例的财政资金用于校车的购置、运营以及安全管理的费用，地方财政根据自身财政能力可以配套一定比例的教育预算经费共同承担校车发展和运营的成本。

另一方面就是如何激励地方政府、学校、家长、校车公司等利益相关者均积极参与当地的校车运营和组织管理。激励制度要使每个行为主体的责任和义务与校车可持续发展的定位相一致。这里面最关键的是地方政府、学校和校车公司三方。地方政府是有责任和义务提供安全的校车公共服务，不仅是国家法规和制度要求履行的义务而且是政府公共服务职能和定位的要求。使地方政府有激励做好校车的可持续发展，就要使地方政府从惧怕担负因提供校车服务而造成的事故责任，摒弃"多一事不如少一事"的理念。地方政府提供校车服务并不是直接提供学生上下学的接送服务，也不是包揽了校车一切事故责任。地方政府要做的本质是地方相关部门提供校车安全服务的监管职能和保障校车服务可持续的保险机制，包括安全实施细则、方案、财政补贴、保险补偿以及长期政策激励。学校和家长则是如何培养、教育和宣传孩子科学文明的获得校车服务并监督政府的行为，逐渐形成适合中国文化和经济社会发展进程的校车理念和文明。而校车公司则是在国家和地方政府相关制度规定、标准法则的前提下提供安全的校车接送服务，获得合理的财政补贴和政策优惠及税费减免。这样各方行为主体的行为选择与校车可持续发展的社会定位相一致。

（二）相关部门对标准和校车政策措施的研究与制定

根据《校车安全管理条例》，除了教育部、公安部、交通运输部、国家质量监督检验总局和国家安监总局等校车安全运营的直接相关的部委制定客观的技术安全标准和规定准则，从硬件和制度上确保校车发展的安全性。但校车发展的可持续性不仅仅只是硬件和制度上的保证，校车服务实际是一个国家义务教育发展的一个重要部分。因此，校车发展需要政府其他部门，如发展改革委、工业和信息化部、财政部、住房城乡建设部、税务总局、保监会、标准委分别对财政支持校车服务的政策措施、税收优惠政策、校车保险制度、相关标准的制定和实施细则。例如，交通部和标准委通过出台国家强制标准和统一政策来保障校车在设计和运行上最大限度地保护学生的生命安全和身体健康。而不只是作为校车安全联席会议的成员列席听取校车工作汇报，真正从校车安全运行和可持续性上保障校车的发展和校车服务的供给与可获得性，这里尤其要研究和制定怎样将商业化模式也引入到校车运营管理当中。这一方面的政策措施制定，中央政府和地方政府负有同样的责任和义务，允许各地根据实际情况和需求差异综合运用法律、经济、行政等手段，有效调控、合理引导商业化校车运营企业经营校车服务，制定实施不同地区、不同类型校车差异化政策支持。

（三）教育、财政与职能监管部门根据校车需求的不同模式合理管理和协作

根据课题组对中国校车需求的研究，对校车而言，由于中国巨大的区域差异，在义务教育及学前教育阶段的学生数量、分布、学校分布、道路以及各地财政能力等存在很大差异，导致对校车需求的差异化特征十分明显，由此形成不同的校车需求模式和供给模式。政府对待校车发展是履行相应的责任和义务，建立和提供相应的激励制度与履行安全监管职能。各地适合发展何种模式的校车服务，这是一个市场选择及公共选择的结果。

校车服务的专业化、社会化、集约化是未来的发展趋势。应该说，目前各地现有的校车模式实际根据各地对校车的需求和特有的起因发展起来的，并非各地总结宣传的遵循"政府主导、部门监管、市场运作、公司管理"的工作机制。需求的起点来自教育及学校、学生和家长，因此教育部门首先对本地区校车服务需求及特点具有提供信息和要求的责任与义务，而财政部门对于校车发展所需的财政资金不仅是筹集责任，更重要的是如何提出合理的财政预算方案，保障校车运营可持续性所需的资金，因此，不能按照传统模式来确定财政投入——东部发达地区中央财政承担30%，地方财政承担70%；中部一般发达地区，中央财政和地方财政各自承担50%；西部欠发达地区，中央财政承担70%，地方财政承担30%。这种传统的中央与地方分摊比例，既不合理也没有效率。一个简单的原因是中国的县域经济差异远远超过了东中西部地区的差异，百强县和国家级贫困县在东中西部地区都存在，一刀切的财政分配只会降低效率、抑制校车发展。合理的做法建议，根据各地校车需求的不同模式，按照在基础教育财政预算中的比例来合理分摊中央和地方财政的承担比例。这样，经济相对发达的地区校车需求模式可能是以商业化服务为主的模式，而相对于山区和落后的地区，由于商业化程度低、基础设施落后，政府或政府部门主导或提供校车服务模式的需求比较突出，还可能有住校生因休息日和节假日回家而产生的非日常的校车服务需求，等等。这些不同的需求，政府切入和财政投入有不同的特征，需要针对实际需求有不同的选择。因此，教育、财政与职能监管部门根据校车需求的不同模式合理管理和协作至关重要。

第六章

校车发展的国际经验

一 美国校车的发展和管理经验

在美国，校车已经成为一项民众普遍认可的公共服务。校车不仅负责接送学生上下学，还承担着接送学生进行实地考察和课外活动的任务等多项内容。在美国，无论是城市还是农村地区，几乎所有的地方都会提供校车服务。大多数校车服务由当地学校当局（学区）提供。

美国的校车发展速度很快。在 1950 年，有 700 万名儿童通过 11.5 万辆校车运送[①]。根据美国国家科学院和交通部的数据显示（2009 年 10 月 19 日更新）：全美每天有 48 万辆黄色校车提供交通服务；大约有 2600 万名小学生和初中生每天两次乘坐校车，这意味着每天超过 5200 万人次，还要加上每天超过 500 万次的课外往返活动；当考虑到因活动小组、启蒙运输、暑期课程和幼儿看护运输而动用的校车时，这等于校车每年承载超过 100 亿人次，或超过 200 亿的上下车次数；校车每学年在全美国运行大约 44 亿英里；大约 53% 的 K – 12 学生［幼儿园（4—6 岁）到 12 年级（或高中，18—19 岁）］每天乘坐黄色校车；每辆校车平均承载 54 名学生乘客，在校车无法到达的情况下，每辆小汽车平均承载 1.5 个学生，如果学生不乘坐校车的话，平均每辆校车需要 36 辆小汽车替代[②]。根据美国校车委员会（American School Bus Council, AS-BC）提供的数据，2010 年校车每天平均运送 2600 万名小学生和初中生

---

① http：//education. stateuniversity. com/pages/2512/TransportationSchoolBusing. Html.

② http：//www. stnonline. com/school-bus-safety-data.

上下学，这相当于 5200 万英里的单程路程；大约 55% 的全美注册学生使用校车上下学①。

School Bus Fleet 的 2013—2014 学年的学校交通报告显示，全学年中，全美各州黄色校车总数为 484041 辆，全年总通行里程 3395288233 英里；全学年、全美国，每天共有 25132148 名公共学校的 K - 12 学生乘坐校车②。到 2014 年，根据全国学生交通协会（National Association for Pupil Transportation，NAPT）白皮书更新的数据，全美每天约有 48 万辆（黄色）校车提供服务，成为全国最大的公共交通运输车队，校车总量是其他形式的公共交通运输（如公共汽车、长途汽车、商业航空公司、轨道交通等）总量的 2.5 倍③。根据 School Bus Fleet 资料（更新到 2014 年 12 月 19 日），全美总共约有近 50 万辆校车，其中纽约州拥有校车数量最多，接近 4.5 万辆；德克萨斯州排第二，有 4 万辆校车；伊利诺伊州、加利福尼亚州和宾夕法尼亚州拥有校车数量均在 2 万—3 万辆；由此可见，仅仅几个州的校车总数之和就可以超过全美国的公共交通工具数量（6 万辆）④。School Bus Fleet 的 2014—2015 学年的学校交通报告显示，全学年中，全美各州黄色校车总数为 485041 辆，全年总通行里程 3167599695 英里；全学年、全美国，每天共有 23430838 名公共学校的 K - 12 学生乘坐校车，也就是全部公共学校学生的 47% 乘坐校车⑤。

美国校车制度起源于 1939 年，时至今日，美国校车发展已有二百余年历史，从最初的马车到现今的专用巴士，可以说美国在校车运行方面积累了丰富的经验。本节将从美国校车的发展历史、美国校车安全的法律和政策体系、美国校车运营和监管的基本模式、美国校车服务的管理、美国校车管理对中国的启示等详细介绍和分析美国校车情况。

---

① http：//www. newgeography. com/content/004801 – school-buses-americas-largest-transit-system.
② www. schoolbusfleet. com.
③ http：//www. newgeography. com/content/004801 – school-buses-americas-largest-transit-system.
④ Ibid. .
⑤ www. schoolbusfleet. com.

（一）美国校车的发展历史

学生交通，也就是校车，也被称为学校巴士，已经成为美国教育体系中最重要的部分之一。由前文数据可以看出，在美国乘坐校车的儿童、学生数量激增，使校车成为这个国家最重要的服务业之一。校车是以运输学生为目的而设计和制造的一种特殊的机动车，运送学生去学校或从学校回家，或参加学校活动。世界上第一辆校车是一辆马拉的车厢，在 1827 年由 George Shillibeer 为位于英国伦敦东北部的宁顿女子学校（Newington Academy for Girls）制造，设计载 25 人。

美国的校车与世界上其他国家的情况不一样。其他国家的"校车"大多是指公车的目的地为学校和学生为主要乘坐对象；而在美国，校车特指以此为目的而特别设计、制造的交通工具，是一种运送中小学生的特殊车种。美国安全标准法律要求校车都要覆以"校车黄"色，校车通体黄色、外形厚重，并配备特殊的警告和安全装置。特殊的警告包括指示灯明显并有黄色的闪光灯和红色的停车（Stop）标志；安全装置包括车内座位上装配有防撞安全装置与安全带，以及车内附带卫星定位与联网，全时监控车辆行驶情况。而且校车通常对于学生和家长来说是免费的。

1. 早期发展（19 世纪到 20 世纪初）

校车在美国有着十分悠久的发展历史。早在汽车发明之前，美国就有了专门接送学生的交通工具——马车。第一个生产校车的公司叫作韦恩工厂（Wayne Works），后称韦恩公司（Wayne Corporation）。韦恩工厂成立于 1837 年，到 19 世纪 80 年代中期以生产马拉校车而闻名，这种交通工具是在马拉的板车上面覆盖帆布篷以遮风、挡雨，所以在当时又被叫作"校篷车""校卡车""儿童篷车"（见图 6-1）。其特征包括：学生从车后方进入以避免惊吓马匹；车内安装环形联排长座椅，并固定在车厢外墙上，而不是全部向前。早期校车主要应用在农村地区，而不是城镇，特别是针对那些自己步行上下学距离太远的学生。这是因为当时在农村地区，农民住的分散，学生上学不方便，没有校车接送就很难上学；而城镇相对较小，学生走几个街区就能到学校，因此不需要校车接送。

图 6 - 1　马拉篷车（Horse Drawn School Bus）

资料来源：http：//lexhistory. org/wikilex/a4 – fayette-county-board-education – 1873 – 1945。

　　在汽车发明之后，韦恩工厂在 1914 年将马拉校车的车厢装到汽车底盘上，成为最早的机动校车。那时的校车座位是在车厢周围装一排板凳，上下车则由后门进入。这个后门直到今天的校车上还保留着，作为有紧急事故时出入之用的安全门，正常上下车时只使用侧门。随后，韦恩工厂又在20世纪20年代首先在车上安装玻璃窗，代替了原来的帆布卷帘。吉利兄弟公司（Gillig Bros）早在多年前就已经发明并申请了这种被称作"加州顶棚"（California Top）的设计专利。这一设计包括稍微弯曲的硬化金属车顶，窗户以标准间距分离开，每个窗户通过闭锁系统可以调整位置。到1927年前后，韦恩公司和另一家校车厂商——蓝鸟公司（Blue Bird Body Company）开始生产全金属车身的校车，这已与现在的校车非常相似。后来其他厂家也纷纷效仿生产校车，其中福特汽车公司生产的校车十分畅销。

2. 工业标准化时期（1930—1945年）

在20世纪30年代早期，校车逐渐由改造各类型交通工具向形成自身风格的车型过渡。"加州顶棚"设计迅速得到普及，全金属车身在整个汽车行业内成为主流，这也推动了校车的发展。

虽然校车已经出现了30多年的时间，与早期的马车相比有了很大的不同，但是还没有形成普遍接受的产业生产标准，且其按需定制的本质为大规模工业化生产和企业利润的提高制造了障碍。在20世纪30年代，受到公交车和大客车的影响，皇冠客车公司（Crown Coach）、吉利兄弟公司、韦恩公司等制造商开始采用一种前后脸扁平的校车设计。按照现在的命名，这种车型被归类为D型校车。皇冠客车公司在1932年生产了这种全金属车身、公交风格的校车，因其高负重、高承载特征，称其为"皇冠超级客车"（Crown Super Coach），最多承载76名乘客，这在当时是容量最高的车。

1939年是美国校车史上最值得纪念的一年。在这一年4月，美国著名的教育专家弗兰克·赛尔（Dr. Frank W. Cyr）在美国哥伦比亚大学教师学院（Teachers College, Columbia University）召开一次校车标准研讨会，从本质上改变了校车的设计和生产，对美国校车发展意义重大。与会者包括了政府教育部门和交通部门官员，车身、框架生产商代表和油漆厂家代表。全美48个州（当时阿拉斯加和夏威夷还不是美国独立的州）均派有教育部门和交通部门的代表参加。大会最后通过了以提高校车安全性为目的，包括内部装饰、座椅设定在内的44项标准和规章，由所有生产商共同签署遵守。这些标准保证了车身制造厂家之间生产的连贯性，降低了生产的复杂性和产品价格，大规模生产成为可能。也正是在这次大会上，代表们决定巴士中只有校车才能漆成橙黄色的车身，叫作"国家校车橙黄"（National School Bus Yellow），并选择黑色来涂写车上的字迹，以增加早晚光暗淡时的可见度。从此，美国的校车开始走向标准化和安全化的道路，也正是由于赛尔博士的这些贡献，他被称为美国的"黄色校车之父"。

而20世纪40年代，在第二次世界大战之前的几年里，校车开始在教育系统中发挥新的作用，处于角色转型时期。在当时的美国，除了最孤立的地区，一间教室这种形式的学校正在被逐步淘汰，而在城市地区，多年级形式的学校正在发展并巩固。随着北美郊区的增长，社区设计往往使超过了一定距离的家庭通过步行到学校不切实际，特别是当学生进入高中以后，基本不可能步行去学校。因此，对学校交通的需求不仅是在农村地区，而且在城市地区也快速增加。这就要求学区购买和经营自己的校车，或者接管由当地个人经营的公共汽车作为校车使用。

3. 第二次世界大战后大发展时期（1945—1980年）

在20世纪50年代初，随着第二次世界大战后"婴儿潮"的到来，市区和市郊人口的数量迅速上涨，北美地区的学生人数也显著增加，大大超过了学校建设的速度，这就导致了城乡地区对校车需求的激增；这也是影响20世纪80年代初校车生产的因素之一。

（1）20世纪五六十年代

随着"婴儿潮"出生的儿童在20世纪50年代起陆续入学，校车的使用范围迅速扩张起来。虽然校车开始的设计目的是在乡村地区使用，但是随着城市对校车需求的增加，为了适应更多的学生人数，校车也逐渐发展出两种新的变化。一种是公交风格的校车，与传统校车相比，其在座位数量、容积等方面有了较大的增长；另一种是小型校车，为了满足有特殊需求的学生和不适合大型校车的路线。但是，传统的卡车风格的校车仍然是最主要的形式。

a. 公交型校车

尽管公交样式的校车在1932年就已经由皇冠公司生产出来，但直到第二次世界大战后才得到普及。在1948年，蓝鸟公司的创始人阿尔伯特－卢斯（Albert L. Luce）设计了一种公交风格的校车，并逐渐形成了公司的"全美系列",沿用至今①。

为了适应迅速增加的学生数量,各学区也被迫购买、使用更大型的校车。校车的尺寸和体积开始增加,厂商为汽车车身增加了一排座位;为了与较大的车身相配合,厂商也开始提供较重的汽车底盘;同时,因为第一辆柴油动力校车在1954年推出,第一辆串列车校车在1955年生产(官方Supercoach,91乘客座位容量)。因此,公交型的校车因为其超大的容量为学生数量增加这一问题提供了解决方案。公交型的校车自20世纪50年代中期起迅速增加,但传统的卡车地盘型校车(C型)一直到21世纪都是各大厂商生产的最主要的型号。

图6-2 公交风格的校车(D型)

资料来源:http://en.wikipedia.org/wiki/File:Portland_bus_69.JPG。

注:此车为Thomas Build Buses生产的Saf-T-Liner HDX型校车。

b. 小型校车

20世纪50年代和60年代初期,随着公交型校车的尺寸越来越大,很难在城市拥挤、狭窄的街道上行驶;而其他农村的交通路线极为分散,道路不能容纳全尺寸的公交型校车。在20世纪60年代早期,传统型(C型)校车开始使用中型卡车底盘来代替原来的皮卡底盘,因此其乘坐容量也得以增加。尽管厂家可以通过使用重型的配件来制造更大型

———————

① 蓝鸟公司分别在1962、1977、1989、1999、2010年更新过车型。

的校车，但是一些城市地区难以停放全尺寸的校车，这就产生了对小型校车的需求。为了填补、继续发挥校车的这一作用，一些油漆成黄色的车辆，如国际旅行（International Travelall）和雪佛兰郊区款（Chevrolet Suburban）等投入使用。开始的解决办法是通过改造货车或越野车来运送学生。当他们在20世纪60年代初期进入生产时，雪佛兰、通用、福特等公司将乘客用车转换为校车使用，主要是通过在车身上添加红色警示/警告灯和喷涂黄色油漆。不过使用客货两用车、多用途车或者乘客用车作为校车的缺点是它们的座位容量较少，而且不能提供与全尺寸、公交型校车相同的安全水平。

图6-3　小型校车（A型）

资料来源：http：//en. wikipedia. org/wiki/File：Girardin-mb-ii-boston. JPG。

注：此车为 Girardin Minibus Inc. 生产的 MB-II 型校车。

　　随着美国三大汽车公司（克莱斯勒、福特和通用）在20世纪70年代推出了"切角货车底盘"，韦恩公司在此基础之上于1972年首先生产了小型校车"Wayne Busette"，也就是现在的A型校车。行业内的其他生产商在同时流行起来的送货车或厢型车底盘的基础上，生产出承重更高的校车（B型）。其中最著名的则属在1977—2005年由蓝鸟公司生产的"小鸟"校车。

小型校车除了满足城市用途之外，还经常作为"磁石学校"（Magnet School）计划①的交通工具，或在学生较少的路线上使用。同时，小型校车还经常接送有心理和生理残疾的学生。为了接送这些具有特殊需要的学生，特别是需要使用轮椅的学生，小型车通常装有自动直梯，同时配有能够处理乘客生理、心理问题的陪乘人员。

（2）20 世纪 70 年代

20 世纪 70 年代，在随着需求变化而进行适应性调整的基础上，校车也很注重与安全相关的更新和完善。这些安全性更新大多数与改善车辆的防撞性有关，这是因为随着校车在美国发展成为一种专用车辆，在主要交通碰撞中保护乘客成为最主要的考虑之一。例如，在灾难性的校车事故中，一个特殊的结构性弱点是校车车身面板和部件联结在一起的关节处。因此，各校车公司开始研制和试验减少校车车身关节联结点的设计，今天的校车使用相对较少的侧板，以尽量减少车身关节。对结构完整性的关注影响了美国联邦汽车安全标准对校车的新要求，其中大多数已于 1977 年 4 月 1 日适用于所有校车。这些新的联邦标准对校车的设计、工程和施工带来了重大变化，对校车和其安全表现的实质性做出了改善。最明显的是，这些联邦汽车校车安全标准强制规定在校车的前面和后面采用高座椅和厚衬垫。由于美国国家高速公路交通安全管理局（National Highway Traffic Safety Administration，NHTSA）以及公共汽车行业和各种安全倡导者的持续努力，有关校车的安全性规定进一步改进。截至 2016 年，所有这些标准仍然有效。

除了改善车辆的防撞性能，安全更新也有用于预防车辆发生事故的其他设计。例如，为了提高校车站周围的安全性、减少对交通优先级的扰乱，一些州开始在传统的红色警报灯内侧使用琥珀色警告灯，这项措施的目的是在校车停止行驶前 100—300 英尺琥珀色灯就激活，以提醒其他司机将有校车停靠，以便学生上下车。再例如，为了防止在低能见度的情况下其他车辆经过一辆暂时停靠的校车，在校车一侧的停止手臂上加上了闪烁的灯光。

---

① "磁石学校"计划是指美国一些公立学校提供特殊课程，以吸引学区内外的有才华和天赋的学生。

4. 产业调整、重组期（1980—2000 年）

20 世纪的后 20 年，经济形势的变化影响了校车业，不仅校车的样式发生改变，产业结构也发生变化。在 1980 年，全尺寸校车（主要是 C 型校车）主要由"六大"校车车身公司生产，包括蓝鸟车身公司（Blue Bird Body Company）、卡朋特车身工厂（Carpenter Body Works）、超级客车公司（Superior Coach Company）、托马斯巴士公司（Thomas Build Buses, Inc.）、韦恩公司（Wayne Corporation）及沃德车身工厂（Ward Body Works）。这些公司主要使用福特、通用和国际收割机公司提供的卡车底盘。同时，皇冠公司（Crown Coaches Corp）和吉利兄弟公司（Gillig Bros）在西海岸主要提供公交型校车。在整个八九十年代，多个校车制造商破产或被收购，到 2005 年，原有的"六大"公司只有 3 个还存在，包括蓝鸟、托马斯和 IC 公司①。

产业重组最主要的原因包括两个方面，一是原油危机带来的对替代燃料的考虑，二是驾驶人性化。20 世纪 70 年代的"石油危机"也影响到了校车业的发展，燃油经济性也成为制造商考虑的因素。众校车制造商在公交型校车（D 型）的基础上，在 80 年代逐渐将柴油发动机引入传统型和小型校车（C 型和 A 型）的生产，以前柴油发动机被认为是一个高级选项。导航星国际公司（Navistar International）在 1986 年成为第一个完全淘汰汽油发动机的底盘制造商，其他的公司也陆续采用这种办法，到 90 年代中期，柴油发动机几乎代替了所有新生产的全尺寸校车（C 型）上的汽油发动机。

校车的驾驶和操作变得更加容易，这也影响了校车业的发展。在 20 世纪 80 年代，自动变速器开始在校车上普及，这位城区和近郊路线中"即停即走"模式的驾驶提供了便利。同时，人体工程学的发展也使制造商开始注意校车内控制器和开关的布局，提高驾驶员的前方视野范围以增加安全性。对更高前视范围和更好操控性的需求，促使制造商在 80 年代晚期和 90 年代早期提高了公交型校车的市场份额。在 20 世纪 90 年代，校车制造商的一个新兴趋势是并购，以及主要底盘供应商

---

① 沃德车身工厂，也被叫作沃德工业、沃德校车制造公司，在 1980 年破产，在此基础上成立的公司叫作 AmTran 公司，继续生产沃德品牌的校车，到 1992 年重新更名为 IC 公司。

之间的合资和收购。随着 2011 年卡朋特工厂的关闭，通用和福特汽车公司逐渐退出全尺寸校车产业。在 1998 年生产了最后一批客车底盘后，蓝鸟公司也在 2002 年停止了向福特公司订购客车底盘的合同。通用汽车因为无法找到车身生产商购买其底盘，也只好在 2003 年停止生产全尺寸校车底盘。现在，福特和通用是 A 型校车底盘的独家供应商。

5. 校车设计一体化（2000 年至今）

20 世纪八九十年代的校车制造商的发展和重组也影响了行业内校车的设计和生产。在过去，校车制造商只是"第二阶段制造商"，他们向大的汽车制造公司购买汽车底盘，并在此基础上设计并安装适合的车身。20 年的兼并重组大大减少了制造商的数量，以及其可能制造的校车组合，但是这也促使一些新技术、发明的产生。

（1）新的设计风格

与以往校车制造商向其他企业购买底盘进行生产不同，2004 年有两款校车由校车制造商一体设计和制造，包括了完整的底盘和车身。一是蓝鸟公司的"视界"（Vision）传统型校车，二是托马斯公司的 Saf-T-Liner C2。虽然前者与蓝鸟公司的"全美型"车风格相近，且后者与福莱纳公司（Freightliner）的 M2 商务型客车（M2 Business Class）外形上很相似，但这两款校车的底盘都是由各自公司专门为此款车型设计、制造，不能用于其他校车车身生产商。

星际巴士公司（Starcraft Bus）在 2009 年与日野汽车（Hino Motors）合资成立了一家工厂，生产全尺寸（C 型）校车，这是 1990 年新巴士公司（New Bus Inc.）离开这个市场后，第一家进入全尺寸校车市场的车身制造商。2011 年 6 月，加拿大魁北克地区的狮子巴士公司（Lion Bus）与斯巴达汽车（Spartan Motors）的下属公司斯巴达车身厂（Spartan Chassis）签订独家供货合作协议，由双方共同生产 C 型校车。

（2）小型车市场的变化

小型校车的市场也在这一阶段发生了重要变化。因为通用汽车在 20 世纪 90 年代末期停止生产其 B 型底盘，福特汽车也采取相似的措施，所以 B 型校车逐渐消失，A 型校车几乎占据了小型校车市场。通用和福特是其底盘的独家供应商。

图 6-4　全尺寸校车（C 型）

资料来源：http://www.thomasbus.com/bus-models/school/saf-t-liner-c2.asp。

注：此款车型为托马斯公司生产的 Saf-T-Liner C2。

柯林斯巴士公司①（Collins Bus Corporation）是 A 型校车最大的独立制造商，在 2007 年购买了濒临破产的加拿大制造商——科贝尔公司（Corbeil）。后者被并入了柯林斯公司在俄亥俄州的子公司——半山巴士公司（Mid Bus），且全部 3 条生产线迁入柯林斯公司在堪萨斯州的工厂。

还有一些小的公司进入小型校车市场，并取得了不同的成功，如星际巴士公司和变革科技公司（Trans Tech）。在 2009 年年底，蓝鸟公司与吉拉丁小巴公司（Girardin Minibus）合资成立一家工厂，致力于全尺寸校车的设计和生产。此后，蓝鸟公司停止生产 A 型校车，并将此项业务全部交予吉拉丁公司负责，而蓝鸟公司则只生产全尺寸校车。

（3）其他变化

在过去的 10 年间，校车的设计也有了一些新的发明，这主要集中在提高校车环保影响和安全性上。在环保问题上，有的制造商开始使用电油混合动力引擎，有的寻找柴油的其他替代品，开始开发"绿色"校车。例如，2009 年，蓝鸟公司推出了一款以丙烷为燃料的 Vision 传统产品系列的新车，成为第一家以丙烷为燃料的校车制造商。在安全性

---

①　也叫作柯林斯工业（Collins Industries）。

上，校车也开始普遍使用安全带，甚至一些汽车开始采用三点式安全带，早在20世纪90年代出现的校车防穿越护臂也在一些司法辖区推广。一些电子设备也被加装在校车上来提高学生的安全和保障，例如，有的校车装载警报系统，以防学生滞留在空停的校车上过夜；有的校车装载了 GPS 定位系统，一方面用于车队管理，另一方面用于定位跟踪，使学生及其家长得知校车行进位置的最新信息。

6. 校车的类型及特征

在美国，校车主要有四种类型，由小到大分别为 A、B、C、D 型（小型、货车型、全尺寸型、公交型），其他的还包括两种专项活动用车（包括 Activity Bus、Multi-function School Activity Bus）。根据规定，校车长度不能超过 13.72 米，宽不能超过 2.59 米。

（1）A 型（面包型）、小型校车（A 型）、短车

小型校车是校车中最小的类型，通常是以"切角面包车"（cutaway van）的底盘为基础，驾驶员单独从左侧车门进出，后轴（drive axle）为单轮或双轮，最少的可承载 10 人，通常是 16—30 人，是长头校车（见图 6 - 5）。此车型有两种分类：车辆总重评级（Gross Vehicle Weight Rating, GVWR）在 4500 千克以下的 A 型 1 号和以上的 A 型 2 号。后者通常是用中型卡车的底盘，而非全尺寸货车底盘。

图 6 - 5　A 型校车

资料来源：https：//en. wikipedia. org/wiki/File：ShortFordbus. JPG。

（2）B 型（集成型）、货车型、中型、B 型

B 型校车的体积和重量介于 A 型和 C、D 型校车之间，是长头校车，但现在已经逐步退出市场，IC 巴士公司是唯一的制造商（见图 6 - 6）。此种型号校车通常采用 stripped 或 cowled 底盘，学生进出门在前后后方，发动机在车厢内，置于驾驶员右侧，车厢高度低于全尺寸校车。GVWR 高于 4500 千克，最少乘坐 10 人，通常是 30—36 人。

图 6 - 6　B 型校车

资料来源：https：//en. wikipedia. org/wiki/File：IC_ BE_ First_ Student_ I50. JPG。

（3）C 型（传统型）、全尺寸

C 型校车是全美最普遍、最常见、历史最悠久的校车，也就是"大鼻子"校车，因其常见与电影、电视、图片中而为大众所熟知，成为美国校车的"代言人"，也是一种长头校车（见图 6 - 7）。此种校车通常采用 cowled 中型卡车的底盘，车身和底盘由制造商一体设计制造，发动机在前车窗外面，出入门置于前轮后。车辆总重评级在 9800 千克以上，一般在 10000 千克到 13400 千克之间，乘坐 36—78 人。

（4）D 型（公交型）

D 型校车形似长途客车或公交车，但与其他校车的安全性相当，是当前运行的最大的校车，也是唯一的平头校车（见图 6 - 8）。此类型校

车采用单后轴或串联后轴，进出门在前后之后，发动机一般置于车厢内、驾驶员旁边（前置引擎），或置于最后面的位子之后（后置引擎），还有少量的置于车下前后轴之间（中置引擎），但最后一种已经在1991年后停产。车辆总重评级在9100千克以上，通常为11000千克—16000千克，乘坐54—90人。

图6-7　C型校车

资料来源：https：//en. wikipedia. org/wiki/File：Blue_ Bird_ Vision_ Montevideo_ 54. JPG。

图6-8　D型校车

资料来源：https：//en. wikipedia. org/wiki/File：Thomas_ HDX_ CNG. JPG。

（5）多功能专项活动车（Multi-function School Activity Bus）

以上四种型号的校车都要求涂以"校车黄"色，除此之外，还有一些其他颜色的"活动车"（通常是白色）也被用于接送学生。多功能活动车通常用于学生参加课外活动，或上下学时间之外的接送任务，因此不能像黄色校车那样被漆成黄色或在固定路线上行驶。以前类似的活动一般采用15座面包车接送学生，但这类车难以满足校车的安全规定，所以校车制造商不得不专门设计了多功能活动车。一般的，这种车型是在A型校车的基础上改造，如取消了红色警灯或停止臂（stop arm）。

（6）Ⅲ型车（Type Ⅲ）

还有一些小型车被用于接送学生，包括小面包、越野车、旅行车。通常这类车要求能够承载包括驾驶员在内10人或以下，总承重不能超过4500千克。与其他家庭用车的不同不在于车本身，而在于用途，即其主要用途是在运送学生上就可被称为校车。

（二）美国校车安全的法律和政策体系

1. 美国校车安全法律和政策体系的形成/建立

美国有着长期的校车使用历史，在长期的校车运行过程中逐渐形成了比较完善的校车安全监管的法律和政策体系。这个体系涵盖了校车生产、提供、运营管理和交通规则等与校车安全运行密切相关的各个方面。

（1）美国校车的法律制度基础

美国校车作为一种制度的源起有两个重要的法律制度基础。一个制度基础是12年基础义务教育法案。首先，所有美国儿童必须接受12年的基础教育，否则违法；其次，儿童所在的社区必须提供完全免费的教育，而完全免费的义务教育的一个重要部分就是免费乘坐校车。另外一个法律制度的基础就是乘坐校车是强制性的。

早在19世纪，美国就通过立法形式对校车安全进行了法律规范。1869年，马萨诸塞州通过立法形式要求由公共经费支持和保障学生接送服务。到20世纪初，美国48个州陆续颁布了相关法律，允许使用公共经费资助校车发展。1939年，美国第一届全国校车会议制定了百余条校车基本安全标准，美国校车开始走上标准化道路。1966年，国会通过了《国家交通与机动车安全法》（*National Traffic and Motor Vehicle Safety Act*），将校车规定为与警车、消防车和救护车一样享受特权的特种车辆。1974 年，国会通过了《机动车与校车安全修正案》（*Motor Vehicle and School Bus Safety Amendments*），提出了对构车专业管制的最低行业标准等规定，又颁布了《公路安全方案第 17 号标准》（*Highway Safety Program Standard No. 17*），从管理、装配、运行、车辆维护和培训等方面就校车安全管理给出指导方针，对全国各州校车的安全管理系统给出了建议，开启了校车安全技术标准的立法保护先河。1977 年颁布的《联邦机动车安全标准》（*Federal Motor Vehicle Safety Standards*），使联邦校车强制性技术标准成为各州校车的最低法定标准，规范了校车企业行为，要求各州政府严格执行。各州则以联邦立法为基准修订州校车法律（州议会立法和州政府部门立法）。地方政府则需根据州立法，制定适合本学区具体情况的校车政策。

因此，通过上述法律制度基础，美国形成了联邦政府、州以及当地政府（学区）共同管理校车的法律和政策体系。这个体系是以联邦校车法为核心而形成的，以校车法律规范为基础、由多种法律成分和要素有机结合、相互协调、多层次的立体法律系统。在联邦—州—当地政府（学区）这个法律和政策体系中，联邦政府负责制定、发布以及规范校车安全各方面的底线标准；而州政府进行日常的管理和控制。通过联邦车辆安全标准，联邦政府控制着校车的制造，保证它们能够达到安全标准；而校车一旦上路，则由州的法律、政策来规范和管理了。

（2）联邦政府的法律标准和政策体系

联邦政府制定的标准保证了整个校车产业的稳定存在和发展，国会也偶尔会出台新的法律，如《校车安全修正案》等，来影响整个校车产业。联邦政府的校车管理机构主要有国家公路交通安全管理局管理着 60 多个美国联邦机动车安全标准，其中包括若干专门适用于校车的标准，以确保校车安全；国家运输安全委员会（National Transportation Safety Board，NTSB）负责处理校车特大事故调查报告及各种问题；联邦车辆安全管理局（Federal Motor Carrier Safety Administration，FMCSA）是联邦中负责学校相关运输的最重要机构，通过严格执行司机驾照管理、商业运行车辆司机管理、操作标准、提高安全意识等来保证安全；

联邦运输管理局（Federal Transit Administration，FTA）负责公共运输系统中学生交通的问题。

安全性一直是校车服务考虑的最主要的问题，美国联邦和州政府制定了一系列的法律和法规以保证校车安全的行驶。早期的法律和政策多是由各个州政府根据自身情况制定，而缺乏全国统一的标准。美国政府在 20 世纪 70 年代通过了一系列的法律，以规定校车设计和制造的安全性，确定了当代美国校车的法规体系。政府对校车标准、乘务人员、交通、违规行为等方面进行了规范化规定。这里以联邦机动车安全标准为例做一个说明。联邦机动车安全标准中有专门的条款对校车做出规定。

第一，217 号标准——校车紧急出口与车窗开关。这要求降低校车在发生撞击时学生从车窗被弹出的可能性；要求紧急出口能在危机发生时为学生提供有效帮助；要求安装联锁系统，使发动机在紧急出口锁死时无法启动；还要求安装声音报警系统，在汽车运行时，如果紧急出口没有完全关闭，会发出警报。第二，220 号标准——校车翻滚保护。这要求加强校车的内部保护系统，减少校车在发生碰撞翻滚时，由于车身结构难以承受外力而导致的伤亡。第三，221 号标准——校车车身结合强度。这要求加强校车车身板材连接处的强度，以减少发生车祸时车体结构性损毁造成的伤亡。第四，222 号标准——校车乘客座椅和碰撞保护。这要求校车在乘员座椅和限制护栏方面提供保护，以减少校车在撞车或紧急停车时，乘客与车内结构碰撞发生伤亡的可能。第五，301 号标准——燃油系统完整性。这要求机动车要有完整的燃油系统，以减少校车发生碰撞后，造成漏油及引致着火的可能。

其中，除 217 号标准是在 1973 年 9 月 1 日生效之外，各项标准都是在 1977 年 4 月 1 日生效。这些标准和要求影响了校车的设计、引擎和结构，大大提高了校车的安全性能，在后续的执行过程中，美国国家高速公路交通安全管理会（NHTSA）提出了更多、更详细的要求和规章。

美国的法律和法规还对乘坐校车提出了明确的规定。由国家高速路交通安全管理局签发的《公路安全方案方针》（*Highway Safety Programme Guideline*）（1991 年）第 17 号——"学生运输安全"对学生座椅和乘坐行为提出规定，"在校车和学校特许车辆行进中不允许站立。

路线和乘坐计划设计应该尽量避免在车辆行进中有站立的情况"〔IV. C. 2. e.（1）〕；"由于学生年龄不同体型也不同，州政府和学区应该考虑校车可以承载的学生数量"〔IV. C. 2. e.（2）〕；"校车上不应该有辅助座椅，比如临时的或折叠座椅"〔IV. C. 2. e.（3）〕。

在 1999 年，国家高速路交通安全管理局对"儿童限制安全系统"（child restrain safety system）的安全性进行试验，并据此制定了"对乘坐校车的学龄前儿童的安全运输的指导"。其中将儿童限制安全系统定义为"除乘客安全腰带或肩腰三点式安全带之外的，以约束、乘坐、放置体重在 50 磅（约 22.5 千克）以下的儿童在机动车上为设计目的的任何装置"，这包括儿童座椅、可转换座椅等。相关要求在 2001 年 1 月的联邦公报中公布，州政府也据此对原有法律和政策进行了调整。

2. 校车安全的法律和政策具体规定

由于校车的特殊性，联邦机动车安全标准中对校车进行了特别的定义，并对校车的安全制定了多项规定。在联邦机动车安全标准中，客车的定义是能运载超过 10 人的机动车辆，且不包括拖车；而根据联邦机动车安全标准的描述，校车是指由客车生产商销售或州政府提供，用于运送学前教育学生、小学生、中学生上下学等相关事件的车辆，其中不包括用于城市商业运输的客车。因此，校车除了要符合一般机动车的安全标准以外，还有一些特殊的安全标准需要符合。

20 世纪 40 年代以来，在联邦和州法律对校车设计、生产和管理的规制也越来越严格，校车的安全性能不断提高，乘坐学生和驾驶员的安全系数不断提高。与此同时，由于其巨大的体积，校车上会有很多盲点，可能会威胁乘坐人员或路过人员的安全和健康，这些问题部分是通过对车窗、车身面板和车镜的设计来改善的。关于校车安全性的设计主要包括以下几个方面：

（1）车身颜色——校车黄

美国校车为人所熟知，除了历史悠久之外，"大鼻子"的外形和"校车黄"是其最主要的特征。早期的校车一般是采用黄色或橘色为外体颜色，但并没有统一的标准。美国对校车的颜色最早是在 1939 年校车标准研讨会上做出了规定。在这个校车史上重要的、全国性的会议上，其中最重要的一点就是确认了"校车黄"为所有校车的标准颜色。

这是因为与会者认为校车多数时间是在上下学的清晨和黄昏时间运行，而黄颜色是在这种环境下最容易辨认的颜色，而且与车身的黑色"校车"字体的色彩对比也最为显著。会后，有 38 个州迅速采用这一方案，但直到 1974 年，校车黄才在全国各州内执行。

美国国家高速公路交通安全管理局在《公路安全方案第 17 号方针》"学生运输安全"中规定了校车的颜色和文字。准则中要求校车上必须有"School Bus"印刷体的文字，位置在车前、车后的警告灯中间。字高要 200 毫米，车前、车后不能再有其他的字母存在。校车要求喷国家校车明黄色，其色号为 13432，可在国家标准技术委员会制定的联邦标准 595a 中查找。这种颜色并不是纯黄色，也不是橙色，而是一种橘黄色。黄色和黄色系的颜色能比其他颜色更快地吸引人的注意力，人们首先会注意黄颜色物体。甚至是在个人视野周边的物体中，黄色物体也比其他颜色（甚至是红色）更快进入人的视线范围。在雾天或其他恶劣天气环境下，驾驶员也能更好地看到黄色汽车和物体。而且，其他的修路、挖土、室外器械也大多涂成黄色，如掘土机、吊车、铲车等，所以人们看到黄色交通工具就会躲避，以避免撞击后可能带来的伤害①。虽然其他国家的政府不一定强制规定这一标准，但"校车黄"已经在全世界范围内普遍使用。

（2）警告灯

在 1946 年前后，弗吉尼亚州开始在校车上装配交通警告信号灯。这个系统由两对密封光束灯组成，分别置于车前面和后面上部两角位置，外面覆红色透镜，由电动轮转开关控制，循环点亮和熄灭，形成闪烁效果。近年来，发光二极管（LED）灯开始慢慢取代密封光束灯。在大多数情况下，启动器与车门控制相连，当校车车门打开时，警告灯开始闪烁。但也有一些车使用气压传感装置启动警告灯，校车停靠后，驾驶员可以手动打开位于座位左侧下方开关，停车踏板打开，同时气压传感启动警告灯。后来，这个系统逐渐由电子灯所替代，灯泡数量也由 4 个增加为 8 个，4 个红色表示停止，4 个琥珀色代表即将停止。美国大部分地区已经使用这种 8 灯系统，但是在个别地区，如威

---

① http：//www.colormatters.com/color-matters-for-kids/why-are-school-buses-yellow.

斯康星州，仍然要求使用全红色灯。《联邦机动车安全标准》第 108 号标准对校车信号灯做出特别规定：校车要安装一套警告灯装置，这套装置有 2 种选择，一是 4 个红色警告灯，二是 4 个红色加 4 个黄色警告灯。标准对警告灯的操作方式做出特别规定：要求红色警告灯在车门开启时亮灯；黄色警告灯可由手或脚操作，且能够自动停止。警告灯设计要求及安装须符合如下规定：校车前后都应装有警告灯，即前后各 2 个红灯、2 个黄灯。红黄警告灯须安装在同一高度上，黄灯靠中间；要安装在前后风挡玻璃上方，要高于侧窗上沿；警告灯周围 70 毫米的范围要喷涂成黑色。

（3）后视镜

由于校车车身较大，由校车形成的盲点可能是对校车司机、其他交通车辆以及行人的重大风险之一。因此，校车司机在驾驶以及接送学生上下车时的一个关键事项是在他们的校车车辆周围拥有合适的视线范围。为了解决这一问题，对校车规定需要有复杂和全面的镜子系统，包括后视镜和挡风玻璃等，以减少盲点，校车司机的可视性和整体视线范围已经成为校车设计中的重要考虑因素。《联邦机动车安全标准》第 111 号标准对校车的后视镜在第 9 条中作特别规定：后视镜有特别规定：校车必须安装 A 类、B 类 2 套后视镜；从 A 类后视镜（长形）看到的是车后部分，从 B 类后视镜（椭圆形）看到的是车头部分（见图 6-9）。

图 6-9　从 B 类后视镜中看到的车头部分情况

资料来源：https：//en. wikipedia. org/wiki/File：School_ Bus_ Xview. JPG。

（4）停车指示牌

在 20 世纪 50 年代早期，一些州开始规定校车要在左侧安装停车指示牌/停车信号臂，当有学生上下车的时候，驾驶员需要侧向弹出停车指示牌，表示有校车正在停靠。当停车指示牌侧向展开时，校车将停车下上下乘员，并警示其他机动车禁止超过校车。校车的停车也就是校车具有最高路权的象征。《联邦机动车安全标准》第 131 号对停车指示牌做出详细要求：该指示牌只能安装在校车上，要装在校车左侧驾驶员后第一个车窗下面，垂直于车体；指示牌为直径 450 毫米的内接八边形，边框宽度为 12 毫米，白色，中间部分是红色，并须涂有"STOP"字样，字高 150 毫米，字宽 20 毫米；并能高亮反光，或装有红色闪烁灯。

（5）座椅安全带

与其他的小汽车或轻型载客车不同，早期的校车是没有安全带的。这是因为校车巨大的体积以及相对较慢的行驶速度使得乘坐其中的学生有了较为安全的环境，而且这也能为学生提供较为舒适的活动空间。1977 年的《联邦机动车安全标准》第 222 号要求校车安装乘客被动限制系统，并要求从车体结构完整性上提高保护，而不仅仅是添加单圈座椅安全带。加利福尼亚州在 2004 年 7 月成为美国首个要求在所有新的 A 型校车上安装三点式安全带的州，1 年后此要求扩展到 C 型和 D 型校车上。

不过，各个州对大型和小型校车的规定有些差异。在 2011 年，联邦政府调整了第 222 号标准，要求所有新生产的 A 型校车安装三点式腰/肩限制系统，以提高对乘客的保护。规定具体要求：校车座椅上要增加安全带固定点。对于最大总质量（GVM）≤4536 千克的校车，安全带固定点要求符合三点式安全带的安装要求；对于 GVM >4536 千克的校车，要按照三点式安全带或两点式安全带增加安全带固定点。但是，只有 7 个州将之法律化，尽管所有生产小型校车的公司都安装了三点式腰/肩限制系统。例如，纽约、新泽西和佛罗里达 3 个州要求在 1 万磅以上的大型校车中安装两点式腰带。新泽西州不仅要求新制造的大型校车安装安全带，也要求学生们使用。在纽约州，校区需要制定政策强制使用安全带，在 725 个校区中，只有 25 个通过这样的政策。路易斯安那州和德克萨斯州都立法要求所有大型校车安装三点式（腰肩），但还没有立法保证相应的监督和执法费用。只有加利福尼亚州通过了立法要求所有大型和小型校车安装"三点式腰/肩乘员限制系统"①。

（6）紧急出口

除了常规进出口之外，校车还要有至少一个紧急出口，通常置于车尾，如果是发动机后置的车，紧急出口位于车窗，或者车顶。所有的紧急出口都迅速开启装置，并装有警报。

《联邦机动车安全标准》中对校车紧急出口数量进行了详细规定。校车的紧急出口数量有2种选择：一是车辆后部开应急门，右侧设置一个铰链式门，出口数量见表6-1所示；二是车辆左侧有一个安全门，后部有一个可以推开的窗户，该窗尺寸为净高410毫米，净宽1220毫米，需要的安全出口数见表6-2所示。

表6-1　　　　　后、右侧紧急出口设计校车对安全出口数量要求

乘客数（人）	另需加安全出口数
1—45	无
46—62	1个左侧安全门 + 2个安全窗
63—70	1个左侧安全门 + 2个安全窗 + 1个顶窗
≥71	1个左侧安全门 + 2个安全窗 + 1个顶窗 + 其他安全出口；这些出口可以是门、窗、顶窗，但要保证安全出口数够所有乘客使用

资料来源：汪中传、张海洋：《解读美国校车安全标准》，《商用汽车》2012年第1期。

注：每个安全门可通过16人，每个安全窗8人，顶窗8人。

表6-2　　　　　左、右侧紧急出口设计校车对安全出口数量要求

乘客数（人）	另需加安全出口数
1—57	无
58—74	1个右侧门 + 2个安全窗
75—82	1个右侧门 + 2个安全窗 + 1个顶窗

---

① http：//www.stnonline.com/resources/10 – safety/786 – school-bus-safety-data.

续表

乘客数（人）	另需加安全出口数
≥83	1 个右侧门 + 2 个安全窗 + 1 个顶窗 + 其他安全出口；这些出口可以是门、窗、顶窗，但要保证安全出口数够所有乘客使用

资料来源：汪中传、张海洋：《解读美国校车安全标准》，《商用汽车》2012 年第 1 期。

注：每个安全门可通过 16 人，每个安全窗 8 人，顶窗 8 人。

（7）校车的车身连接强度

《联邦机动车安全标准》第 221 号标准对校车车身的连接强度提出严格要求，对其他类型的客车没有要求。该项标准要求，车身连接的强度要达到车身上最弱处强度的 60%。最弱处强度可以有 2 种方法确定：第 1 种是连接处性能比较明确，能够从 1989 年颁布的《美国材料与测试协会（ASTM）年鉴》中查询；第 2 种是按照第 221 号标准中的附图提供样品进行测试，找出车辆结构的最弱处的强度。

（8）校车乘员座椅和碰撞保护

1967 年加州大学洛杉矶分校的一位研究人员提出了"乘坐区域"的概念，认为间距在 61 厘米的高背软垫座椅能够有效地在车辆撞击发生时提高对乘客的保护。《联邦机动车安全标准》第 222 号标准加入了这一要求。第 222 号标准也对座椅及其碰撞保护做出具体规定。这些规定对校车座椅结构的各种规范及试验过程提出详细要求。其中比较特别的是以下 2 处：第一，美国校车座椅基本都是连体座椅；第二，规定校车的座椅安装方向必须朝前。

（9）高亮反光记号

美国的许多州都要求校车外配有高亮反光醒目带，特别是在车尾和车两侧，以显示车的长宽高。在夜间或天气不好的情况下，其他机动车司机可以通过车前灯的照射校车后的高亮反光，得知校车的位置和大小。《联邦机动车安全标准》第 217 号还要求所有的校车在紧急出口处使用高亮反光带，为特殊情况下的紧急营救提供方便。

（10）车载录像系统

近些年来，许多校车开始装载车内录像系统，以监视和记录乘客行为，甚至用于断案。2000 年 3 月 28 日，在乔治亚州穆雷县，一辆校车在穿过铁路的时候与一辆火车相撞，3 名学生死于撞击。校车驾驶员声称其在通过铁路前已经按照法律要求，停车观看后通行，但是车内录像显示校车在通过铁路前完全没有停车迹象。

（11）校车优先权

在 20 世纪 40 年代中期，美国很多州都有法律要求机动车驾驶员在校车停靠、学生上下车的时候停车等待，有的还在学校和家庭附近的人行横道（步行区域）内安排成人安全协管员。到了 70 年代，各个州都有了校车交通相关法律。这主要是因为学生，特别是年纪小的，还没有发展出成熟的心理承受能力，无法理解横穿马路带来的危险后果，而且在很多情况下，要阻止学生在下车后穿行马路是难以实现的。同时，美国侵权法律（U. S. tort Laws）保护儿童可以不承担疏忽的责任。还需要注意的是，由于校车（特别是 C 型和 D 型）体积大，车身、车头高，学生和机动车驾驶员的视线受到限制。

除了法律规定的校车优先权，在校车的外观设计上也注意突出和强调校车的特殊性。例如，在警告灯处及车身黑色用亚光黑色，前后保险杠要亮黑色。校车在标准上从颜色、车身强度、座椅、信号系统等方面做出了详细的规定，特别红警告灯和停车指示牌确定了美国校车的特权，即校车在停车指示牌打开、红色警告灯亮时，所有车辆都不能够超越校车。

（三）美国校车运营和监管的基本模式

1. 三级责任模式

美国校车的运营和监管是一个包括了联邦政府、州政府和地方学区的三级系统，联邦政府负责制定标准及规定州和地区政府的职责，州政府制定具体的守则并提供财政支持，地方政府负责具体的校车运营和日常监督。

（1）联邦政府

美国早期的校车运营中，各州和地区政府独立负责其司法辖区内的事务。随着经济的发展与婴儿潮的到来，接送学生的压力也越来越大，校车产业规模也不断扩大。为了提高学生接送的安全性、在全国范围内形成统一的规范，联邦政府在 20 世纪 60 年代中期开始介入校车服务。

其主要方法一是通过立法和制定政策来设定校车安全标准；二是建立校车管理机构，监管校车运营。

与校车相关的法律主要包括 1966 年《国家交通与机动车安全法》（*National Traffic and Motor Vehicle Safety Act*）、1974 年《机动车与校车安全修正案》（*Motor Vehicle and School Bus Safety Amendments*）和《高速路安全计划第 17 号标准》（*Highway Safety Program Standards No. 17*）、1977 年《联邦机动车安全标准》（*Federal Motor Vehicle Safety Standards*）。这些法律一方面详细的规定了校车车体、车身、内外装置的技术指标，另一方面对州政府和地方学区在校车运营和监督管理上的责任等提出明确的要求。

与校车管理相关的联邦机构包括：国家公路交通安全管理局（National Highway Traffic Safety Administration）应 1970 年《公路安全法》成立，主要负责机动车安全和公路安全标准的制定，现有 37 条标准适用于校车；国家运输安全委员会（National Transportation Safety Board），成立于 1967 年，是隶属于国会的独立联邦机构，负责车辆事故调查及相关报告撰写；联邦汽车运输安全管理局（Federal Motor Carrier Safety Administration），隶属于美国交通部，原为联邦高速路管理局（Federal Highway Administration）的一部分，应 1999 年《汽车运输安全改进法案》要求，于 2000 年 1 月成立，其主要目标是防止商用机动车辆相关的伤亡，完善安全信息系统，改进车辆技术，提高操作标准；联邦运输管理局（Federal Transit Administration），隶属于交通部，主要负责为州和地区政府的运输系统维护和改进提供资金。

同时，联邦政府提供校车发展的资金援助。通过拨款来支持与影响教育是联邦政府履行职责的一个途径。联邦政府依照不同的法案拨付部分校车发展的资金，鼓励各州和学区参与法案的计划，提高校车服务质量，从而确保联邦的校车发展规划能在全国范围内迅速得以实践，并及时得到反馈，便于监测和服务水平的提高。

（2）州政府

州政府是校车管理的重要主体，负责州辖区内校车运营的法律和制度的制定、财政预算和支出以及校车服务系统的监督。根据美国宪法规定，联邦政府不直接负责校车的运营和管理，而这一职责要由州政府承担。一般情况是以各州的教育厅或教育委员会为主，协同交通部门共同管理校车，如公路安全部门、机动车部门等。分工明确，实施州、学区两级、多部门的校车管理。

根据"全国学生接送大会"的最新规定①，州政府的校车管理职责主要包括制定校车政策、财政管理、信息管理、培训管理、维修管理等多方面内容。第一，制定校车政策包括根据法律规定为本州校车管理制定较为全面的操作程序，制定适用于全州各地区、全面的学生接送计划，清晰、明确的学生接送政策等。第二，财政管理是指建立学生接送地区的成本财会系统，遵守联邦和州政府的法律要求，为校车服务提供充足的资金。第三，信息管理包括建立全州范围内的信息系统，储存并处理学生接送相关数据，如成本、车祸分析、人力资源等；提供各种专业服务引导协助地方政府建立校车安全运输网络，向上一级政府提交各类校车信息与校车事故报告；综合利用多种资源和方法，促进学生安全接送，包括综合社区、校区、校车承包商、学校交通委员会、法律、媒体、州其他机构等各种资源。第四，培训管理是指通过构建培训系统，培训专业合格的校车服务人员。具体而言，培训系统包括两个方面，一是制定相关人员使用的操作手册，包括为学生接送监管人员、学区管理者和私人承包商提供手册，详细地介绍州内相关法律、法规和政策；为校车司机和乘坐人员提供执行手册，介绍相关法规，提供安全建议；为校车检修、维护人员提供操作手册，包括技术细节要求和与预防性、日常性维护相关的管理计划。二是校车管理培训计划：对校车司机的岗前和在职培训，包括课堂学习和实际操作；学生接送相关人员的研讨会；鼓励州立高等学府提供学生接送、运营的安全本科和研究生教育课程；乘坐学生的安全规范，与学区合作实际安全目标等。第五，维修管理包括：经常走访学区以评价接送系统，并提供必要指导；校车及其配件的安全标准；与其他校车接送相关部门合作，使用校车车祸报告准则。

① NCST（2010），National School Transportation Specifications and Procedures，Fifteenth National Congress on School Transportation，http：//www.ncstonline.org，last visited November 22，2013，pp. 26－129.

州行政机关主要职责包括：校车资质的管理和审批，校车司机的资格认定；校车的授权、登记、颁发牌照和更新标签等；校车合同的审定；校车工作人员的培训；法规、法律和法律意见等的解释；为学区的公众和学生父母所关心的校车安全问题准备材料；为地方和学区的管理者提供校车管理资源；就政策和法规的执行回答学区、地方监督部门、父母和合同承包商等所有与学生运输相关的问题；评估和回应立法建议并提出相关的立法建议。

州交通部、交通安全分部负责对校车进行不定期的安全检查，监督商业司机执行州的校车安全条例等。有的州指定专人对校车管理负责，如新泽西州的教育厅厅长必须为学生运输提供完整的评估和学区的财政操作规程，学区工作不合格时应调整并使其符合要求等。有的州则设置专门的学生运输主任职位，对校车的管理负责。

同时，州政府下还设立了"学生接送主管"，其必须由区域或国家组织的成员担任，并能够推动校车安全计划，负责：辅助学生接送法律、法规和政策的执行、解释；管理州的学生接送方案，包括计划、预算和操作要求；监督相关守则、手册和信息的准备，及送达相关人员和承包商；为地方学区管理人员提供帮助和指导；协助评估州和地方的校车运营状况、路线设定，并为政策制定提供建议；计划、指导并参与相关人员的培训；协助地方管理人员计划和执行学生安全教育；获取并保留文件和记录；代表学生接送产业的利益；与学生接送委员会、学区、家长、承包商紧密合作，提高校车安全和效率；编写并出版简明易懂的手册，介绍在行驶中使用药物的危害；设计并为交通监督员、驾驶员、技师、陪乘、家长和学生提供适当的培训；建立并维护州域内的信息收集和传播系统，提供安全事故调查、最佳实践和行业信息；建立并维护州域范围内安全事故报告和调查程序。

另外，校车的日常经费也主要由州政府和学区按照州校车法规定的比例承担。通过行政给付，保障学生享受校车服务。每个州规定不尽相同，例如，新泽西州规定，学区教育委员会必须为学生提供运输；伊利诺伊州规定，学区必须为本学区家校距离在1.5英里及以上的学生提供免费校车；北卡罗来纳州规定，每个地方学区被授权获得、拥有、租赁、运行校车，为每个地方教育行政单位录取的学生提供运输。各州政府通过专项资金，报销各个学区的校车开支，报销的比例由州教育厅和教育委员会根据本州的校车法律进行规定。此项行政给付是强制性的，否则必须承担法律责任。

（3）地方学区

学区全称为"地方教育行政区域"，是美国义务教育（初等和中等阶段）体系里地方政府对市、镇居民区的划分，以便于对学校的管理和拨款，并对那些地区居民的子女可以进入公立学校做出规定①。学区是独立的、有特殊目的的政府机构，受州和地方政府管辖，通常包括 1 所到若干所小学和中学。2002 年美国政府普查显示，美国有 13506 个学区，178 个依赖于州政府的学校系统，1330 个依赖于地方的学校系统，1196 个教育服务机构和向公立学校系统提供支持服务的机构②；到 2013—2014 年，全美有近 13500 个公立学校区，接近 98300 所公立学校，包括约 6500 所特许学校，在 2013 年秋季，约有 33600 所私立学校提供幼儿园或更高年级的教育③。这些地方学区中，一些学区购买或租用校车，另一些采用外包的形式，使用校车承包商来运送学生。在美国，大约有 40% 的学区使用外包合同的校车来运送学生。

地方学区是校车运营管理的直接责任主体，其主要功能是按照联邦和州政府法律的要求，负责校车系统的整体运营。其职责包括以下几个方面④：选择适当的工作人员负责学生接送计划的执行和监督；参与本辖区范围内学生接送计划的运行，包括对相关人员的培训、评估校车路线、调查车祸或其他事故并做出报告、评价校车系统；保证联邦和州政府制定的与校车相关法律政策的执行，如酒精和药品测试等；在学校附近提供登载区域，并评估接、放区域的安全；监管那些不能及时乘坐校车的学生；促进社会对校车计划的理解和支持；制定地区学生接送计划

---

① https：//en. wikipedia. org/wiki/School_ district.

② U. S. Census Bureau （2002），Government Organization，http：//www. census. gov/prod/2003pubs/gc021x1. pdf.

③ https：//nces. ed. gov/fastfacts/display. asp？ id = 372.

④ NCST （2010），National School Transportation Specifications and Procedures，Fifteenth National Congress on School Transportation，http：//www. ncstonline. org，last visited November 22，2013，pp. 129 – 131.

并执行，考虑有特殊需求的学生；如果使用外包校车公司服务，需要签订正式合同，确立各方的责任、期望、合同审查、在职培训、交流等伙伴关系内容。学区的主要职责还包括在校车运行费用预算内为学生提供校车服务，如对校车服务进行招标、聘用司机、采购校车及设备、分配校车，安排人员对校车进行安全检查和维修，征募、选择和教育、监督其他校车工作人员，发展和完善学生安全教育，配合学校委员会的工作，与管理人员、教师、运输人员、学生等一起致力于提高校车服务的其他工作等。

学区教育委员会是具体的执行机关，其职责包括帮助学校选址和制订实施计划，预算和预测学生人数，组织工作人员参加州的校车培训，组织学生的培训，设计校车路线和制订时间表，检查道路安全、从业人员、车辆、机构等，对校车运输系统全方面进行领导组织等。教育局长或学区指定的学生运输主任具体负责学区校车管理事项，由于工作相对的专业性，要求学生运输主任应有基本的交通方面的责任意识和过程管理知识，应当接受过正规的学生运输管理培训，包括理论学习与管理实践等。

另外，地方学区一般还要求乘员安全讲解成为学校教授课程中的一部分。具体的来说，每学期至少一次的内容，向乘坐校车的学生讲解紧急出口的位置和使用方法，进行紧急疏散演习，为学生提供与其年龄和年级相适应的安全教育课程。在课外活动需乘坐校车时，出发前要向学生介绍紧急出口的位置和使用方法，安全乘车守则等。限制车载大型物品的数量，如旅行箱、运动器材、乐器等，保证校车通道和紧急出口整洁无杂物。为保证校车相关人员安全有效地执行校车计划，提供以下信息和资源：联邦和州政府制定的法律、守则和政策；可操作手册和指南；线上资源；相关职业杂志和组织出版物。

2. 其他校车主体的责任

美国的校车管理系统除了包括对联邦、州和地方政府，对其他校车参与人也都提出了要求，这既包括学区中与校车服务相关的各类人员，如管理人员、驾驶员、陪乘人员、维修人员等，也包括家长、学生等。学区中与校车服务相关的人员组成包括四类人员，他们的职责各不相同①。

（1）第一类是管理人员

a. 主任、经理、主管、私人经营商：负责校车日常功能，包括计划、指导、协调和监督整个学区校车部门的运行和维护，处理人事、装备和设施；考虑学生在家和学校之间按时接送的安全和效率。

b. 地区主管和助理主管：负责特定地区或特定学校的与校车运营功能相关的问题。

c. 交通专员：通常是几种职责的组合，如调度、路线和驾驶员培训等。

（2）第二类是辅助人员

a. 调度员：负责安排、协调学生往返学校和学区活动的接送，负责日常所有的路线。

b. 指导员/培训员：负责培训校车驾驶员和陪乘（新老人员），保证培训符合联邦、州和学区的要求。

c. 路线专员：负责设计和维护安全、有效、经济的校车路线和停靠点，并分配给驾驶员。

d. 秘书：为校车管理人员提供秘书服务，包括部门通信、接电话、接收问题和申诉、通知电话内容、准备账单、为调度员等其他人员提供支持。

e. 记账员：负责为管理者提供财务数据，为服务、课外行程、其他部门车辆维护发票的处理，准备订单，授权付款文件，准备预算报告，保证所有财务事项被完整地记录、合计、平衡，并与预算适配。

（3）第三类是操作人员

a. 驾驶员：驾驶员是校车安全运行的第一责任人，负责在各种天气、交通和道路情况下安全的驾驶校车，按照学区的要求，在指定路线上将学生和其他准入人员接送到学校。

具体而言，在美国，驾驶员被要求承担的责任包括②：驾驶员应该

---

① NCST（2010），National School Transportation Specifications and Procedures, Fifteenth National Congress on School Transportation, http：//www. ncstonline. org, last visited November 22, 2013, pp. 131 – 134.

② Ibid. , pp. 134 – 139.

熟知并遵守与校车相关的各类法律、政策和守则，接受培训并能熟练使用校车上的装备；为了保证适当的学生管理，驾驶员应该认识到与学生家长、主管、学校负责人、学生建立良好关系的重要性；驾驶员应该教导学生了解适当的行为、不正确行为的后果、紧急疏散、安全实践等内容；驾驶员应该维护安全和乘车顺序，并保护其他学生的权利，根据其判断可以通过语言要求下列行为：要求车内噪音最小化，要求有顺序地上下车，防止车内物体移动等；驾驶员在学区授权后可以处理车上学生的过错；对于校车上学生反复发生的过错，驾驶员可以根据学区的相关政策向管理人员提交报告，要求进行处理；作为学区或校车服务公司的代表，驾驶员应该在着装、语言和行为上表现出与工作相适应的形象；驾驶员和临时替班都应该熟知其所行路线上的火车道口以及其他潜在危险。

并且，为了保证校车行驶的安全，驾驶员还应该进行日常检查。这主要包括下列几个方面：首先是停车检查。在校车停放时，观察有无汽油、机油、水等泄露，或其他对校车的破坏，并观察校车周围是否有危及行驶的障碍，了解引擎罩下检查内容。其次是走动检查。在启动校车后，从上到下、由里到外检查校车状况，包括轮胎、轮毂、车窗、镜子、警报系统等。最后是车内安全检查。包括乘员座椅、空间、边框、紧急通道；检查内部设施和控制器，如空调、油压阀、警报灯等。

b. 陪乘员（监督员或辅助人员）：陪乘人员主要为满足学生在途中的特殊要求，为学生提供一个安全的环境，保证驾驶员能专注于驾驶。

（4）第四类是车辆维护人员

a. 车辆维护经理或主管：负责预防性维修、修理校车和学区的其他车辆。

b. 学徒和助理技师：在主管的管理下，负责校车维护和维修。

3. 家长和监护人责任

家长应该理解并支持学区的政策、要求和校车安全规范，应该帮助儿童理解安全规章，并鼓励他们遵守，应该在校车到达和驶离车站前对其儿童的行为和安全负责，应该教导儿童在乘车前和下车后安全穿过马路的顺序，支持州和学区规定的紧急撤离程序，尊重其他人的权益，与学区管理人员讨论安全问题，支持对校车安全改进的制度，了解在乘车和离车时非法的或不适当的行为及造成的危险，包括宽松的衣服、背包等松散的个人物品。

4. 学生责任

美国的校车管理不仅对政府和运营企业提出了要求，对乘坐学生的行为及违反后的惩罚也有详细规定。例如，德克萨斯州就规定枪械、汽油罐、动物以及其他可能会造成伤害的物品都不能被携带上校车；棒球或篮球等软质球类也不能被带上日常运营的校车（多功能活动车除外）；小型乐器可以被带上车，但需要放在学生腿上，而不能占用其他学生座椅或走廊空间。校车被认为是学校生活的延伸，驾驶员有权安排座位，适用于学校的性别、种族、宗教政策在校车上同样适用。在校车上可以使用录音和录像系统且不需要告知学生。

为了保证校车行驶过程中的安全和效率，乘坐学生也有责任遵守州政府和学区制定的各项政策和制度。学生应该知道他们须为自己的行为负责，应该收到一份安全守则，应该尊重他人的权益，应该了解他们不当的行为会导致其无法乘坐校车，应该知道任何对驾驶员的打扰都可能导致严重危害，应该知道在上下车时松散的个人物品可能导致的危害，应该知道下车后的安全距离，在美国为 12 英尺，不应该在这一距离内拾取掉落物品，除非得到驾驶员的指导。

5. 费用、资助与支出

关于校车的费用的一些数据[①]：美国政府每年花费超过 60 亿美元在公共学校的 K - 12 学生交通上，每年平均在每个学生的交通上花费 520 美金。2007—2008 年学年，美国有 25221000 人次学生的交通来自公共支出，即占 54.6% 的学生交通来自公共支出，全年在学生交通上的费用超过 215 亿美元，公立学校学生交通费用为人均 854 美元（未调整）。2011—2012 年学年，全年在学生交通上的费用超过 229 亿美元，公立学校学生交通费用为人均 904 美元（未调整）。

校车的费用、资助与支出也是在联邦、州、学区三级管理模式中通过经费管理，引导和发展校车服务。

---

① http：//nces. ed. gov/fastfacts/display. asp？id = 67.

（1）联邦政府

联邦政府通过专项资助推行联邦校车标准、政策和指导方针，对州校车服务产生实质性影响。联邦行政部门通过专项资助对州政府提出限制性要求，促使州和学区积极提供校车服务，维护校车运行安全。联邦交通部负责制订全国公路安全计划及资金使用计划，并根据州工作报告及资金使用情况进行综合评估，审核发放上一个年度的管理经费。教育和卫生等部门亦通过相应的拨款来影响校车服务，如残疾学生校车服务所需超出平均费用的开支，无家可归儿童、贫困儿童等特殊人群的资助项目等。州政府有向联邦政府提交各类校车信息与校车事故报告的职责，联邦政府根据学区校车服务的实际情况决定当年的校车资助金额。

（2）州政府

州政府通过灵活多样、不断完善的拨款和支付方式，控制学区的校车服务质量。州教育部每年都要根据学区的校车预算计划制订当年校车专用款项拨款计划，再根据学区执行州校车法及实际校车运行的情况，对学区申请的拨款予以批准或要求整改后拨付，通过考核与拨款挂钩控制学区的校车服务质量。州拨款通常会遵循固定模式以确保所有学区都有足够的资源，提供最基本水平的校车服务，但资金拨付办法、拨付公式则不断演进完善。各州的校车经费支付方式有所不同：一类是按财政年计算，并通常是一次性付清，学区必须把资金用于校车的更换、维修、保险、运营和其他服务项目等；另一类是根据学区工作绩效分批划拨校车经费以提高经费使用的合理性。

由于地理状况、人口结构、经济限制、执政理念等不同因素的共同作用，美国大部分学生交通提供财政支持州的机制和方法各不相同。具体来说，州政府对校车的财政支持有 6 种方法[①]。

第一种，不提供接送学生交通运输的专项财政支持，学区单独为校车服务负责。尽管这些州也为幼儿园到 12 年级的学生的教育提供一定资助，但并没有明确地为学生交通运输提供资金。采用这种财政支持的

---

① Higginbotham, Amy, Jared Pincin, Tami Gurley-Calvez, and Tom Witt（2009），Public School Transportation National and Regional Perspectives：An Update，www. be. wvu. edu/bber/pdfs/ BBER‒2009‒02. pdf.

包括马萨诸塞、内华达、新罕布什尔、罗德岛和佛蒙特在内的5个州。

第二种，为接送学生交通运输提供整体财政拨款。州政府根据各个学区注册学生的数量分配预算数额，学区可以根据自身的情况更加有效和公平地使用资金。其中有7个州将这一款项列在基础教育资金预算之外，包括阿肯色、印第安纳、爱荷华、堪萨斯、路易斯安那、明尼苏达、南达科塔；还有2个州将校车预算计入教育资金，包括马里兰和密歇根。

第三种，采用核定成本法，即州政府为接送学生的交通运输过程中各类成本的支出提供报销。州政府会提供可以报销名目的详单，以及各类在报销中所占的比例，各学区不同的人口和地理条件会促使州政府重新考虑许可成本。这里有两种报销方法，一是州政府对所有或一定比例的可定成本进行报销；二是根据州平均支出设定最大支出上限。有7个州不会调整核定成本，包括加利福尼亚、爱达荷、伊利诺伊、密苏里、俄勒冈、西弗吉尼亚和怀俄明；有2个州会调整，包括康奈迪克和田纳西。

第四种，按单位成本分配资金。这种方法是设定可以计算的每单位服务的固定费用，如根据接送学生总数、行驶总里程数、每天的线路数等，由州政府向学区支付。有8个州会根据人口或区域特征调整单位成本，包括阿拉巴马、科罗拉多、夏威夷、蒙大拿、内布拉斯加、宾夕法尼亚、南卡罗来纳和犹他州；有10个州不会调整，包括阿拉斯加、亚利桑那、特拉华、佛罗里达、佐治亚、新泽西、纽约、德克萨斯、弗吉尼亚和威斯康星州。

第五种，期望成本法，通过多元回归的方法得出接送过程中不同活动和人口、区域特征的系数，据此可以得到各个学区不同地点下校车运营的成本。自变量通常包括行驶里程、驾驶员占服务人员比例、时间和地区（县，county），因变量为运营成本。州政府可以比较实际支出与回归预测结果，调整经费的使用。有6个州采取这种方法，包括肯塔基、缅因、密西西比、新墨西哥、北达科他和俄克拉荷马。

第六种，效率法，州政府根据学区接送学生和校车的数量设定一个最低支出标准，称为效率前缘，同时会设定一个缓冲资金，当有学区无法控制的情况发生，其实际支付高于效率前缘时，学区会接受州政府的缓冲资金。

（3）学区

美国大部分州近半数的校车经费是由学区通过收取财产税支付，有的学区承担的校车费用与州持平。学区一方面要以工作业绩争取更多州政府的校车补助，另一方面还要与社区联合行动，创造更好的自然、人文环境，吸引更多较高收入人士定居，增加财产税收，筹集足够的校车费用。学区校车经费的使用需要向公众公开，接受公众监督、考核，还要不断改进工作，提高经费使用效率。

6. 校车检查系统

美国各个州的校车安全计划各不相同，但都致力于建立中立的第三方检查系统，合格的检查人员需要掌握校车的机械构件，了解适用的标准、法律、政策和地区要求。校车的检查主要有两种：一是日常运营中发车前和收车后的检查；二是标准的停车检查。前者主要是从外观上检查校车是否有损坏，以及车内设备是否完整。后者则需要更加详细、完整的检查体系，这种检查的目的是认证校车主要部件的容差，以保证车辆适合学生接送服务。停车检查的内容包括刹车系统、转向系统、悬挂构件、排气系统、燃油系统、驱动轴、引擎、引擎罩、轮胎和轮毂、电路和蓄电池、车身内饰、紧急出口、车窗、车镜、车灯、车身外饰、紧急救援工具、特殊工具（如轮椅电梯）等各项内容。各个学区还会指定详细的检查流程，分别对不同部分进行检查。

与此适用的政策包括《检查车辆使用标准》（*Vehicle in Use Inspection Standards*）、《联邦机动车安全标准》（*Federal Motor Vehicle Safety Standards*）、《联邦车辆运输安全条例》（*Federal Motor Carrier Safety Regulations*）、《最低时限检查标准》（*Minimum Periodic Inspection Standards*）等。

（四）美国校车服务的管理

在美国，目前几乎已经在所有的城市和农村地区提供校车服务，根据有关数据来源，约2/3的服务由学校交通部门直接提供，另外1/3由私人承包商（"外包"）提供①。美国校车服务的管理有一套完整的系

---

① http：//www.newgeography.com/content/004801–school-buses-americas-largest-transit-system.

统，从而保证校车能够安全、有效地行驶在学校和家庭之间，系统中有代表性的组成部分如下。

1. 操作流程设计

（1）政策和指导守则，这是操作流程的基础

州政府和学区都要为学生接送计划制定清晰明确的政策和指导方针，因为这在法律规定范围之外为特定情况的处理提供依据，而且也为学区管理人员和合格中介管理校车服务提供指导。这些政策包括以下主要内容：明确指导思想；目标和任务；决定运送可行性的程序；可提供的校车种类；接送服务的日期；学校上放学的时间；管理责任；必要的路线限制；特殊接送的范围；编写学生守则；使用外包或特许校车的方案；合理的购买程序；最低的保险覆盖范围；预防车祸计划和车祸报告程序；管理人员与家长、校车公司、驾驶员的交流方式；为驾驶员和陪乘人员提供学生信息的程序；对使用警报灯和信号设备的要求；明确相关人员职责；骚扰行为的判定和处罚，等等。

（2）驾驶员和陪乘人员手册

学区和校车管理公司都要为驾驶员和陪乘人员提供详细的、可执行的操作手册，规定他们在校车运行期间的行为和职责。一般手册中包括下列内容：联邦和州政府制定的相关法律政策；与校车运行相关的机动车管理规定；乘车前后的检查程序，包括每次停靠后的车内检查等；发生车祸时的处理方法和程序；基本的紧急救助知识；学生管理知识，特别是对于有特殊需求的学生；学区的相关政策。

（3）座位和乘员约束要求

校车座位的安全性和舒适性是校车安全运营的重要保证，在行进中站立或不正确的坐姿都会增加学生受伤的可能。同时，校车必须为不同年龄和身体发育阶段的学生提供充足的乘坐空间，使每个学生都能充分进入乘坐区域（指座椅靠背到前面座椅后背之间的空间，包括座椅本身、椅垫、靠背、头顶和脚下的空间为限形成的一个区域）之内。

（4）学生管理计划

这主要是为了鼓励学生形成良好的乘车行为，需要学区管理人员、家长、驾驶员、管理公司等多个相关群体的共同合作。对于学区管理人

员来说，他们的职责包括制定相关政策和程序；制定学生行为规范和惩罚措施；开设课程教导学生正确乘车行为；为驾驶员提供法律和政策培训，以及管理校车秩序培训；为家长提供相关校车政策文本；与多方参与者交流等。

（5）采用多种方式记录数据

一是为了分析安全隐患，进一步提高校车的安全和效率而记录的信息，主要包括：车祸和安全事故记录；相关服务人员个人信息；驾驶员证件记录，如工作申请表、体检、工作历史、驾驶记录、犯罪记录等；培训记录，如州政府和管理公司提供的各种准驾前、中培训的内容及成绩；路线记录，如路线类型（城市、城郊、农村）、路线详情、里程等；维修记录；成本记录，如车辆购买、维修成本、部件等。二是行车路上记录的信息，可以使用视频/音频监视系统作为辅助系统帮助记录。

（6）沟通方式和程序

每辆校车上都应该安装双向通信系统，与控制中心及时沟通，而且应该有专人负责通信系统。除此之外，还有其他的沟通方式，用于向驾驶员、家长、管理公司等传达和交流信息，如黑板报、会议、公共发表物等。

2. 校车服务人员的招录与培训

校车服务人员主要包括三类，分别是驾驶员、陪乘人员和维修人员。校车服务人员的招聘和录用是非常严格的，主要的程序包括：正式的申请表；申请人书面材料的筛选；驾驶证和驾驶记录的审查；联邦和州政府的犯罪记录背景调查；面试；体检、药品和酒精测试；认知和学习政策文本的能力。

任职前培训和在岗培训。在开始接送学生之前，驾驶员要参加并通过州政府认可的任职前培训，包括教室课程与上车操作，以保证校车安全有效的行驶。这一培训内容需要包括：行前和行后检查的重要性，校车疏散，上下车程序，急救知识，暴力驾驶、骚扰、儿童安全限制系统等。实际操作培训则以驾驶员将要使用的校车为基础，使其熟知车辆的特征，安全驾驶的技巧等。

身体和心理的准备。所有的校车驾驶员和陪乘人员每天都应该在身体和心理上准备好提供安全有效的校车服务，与其他服务人员充分沟通，完成必要的材料准备，通过必要的培训课程等。

除此之外，还要定期对驾驶员、陪乘人员和维修人员进行评估。评价内容包括持续的路上监视、笔试、路考、面试、学生管理、遵守政策和程序程度、团队合作、地方政策等。

3. 路线设定和安排

校车路线的设定需要考虑学区的范围和地形，以及学生的分布。停靠站点的设定则主要考虑学生的数量和到学校距离的远近。校车路线的安排通常包括三种方法：①单线方案：上学和放学时，一辆校车只在一条路线上行驶。这种方法主要在人群稀疏的地区使用，或者不同年级的学生要求同时到校，或者行驶时间长不允许同时安排更多的校车。②双线方案：上学和放学时，一辆校车各在两条线路上行驶。这种方法适合居民稠密的地区，特别是居住距离不远的情况下，与单线方案相比，其经济性更强。③多线方案：指校车在超过两条路线上行驶。这种安排只适合距离相对较短，且不同年级间上学时间差别较大的时候。

在设计校车运行路线的时候，可以采用计算机辅助系统，或地理信息系统，利用包括学生、街道、学校及学生住址等信息的数据库，来计算适合的路线。然后，设计人员进行手动调整确定路线。设计好路线后，学生运输主管还要调查是否需要修改路线。驾驶员随后在路线上试运行，包括在既定车站停靠，以计算时间。根据实际运行的情况再调整路线的安排。

4. 校车管理系统的评估

校车管理系统中重要的一项是对这一系统进行评估，通过评估结果，学区和校车管理公司可以考察执行情况，审查服务的效率，监督运营的经济性，保证安全运行，提高服务质量，从而进一步提高校车的安全和效率。评估的类型包括学区管理人员的非正式的评价，由州政府、私营咨询公司进行的正式评估，月度、年度的定期检查。评估的范围包括教育部门的政策，线路设计程序和线路危险性分析，服务类型，财务情况，员工和学生培训，校车维修和保养，记录保存状况等。

除此之外，还要进行关键绩效指标（Key Performance Indicators，KPI）的评估，用于衡量校车服务计划的整体结果。每个州、学区的

KPI 的设置不尽相同，但一般都包括下列指标，如每个学生的运输成本，乘坐校车的学生比例，每辆校车每天行驶路线数，每辆校车接送学生数，每辆校车每年的运营成本，学区用于校车的财务预算比例，驾驶员与校车数量的比例，车祸的频率、成本和伤亡，校车数与维修人员比例，平均每个学生接送时间，校车容量和座位使用等。

（五）美国校车管理对中国的启示

时至今日，美国校车发展已有二百余年历史，从最初的马车到现今的专用巴士，美国在校车运行方面积累了丰富的经验，美国校车服务管理系统具备了完善的法律法规系统、安全标准、运营管理体系、权利责任规范，这些都对中国正在发展中的校车业具有借鉴意义。

第一，加强立法，为校车安全运行提供保障。同时，在校车的运营和管理过程中，应该加强政府的责任意识。

根据美国的经验，政府在建立全面、清晰的安全标准和要求以及制定相关法律上负有重要责任。这不仅包括了对校车的车体、车身、外部装置和内部饰物的详细规定，也包括了制定与校车相关的道路安全、交通运输、车辆管理等不同方面的法律法规，以确保校车安全运行。目前，中国已实施《校车安全管理条例》，政府应完善校车相关法律法规，建立相关配套制度，增加政策的可操作性。

同时，如果将校车作为一项政府的公共服务，那么，教育、交通、公安等相关部门应该明确责任，切实履职，并且加强各部门的沟通与协作，切实保证校车服务的提供。

第二，积极探索政府、学校、市场多元主体参与的模式，提高中国校车运行的安全性和有效性。

美国由于其历史背景和政治体制的特殊性，形成了包括联邦、州和地方政府在内的三级职责体系。其中，联邦政府负责全国的安全标准的制定；州政府负责制定本州相关的校车安全和运营法律政策以及财务预算与支出；地方学区负责校车的直接运营，或外包给服务公司。中国可以借鉴美国的三级职责体系，积极探索政府、学校、市场多方参与，共同管理校车运营的模式，从政府对校车企业进行财政补贴或税费减免、学校搭建校车乘坐平台、市场化运营管理等多方面来提高校车运行的安全性和有效性。同时，众多校车运营参与者都有不同的责任和义务，这不仅包括政府、学区主管、校车公司管理者等，也包括驾驶员、陪乘、维修人员、家长、学生等，只有在各方共同的努力下，校车才能安全有效的行驶在上下学的路上。

另外，美国社会视校车为教室的延伸，校车接送学生是教育系统的一部分，虽然各个州和地方政府的做法不同，但他们在进行教育财政预算的时候都将校车的运营费用计算进去，校车费用也是教育费用的一部分，这样才能保证校车管理者不会因为计较经济利益而牺牲校车的安全性。因此，中国也应该考虑适当加大政府对校车的财政投入和补贴，以保证校车的安全运行。

第三，制定严格的校车、校车司机选用标准。

根据美国的经验，选择高质量且符合学生乘坐标准的校车是保证校车安全运行的首要也是重要前提之一。校车的选用应该是符合学生需求、安全系数高、各项设施标准达标的专业校车，不应该用一般的大巴车或改造车作为校车，这样都会有严重的安全隐患。因此，制定严格的校车选用标准十分必要。

另外，美国的校车司机是经过严格的选拔程序、接受专业培训的驾驶员，他们也是美国校车事故率极低的一个重要保障。根据中国道路复杂和交通量大的实际情况，严格挑选校车司机更为重要。只有选择出驾驶技能高、应变能力强的司机，学生的安全才能保证。

第四，加强安全宣传，加强监管力度。

不仅对校车驾驶员，而且应对学校、家长、学生及社会进行校车安全的宣传。通过多种宣传平台、宣传方式进行校车安全教育，提高校车驾驶人、学生以及其他交通参与者的交通安全意识，在全社会中树立校车优先意识，形成严守交通规则的氛围。同时，学校应高度重视校车安全，严格对校车的管理监督，加强对学生的校车安全知识教育。家长也应切实承担起对校车安全的监督义务，保障学生安全。

加大监管部门的监管力度也是降低校车事故、保障校车运行安全的重要方面。监管部门应该加强对校车是否合格、校车司机是否达标等方面的监管，保证校车法律法规得到准时有效的执行。

二 英国校车发展和经验借鉴

(一) 英国学生交通服务发展历史和运营背景

1. 英国学生交通服务的发展历史

20 世纪 40 年代中期,英国将小学与中学教育分离开来并将它们规定为义务教育。为了确保没有学生因为缺乏必要的交通条件而放弃义务教育,英国政府开始推行免费校车,自此为学生提供上下学交通服务就变成了英国各地方教育部门的责任。上下学交通服务最初在英格兰和威尔士被发起,随后又扩展到了苏格兰和北爱尔兰。英国政府在《1944 年教育法案》(*Education Act of 1944*) 中就明确规定:"政府须向所有适龄儿童提供公立教育及相关的设施,不因学生居住条件和父母经济地位而有区别。"该法案出台的目的是希望所有适龄学生拥有公平享受教育资源的权利。法案明确要求英格兰和威尔士地区的各地方政府为家与学校距离大于 2 英里的 8 岁以下学生,家与学校距离大于 3 英里的 8 岁以上学生和所有上下学会途经不安全路段的学生提供免费上下学交通服务。与此同时,该法案也给予地方政府一定的自由量裁权,允许他们在国家标准的基础上进一步降低通勤距离要求,从而可以使本地区的更多学生从中受益。

在随后《1996 年教育法案》 (*Education Act of 1996*),以及《2006 年教育与检查法案》 (*Education and Inspection Act of 2006*) 中,免费校车政策得以不断完善和细化,免费学生交通服务得到了更多法律上的保障。《2006 年教育与检查法案》由英国工党推行,旨在保障与加强英格兰地区学生的教育选择权。之前的法案要求各地方政府为符合通勤距离标准的学生往返离家最近的公立学校提供免费交通,而这部法案要求英格兰各地方政府为来自低收入家庭的学生①提供一个额外福利:普通学生只有就读于离家最近的公立学校才可以享受免费交通,而来自低收入家庭的学生没有这一限制,他们可以选择距离更远的学校,地方政府仍

---

① 来自低收入家庭的学生指符合免费学生餐条件的学生和其家庭收入达不到个人所得税起征点的学生。

需要为他们提供免费交通，这样就保证了交通费用不会成为这些学生自由选择教育的羁绊。法案同时也要求各地方政府制定可持续的学生交通保障计划，并对当地的学生交通需求进行全面调查。而英国另外的三个地区，苏格兰、威尔士和北爱尔兰政府的学生交通政策与英格兰也是大同小异，如说威尔士到距家最近学校的通勤距离在 2 英里以上的所有年龄的学生都可以乘坐免费巴士（英格兰地区 8 岁以下学生的通勤距离标准为 2 英里，8 岁以上学生的通勤距离标准为 3 英里）。

在英国，生活在乡镇和小城市的学生往往比生活在大城市里的学生更依赖政府提供的校车服务。大城市的学生家和学校之间的距离通常更近，因此他们可以更多地采用步行或骑自行车上下学。同时，大城市公共交通系统发达，学生常常享有优惠票价。以英格兰为例，英格兰地区目前有将近 800 万适龄在校生，其中有 300 万居住在伦敦以及其他大都市地区，这些学生都或符合免费校车条件或享有政府或其他机构赞助的公共交通票价优惠福利。然而对于 500 万居住在乡镇和小城市地区的学生来说，他们可以享受到的福利却相对有限。由于居住在这些地区学生到离家最近的学校的平均距离往往更远，而且这些地区公共巴士的线路和班次都非常少，因此学生极度依赖校车服务。

英国起初在 20 世纪 40 年代推行免费学生交通服务是为了确保更多的学生可以留在校园接受教育。然而近些年来，英国人逐渐意识到推行学生交通项目同时也可以帮助减少私家车使用，缓解高峰时段的交通拥堵。与私人车辆相比，校车的事故率更低也更安全。学生交通和校车服务因此也越来越受到政府及整个社会的重视。

2. 英国学生交通发展环境简述

学生交通同时涉及教育和交通两个行业。通过对英国教育业和交通业的情况的介绍，使读者对学生交通事业发展的环境有所了解。

（1）英国的教育体制和教育业发展状况

英国的教育体制分为四个阶段：幼儿教育阶段（early ages）、义务教育阶段（compulsory education）、继续教育阶段（further education）、和高等教育阶段（higher education）。幼儿教育针对的是 1—4 岁的孩子，对于 3 岁以下的孩子是收费的，3—4 岁的孩子则可以去免费的公立幼儿园（nursery）或进入收费的私学（pre-preparatory education of private school）开始接受初等教育。5—16 岁（北爱尔兰 4—16 岁）为法定的强制教育阶段，适龄儿童必须入。

提供强制义务教育的学校分为两大类，分别为免费的公立学校（state school）和收费的私立学校（independent school）。英格兰和威尔士的统计数据显示 93% 的学生就读于公立学校，这些学校基本都是有地方政府开办并负担必要的费用，家长需要负担的只有孩子的文具费、制服费、运动服费和学生集体出外游玩的费用。公立的义务教育又分为两个阶段，5—11 岁（北爱尔兰 4—11 岁）是小学教育阶段（primary school），11—16 岁为中学教育阶段（secondary school）。小学通常会要求学生就近入读，主要教授英语、数学和科学，最后一年结束会有小升初考试。中学课程选择就很丰富，除了必修课（英语、数学和科学），学生还可以选择 5—8 门选修课来参加英国中考（GCSE）。中学一般也要求就近入学，但允许家长和孩子进行择校，只要某所中学的招生名额未满，当有择校学生报名时，学校就必须接收。在英格兰和北爱尔兰的中学里还有一些重点学校（grammar school），其入学需要考试，竞争非常激励。英国有 7% 的学生就读于私立学校。私立学校教育包括私学阶段（private school）和公学阶段（public school），都是收费的。私立学校的学制略有不同：私学阶段包括 4—7 岁的学龄前教育（pre-preparatory education），和 7—11/13 岁的预备教育（prep school），其中预备教育阶段的目的是为学生升入公学做准备。公学阶段为 13—18 岁，其入学需要考试，提供高质量的教育，有名的公学有哈罗公学、伊顿公学等。

在英国，学生接受完义务教育，即从公立中学毕业时通常为 16 岁，但是法律规定学生必须在 18 岁之前都在接受教育，所以接下来学生一般会进入大学预科（six form）或继续教育学院（college）就读，或去做学徒（apprenticeship，类似技校）。

英国学生交通服务主要针对的人群就是接受义务教育的公立学校的学生，但由于自由量裁权的存在，因此各地的政策也会略有差异，在有些地方一部分有特殊情况（如有特殊需求、来自低收入家庭等）的私立学校学生和继续教育学生也可以获得政府提供的免费交通服务。

英国政府在教育事业上的支出从 21 世纪一开始就保持一个快速增

长的势头，2000—2010 年平均每年增长 5.1%，2009/10 和 2010/11 年度更是达到教育支出在 GDP 中占比在近 40 年的最高点。然而在 2011 之后这种增速开始显著放缓，随着学生教育成本不断升高，英国政府近几年遇到了越来越严重的资金问题，不得不开始紧缩学生交通服务的提供。本章第三节将对这个问题进行具体介绍。

（2）公共交通行业发展状况

英国交通部（Department for Transport）的 2015 年英国居民出行习惯调查结果显示，英国人出行的首选交通方式为开私家车或乘坐私家车，占到总出行次数的 64% 和总出行里程的 78%。排名第二的出行方式为步行，占总出行次数的 22%，但通常仅限于短距离的出行，所以总里程并不高。排在之后的分别是乘坐巴士和乘坐火车。将现在英国人的出行习惯与十年前相比的话，会发现不少显著的变化。开私家车、乘坐私家车和步行的概率相比十年前都有明显下降，分别降低了 12%、15% 和 32%，尤其是步行的概率更是降到了近十年的最低点。从统计数据上看，英国人在近些年开始更多地使用公共交通工具，但数据主要是被伦敦地区拉高的。2015 年伦敦居民选择巴士出行的次数比十年前提高了 37%，选择城市地面铁路出行的次数则提高了 65%。这种情况是由诸多原因造成的，如伦敦逐渐增高的人口数量和人口密度、征收城市拥堵税、发达的公共交通网络、密集的班次、易查找的时刻与票价信息等。在伦敦之外的地区，巴士使用量比十年前增长了 2%，城市地区略有下降，而农村地区略有上升。尽管如此，从全国范围来看，公共交通工具的使用比例依然很低。

公共交通一向为英国政府所提倡。良好的公共交通系统可以促进效率和生产率、促进经济发展、缓解城市交通拥堵、减轻污染、改善空气质量、方便居民出行、促进社区居民融合等。英国的巴士公司绝大多数为私营，这些公司几乎不可能实现盈利，所以他们的运行都在很大程度上需要地方政府补贴，这种情况在农村地区尤为明显。然而，英国政府的计算表明这种对公共交通运行的补贴是值得的，因为从中所得到的经济效益和社会效益远大于地方政府所补贴的资金。由于在大城市生活的学生往往享有公共交通优惠票价，这就形成了由普通乘客向学生乘客的交叉补贴①。同时，公共交通系统的发展也极大地方便了学生通勤。英国政府对于公共交通事业的扶持对学生交通业提供了极大的支持。

（二）英国校车的运营体系

1. 英国学生乘车情况

（1）英国学生上下学交通方式的选择

相比成年人更多地选择开车出行，学生上学最主要依靠步行。表6－3 是 Aviva 公司在 2013 年的抽样调查结果，数据表明平均有一半左右数量的学生步行上下学，排名第二高是乘坐私家车上下学，通常是双亲家庭、只有一个孩子的家庭父母会有更多时间和精力开车接送孩子。乘坐公共交通工具和乘坐校车的学生比例分别在 12% 和 10% 左右。骑自行车的学生只占很少的比例。在英国交通部的调查报告中则显示了不同年龄段学生的上下学交通方式选择偏好也略有不同（见表 6－4）。小学生因为年龄小因此家长会更多地会开车接送上学，而小学生平均通勤距离较近（平均距离 1.6 英里，对比中学生平均通勤距离 3.4 英里），因此步行的人数比例也很高（通常由家长陪同步行）；中学生更多地乘坐公共交通工具通勤。英国政府鼓励学生尽可能地走路、骑自行车或使用公共交通工具上下学，减少私家车使用。尽管前文提到英国人整体使用私家车出行的比例在近几年有下降趋势，但这份交通部的报告却提到学生乘坐私家车通勤的比例在显著提高。由于学生群体通勤的时间固定在早晚高峰时间，因此这就加剧了高峰时间的交通拥堵问题。

造成私家车使用比例增高的原因有很多，主要包括以下几点：①学生的通勤距离较之前增加是主要原因。从 1995/1997 年到 2014 年，小学生的平均通勤距离从 1.2 英里增加到了 1.6 英里，中学生的平均通勤距离从 2.9 英里增加到了 3.4 英里。英国交通部的调查显示，在通勤距离增加时，选择私家车通勤的学生比例会显著增加。而在针对家长为什么要接送孩子上下学的调查中，选择出于安全考虑的比例下降，而出于

---

①　交叉补贴指当学生乘客所付的票价低于成本，而由普通乘客承担时，则形成了交叉补贴。政府的交通部门通过使用自己的资金和运用社会资金补贴普通乘客时，一部分资金实际用于填补学生乘客的乘车成本的亏空。

通勤距离增长的原因的比例上升。②家庭私家轿车数量的增加。数据显示轿车数量越多的家庭选择开车接送孩子的比例也就越高，而这些家庭也往往倾向为孩子选择更远、更好的学校而不是离家最近的学校。③家长的选择偏好。越来越多的家长选择不让孩子就读于离家最近的学校，而是前往教育质量更好的学校或教派学校，这就意味着学生不再符合乘坐免费学生交通的条件而需要由家长接送。

表6-3　　　　　　英国学生上下学交通方式选择（家庭情况）　　　　（%）

	步行	乘坐私家车	乘坐公共交通工具	乘坐校车	骑自行车
单亲家庭	53	21	12	9	2
父母分离的家庭	45	21	13	15	4
有多于两个孩子的家庭	50	26	10	10	3
只有一个孩子的家庭	38	34	14	10	4

资料来源：2013年Aviva公司抽样调查。

注：报告中的数据省略小数点后面的数字，因此各行数据之和不等于100。

表6-4　　　　　　英国学生上下学交通方式选择（年龄）　　　　（%）

	步行	乘坐私家车	乘坐公共交通工具
5—10岁	46	46	5
11—16岁	38	23	29

资料来源：2014年英国交通部抽样调查。

注：报告中的数据不包括其他交通工具，即校车和自行车，因此各行之和不等于100。

私家车使用的增加造成的不仅是人们对于交通拥堵问题和环境问题的担忧，更是对学生身体素质、自立能力下降的忧虑。为了能有效地解决以上问题，在2003年，由英国学校与家庭部（DCSF）和交通部（DfT）联合制定了《校园行程行动计划纲要》（*Travelling to School Initi-ative*），希望通过创造安全的出行环境，让更多的学生通过步行、骑自行车、使用公共交通系统上下学，减少私家车使用。这种倡议同时可以为社会提供一系列益处，包括缓解道路拥堵、减少污染、减少二氧化碳排放、提升空气质量、增强学生尤其是"有特殊需求的学生"的独立生活能力与自信、促进社区安全等。当然，政府的免费交通服务是主要的减少私家车使用的手段，接下来将介绍免费学生交通的受益人群范围以及其运作模式。

（2）可以享受免费上下学交通服务的学生人群

a. 英格兰地区：第一，义务教育适龄学生到离家最近的学校的通勤距离在 2 英里以上（8 岁以下）或 3 英里以上（8 岁及以上）者；第二，来自贫困家庭的学生到离家最近的教派学校的通勤距离在 2—15 英里者；第三，来自贫困家庭的学生可以在离家最近的 3 个学校中任选其一，但通勤距离须在 2—6 英里；第四，家到学校之间步行会途经不安全的区域的学生均可以免费乘车。

b. 苏格兰地区：《1980 年苏格兰教育法》［*Education（Scotland）Act of 1980*］要求地方政府为所有到距离家最近的学校的通勤距离在 2 英里以上（8 岁以下）或 3 英里以上（8 岁及以上）的学生提供免费交通。

c. 威尔士地区：《威尔士学生出行指导办法》［*The Learner Travel（Wales）Measure*］要求地方政府为所有的 16 岁以下，通勤距离在 3 英里以上的学生提供免费交通。

d. 北爱尔兰地区：《1996/41 通知》（*Circular 1996/41*）要求地方政府为所有通勤距离在 2 英里以上的小学生和通勤距离在 3 英里以上的中学生提供免费交通。

（3）正在享受免费校车的学生的数量

英国政府并没有给出确切的数字表明有多少英国学生正受益于免费交通项目。但据 STC 学生交通事务调查报告中的抽样调查和估算数字，在全英目前大约有 96 万学生正在受益，相当于英国在校学生总数的 10.3%（见表 6 - 5）。

表 6 - 5　　　　　　　　**目前英国受益于免费交通的学生数**　　　　　　　　（人）

	在校学生数（2015）	免费交通受益人数（估计值）
北爱尔兰	328612	98000
苏格兰	679840	158584

续表

	在校学生数（2015）	免费交通受益人数（估计值）
威尔士	465704	113523
英格兰	7840516	587418
英国	9314672	957525

资料来源：STC 学生交通事务调查报告（School Transport Matters）。

在调查样本中，苏格兰、威尔士和北爱尔兰学生的受益比例的比例均超过 20%，分别为 23%、24% 和 30%，而英格兰地区却仅有 8%。这是因为在英格兰地区整体来说人口密度较大，城镇和学校数量较多，因此在英格兰的很多地方多数学生的通勤距离小于标准。同时，英格兰的数据极大地被伦敦和其他几个大城市所影响：在伦敦只有 1.2% 的在校学生在乘坐免费校车（伦敦学生的平均通勤距离短，而且他们可以乘坐由伦敦交通局，而不是由伦敦政府资助的免费公共交通工具），伦敦之外大城市地区平均也只有 2.5% 的在校学生正在受益于由政府资助的免费交通项目。而在英国的其他地方，符合免费交通条件学生的比例和当地的人口密度紧密相关。在人口分散的地区，通常学生的通勤距离更远，符合免费交通条件的人数也会更多。

统计数据同时表明，大多数受益于免费交通的学生是中学生而不是小学生，因为中学生的通勤距离往往更远。另外还有很小的一部分的受益者是大于 16 岁的学生，在英格兰这个比例只有不到 10%。

2. 英国学生交通服务的提供方式

英国的各地方政府目前主要通过两种方式为学生提供免费上下学交通：签订封闭式的合同使合作的巴士公司成为专门的校车服务提供者（即专门的免费校车），另一种出资是为学生购买公共交通的车票。英国地方政府通常通过与当地出租车、私人租车、迷你巴士、巴士、长途汽车运营公司合作来为学生提供上下学交通服务。所有的地方政府的主管部门负责协调社会各界、教育机构和校车提供者之间的关系。例如，地方政府与某家巴士公司签订合约使之成为校车运营者，政府同时可以让这家公司注册成为公共巴士公司，使其巴士在闲时可以服务普通人群。政府在选择校车服务提供者的时候应以物美价廉为标准，尽可能节约资金。例如，在为学生购买公共交通的车票时，在发售季票和只出售单次票的公司中选择出售季票的巴士公司，因为购买季票往往比重复购买单次票便宜很多。

调查显示地方政府越来越倾向于采取签订封闭式合同的方式与巴士公司合作，减少采用购票的合作方式。唯一的一个例外是北爱尔兰地区，因为签订封闭式合同校车会在固定时间（上下学时间）接送学生，而家长倾向政府为自己的孩子购买公共交通车票，在这种模式下，学生乘车的时间更为灵活。

3. 英国校车运行资金投入

（1）学生交通项目花费的总体情况与变化趋势

英国学生免费交通的费用由各地方政府的教育部门承担。在英格兰、苏格兰、北爱尔兰和威尔士政府教育部门的财务报告上都可以分别找到其在学生免费交通服务上的具体花费，但因数据难以统计，所以政府报告上并没有提供当地校车服务提供量和有多少学生正在享受校车服务的相关信息。

以英格兰为例，从20世纪70年代开始，英格兰的各地方政府在的学生交通上的花费就一直在不断增长。到20世纪90年代初，英格兰在学生交通上的花费就已经达到了70年代的3倍左右，到2013/14年度，此项花费更是高达10.53亿英镑。同时，经常会出现实际花费高于政府计划的情况，例如，2013/14计划花费在学生交通上的金额是9.9亿英镑，实际花费10.53亿英镑；2014/15年度的计划花费是10.05亿英镑，实际花费10.62亿英镑。在其他三个地区，苏格兰、威尔士和北爱尔兰，政府在学生交通上的花费也呈现出了相似的趋势。

就整个英国而言，2015年由政府和其他社会组织所承担的学生交通总费用接近20亿英镑，这20亿英镑包括由各地政府教育部门出资提供给符合条件学生的免费交通，以及其他机构、组织赞助的面向某特定地区所有学生的公共交通优惠票价，不包括其他需要家长和学生自己承担的交通费用。20亿英镑中约有14亿（北爱尔兰7800万英镑、苏格兰1.6亿英镑、威尔士1.1亿英镑、英格兰10.6亿英镑）由各地政府的教育部门承担，约占学生交通总费用的3/4。剩下的1/4被其他一些机构和社会基金所分摊，包括由一些社会基金资助的城市学生公共交通票价优惠、伦敦交通局资助的学生免费公共交通、16—18 岁学生奖学金基金资助的公共交通，以及学校为学生乘车提供的资金等。因此可以看出，学生交通的总成本十分高昂，接下来对其中政府所承担的成本进行说明。

（2）单位成本

在英国，由政府承担的单个学生当前每年的上下学交通的平均成本为 1400—1500 英镑，英格兰地区费用略高，约 1800 英镑。普通学生每年上下学交通成本约为 900 英镑，单程约合 2.37 英镑。而有特殊需求的学生的交通成本会远远高于普通学生，平均超过每年 4000 英镑，单程约合 11 英镑。然而有特殊需求学生的交通成本的也因地区和个人情况不用而差异巨大，例如在伦敦的地区，单个有特殊需求学生的交通成本可能高达 10000 英镑一年。威尔士和北爱尔兰地区的学生交通平均单位成本通常较低，原因包括：这两个地区有特殊需求的学生比例较低；这两个地区的学生更多地乘坐运量更大的大型交通工具。

表6-6 　　　　　　　　　　　　单位学生运输成本 　　　　　　　　（英镑）

	普通学生	有特殊需求的学生	平均
北爱尔兰	—	—	796
苏格兰	817	2913	1383
威尔士	785	3422	934
英格兰	914	4246	1633
英国	892	4109	1361

资料来源：STC 学生交通事务调查报告（School Transport Matters）。

英国各地政府在单位学生上花费的交通费用也有差异。这种差异主要由特殊需求学生交通、与交通提供者签订的合同价格以及其他因素所决定。大城市地区的政府需承担的单位成本对比其他地区较低，因为大部分的成本已经被其他的社会资金资助的免费公共交通或优惠票价所分担。在英格兰的大城市地区，政府承担的每个普通学生每年的上下学交通成本只有约 350 英镑，对比其他地区的成本为 800—900 英镑。

4. 特殊需求学生

有特殊需求的学生通常指医学上认为的身体上、心理上或精神上在存在缺陷,需要特殊照顾的人群。例如,自闭症、唐氏综合征、阅读障碍、失明、多动症、囊细胞纤维症患者都被认为是有特殊需求,唇腭裂、四肢残缺患者也在某些情况下被看作是有特殊需求而的群体。随着《教育、卫生、保健计划》(*Education, Health and Care*,EHC)出台,这个范围也产生了一些变化。根据该计划,被界定为有特殊需求的学生的数量在下降,但在全英这个群体仍有 23.6 万人之多。在英格兰,正在受益于学生交通项目的有特殊需求的学生占总受益人数的21%,而这一比例在苏格兰和威尔士却较低,分别只有 8% 和 9%。在伦敦地区,几乎所有的校车乘坐者都是有特殊需求的学生,而其他学生往往选择由伦敦交通局赞助的免费公共交通上下学。英国地方政府有在国家标准的基础上为更多学生提供交通服务的自由量裁权,因此很多有特殊需求的学生即使不符合国家的免费交通条件,却也被当地政府包括在了受益人群当中。在一些郡,10%—20% 的学生因其有特殊需求而获得免费交通的权利。而在全英,大约有 15 万人因特殊需求获得免费交通的权利。

各地在为有特殊需求的学生上下学交通上的拨款在学生交通总拨款中占的比例不尽相同,这种差异很大程度上取决于学生所上的学校和这些有特殊需求的学生的自身情况,即他们是否可以和普通学生一同上下学。但是各地情况相同的一点是:为有特殊需求的学生交通的拨款在总的学生交通拨款里占到非常高的比例。英国教育部的文件上提到,英格兰地区 2015 年为 16 岁以下、16—18 岁和 18—25 岁的特殊学生上下学交通花费高达 6.3 亿英镑,占学生交通花费的将近 60%。

5. 保障校车安全的各方责任

安全问题被看作是学生交通的头等大事,而关联的各方也都决心尽一切可能去保障学生安全。苏格兰政府的一份报告——《学生交通安全指南》(*A Guide to Improving School Transport Safety*)显示 2005—2009 年的 5 年间就有 270 个苏格兰学生在上下学路途中因遭遇事故死亡或重伤,而受到轻伤的学生人数多达 1473 人。从统计报告的数据来看,公共巴士和校车是最安全的学生交通方式。公共交通工具和校车虽说是最安全的交通方式，但是这种安全性是构筑在各方保障的基础上。接下来将介绍在保障学生公共交通校车安全和有序运行上的各方责任。

（1）地方政府的责任

英国教育部规定各地方政府在学生交通上负有两大责任：为辖区的每一个符合免费交通条件的学生进行适当的交通安排；在辖区提倡可持续的交通方案。具体来说，评估每个符合免费学生交通条件的学生，看提供公共交通免费票和提供校车哪个是最佳方案。如果符合免费学生交通条件的学生的家长愿意开车接送或者学生自己愿意骑自行车，地方政府则可考虑提供一些津贴；如果他们选择步行，尤其是对于有特殊需求的学生选择步行时，政府可以考虑派专人护送。与此同时，保护、关心学生的安全，包括保障学生在校车上的安全是地方政府的法律责任。法律规定校车运行由地方政府主管，因此他们需要保持对校车的审查来确保安全。而一些地方政府在此基础上根据自己实际情况又做了更多工作，比如阿伯丁政府最近做的工作包括：引进一种新式的、更加醒目的校车标志；引进高科技交互式的校车车站，并开始试点安装；为学生发放安全乘坐校车的指南；开展更广泛的活动，使学生在参与中学习到安全知识。

（2）学校的责任

与地方政府的责任相似，学校同样对保障学生乘车安全负法律责任。学校有责任就学生的交通事宜与家长进行必要沟通，如把校车时间、上下学时间变化等情况告知家长，以便家长灵活应对。学校老师同样有责任对学生进行必要的乘车安全与纪律教育，学校甚至可以禁止有不当行为或有欺凌其他同学的行为的学生乘坐校车。

（3）校车公司的责任

过去英国要求客车和迷你巴士作为校车时必须配备安全带，但新的规定要求客车、迷你巴士和巴士（除非是也拉载普通乘客的巴士）都需要配备安全带。作为校车的车辆必须所有座位面朝车辆行驶方向，不能有倒座或侧座。校车运营公司必须为校车配备黄色的校车标志，印在车身或要求司机放在挡风玻璃后和车后窗后的明显处。校车公司需对司机、管理人员进行必要的信息审查，审查信息包括司机的资质、技能、经验等。

（4）校车司机的责任

通过比较苏格兰和英格兰几个地方政府对校车司机的要求发现各地的要求大同小异，这里以英国兰开夏郡给校车司机印发的责任书为例进行说明。这份责任书由英国兰开夏郡的安全出行工作组（the Safer Travel Unit）所起草并推行，工作组由郡议会于 2002 年设立，设立的目的是为了保障该地居民的出行安全，提高乘客和公共交通相关从业者的满意度。校车司机的具体责任包括：

● 校车司机应把学生的安全与福祉放在首要位置。

● 校车司机不应驾驶不适宜在道路上行驶的车辆或不符合英国载客车辆标准（Passenger Carrying Vehicle，PCV）的车辆。如车辆有任何问题需马上报告给车辆管理人员。

● 校车司机应保证按时间表准时运行。

● 如果有学生忘记带车费（车票）或无法支付车费，校车司机应允许他们乘车，记录下他们的名字与住址并报告给管理人员。任何学生不应以忘记带车费（车票）或无法支付车费为由被拒绝上车，除非他（她）不愿意告知司机其姓名或提供住址。

● 校车司机在任何时候都应避免与乘车学生有身体接触。校车司机对乘车学生应保持礼貌，以专业的态度保持与学生的距离，避免任何不当的言语和讨论不当的话题。

● 校车司机应给予需特殊照顾的学生以必要的协助与关照。

● 校车司机须将校车标志全程放在显著位置（或保证车体上有校车标志）。

● 除非有特别情况，校车司机须确保按路线行驶，在每个站点停靠。

● 停靠站点应选择在适宜、安全的地方，特别需要注意任何潜在的危险、车流和障碍。

● 校车司机应确保车辆停在校门的马路同侧，让学生不必下车再过马路或过马路上车。同时确保车辆停在适当的位置，确保学生下车直接可以上人行道而不是停留在马路上。确保学生从侧门上下车。有些种类的校车，如迷你巴士只能从车后侧开门，则司机应照看学生上下车。

● 校车司机在开车前应保证车上所有的门已关闭，所有的乘客已落座。

- 校车司机应给所有的乘车学生车票，要求学生全程保留车票以应对查票。

- 校车司机应确保没有人在车上吸烟。

- 如校车上有年龄较小的小学生，校车司机应关注他们的到站情况，防止他们坐过站。

- 如车上有安全带，则校车司机应督促乘车学生系好安全带，并帮助 14 岁以下的孩子系安全带。保证一人一座，决不允许如三人两座的情况发生。

- 每次有学生上车或下车后，校车司机都应再次确保车门已关好。如有必要还可使用儿童保险门锁。确保在开车前没有学生的衣服或者书包还被夹在车门里，确保他们没有落东西在车里。

- 校车司机应确保乘车学生在车辆行驶过程中全程落座，不要让他们乱动车门或者紧急出口。停车时确保没有学生站在校车前方。

- 在车辆行驶过程中，如果乘车的学生有调皮捣蛋情况并可以导致危险发生时，校车司机应马上停车并制止这种行为。乘车学生如毫无纪律性司机应向校车管理人员反映情况，由他们进行解决。

- 校车司机应确保车上所有的门及紧急出口都正常工作，附近和撤离路线上没有阻挡物。

- 校车司机应知道如何使用灭火器和急救药箱。

- 校车司机应了解事故报告的程序。

- 校车司机应确保乘车学生在到站前都待在车里。如车辆故障或有其他事故发生，司机应再备用校车到来之前或故障车辆修好之前确保所有的学生都待在车里，除非司机认为待在车里是不安全的。如果在故障情况下学生需换乘到另外的备用校车，司机应督导学生换车。

- 在上学时间如有事故发生或校车延误，在安全的情况下校车司机应确保学生通过别的交通工具前往学校而不是回家，除非警察或救护服务员要求学生回家。

- 如因恶劣天气发生事故或者延误，校车司机应尽快让学校方和校车公司了解情况。如果因恶劣天气（如大雪）校车无法抵达学校，校车司机不可让学生步行去学校，而应把他们送去最近的警察局。

这份工作条例在最后给校车司机一些应对不守纪律的学生的办法。当司机认为有些学生的行为已经影响到自己的驾驶或其他学生的安全时，司机可以停车对他们进行严厉的警告，必要时可以将情况报告给学校或警察。

（5）乘车学生的责任

在另一份威尔特郡政府印发的乘车指南中，详细阐述了对乘车学生自身和对他们家长的要求。这份指南内容详尽，这里以它为例，对其中的一些重点内容进行介绍，使读者对乘车学生的责任有所了解。

● 学生需记得带公交卡或零钱。在上车时向司机出示公交卡，给司机足够的时间看清卡上的内容。没有公交卡的话准备好零钱。

● 在上下车时排好队，不要推搡其他人或者乱挤。

● 在校车迟到时不要着急。如果校车比预定的时间超过 30 分钟还未出现，则可拨打政府的校车问题专线。

● 在乘车全程保留好公交卡火车票以应对随机查票。

● 上车后迅速落座，不要站在台阶处或在巴士的上下层来回跑。

● 如果车上有安全带则必须系好安全带，这是法律规定。

● 尊重校车司机，礼貌待人。

● 在车外不要朝校车乱扔东西，在车上不要向窗外乱扔东西。

● 不要靠在校车的窗户上，在车外时不要站在校车前方。

● 在司机开车时不要和他交谈。

● 不要把脚放在座位上。

● 不要在车上随地吐痰或者吸烟。

● 不要在车上骂脏话。

● 下车时把垃圾带走。

● 在车上不要吃喝东西。

● 除非在紧急情况下或者司机要求，否则不要使用或打开车上的紧急出口。

这份行为指南在最后强调了遵守以上乘车纪律的对行车安全的重要性，并告诫学生如有不当行为会被告知学校和家长。

（6）家长的责任

同样是在威尔特郡的手册中，强调了家长在保障校车安全和学生纪律上所起到的重要作用。

- 家长须确保孩子已经阅读过上面的乘车学生行为准则，并告诉孩子哪些乘车行为是适当的哪些是不适当的。
- 家长须确保孩子懂得道路安全。
- 家长应让孩子特别小心自己的衣服或书包被车门夹住，因为那是非常危险的。
- 家长应让孩子知道系安全带是必须的。
- 家长应告诉孩子如果校车迟到或未出现时该怎么办。
- 家长须告诫孩子不要损坏校车。如果孩子损坏校车则要由其家长负责赔偿。家长还需明白如果孩子损坏校车或在车上闯祸，则有可能今后被禁止乘坐校车或被警方起诉。
- 家长还会在以下情况下接到通知：孩子在车上抽烟；孩子在车上不守纪律；孩子的行为危及他人安全；孩子的行为影响到司机开车；孩子的公交卡被没收。如果以上不当行为造成校车运营方或其他方面损失的，家长须赔偿损失。
- 如果孩子年龄还比较小的，家长需按时到校车站接送孩子；注意培养孩子的道路安全意识。

6. 对校车安全的进一步建议

除了上一节中提到的明文规定或已被推行的责任条款以外，苏格兰政府学生交通安全指南就为学生上下学的安全保障提出了十条进一步的建议，本报告归纳了其中与校车运行有关的内容。

（1）鼓励所有的社会车辆在遇到校车时减速让行

在校车运行时对其减速让行从而避免事故发生，而在其停靠上下乘客时更是事故的高发期。校车停靠在路边阻挡后方车辆视线，而后方车辆在绕过校车继续前行时有时会来不及看见过马路或停留在马路上的学生造成危险，因此在这种情况下其他车辆应该把速度降到最低。总的来说，有校车的地方其他车辆都应特别小心，因为小孩子有时行为难以控制，可能会突然从周围冲出而酿成事故。

（2）在校车合同中加入更多的安全要求条款

一些政府已经意识到在与校车公司签订合约时加入更多安全条款可以有效地提升校车运行的安全标准。一些可供参考的附加条款有：校车在不载客时应取下校车标志；校车应配备危险警告灯，在学校上下车时警告灯应该被点亮；校车的安全带应升级为三段式安全带；校车上应装有监控录像；校车司机应有至少 3 年以上驾龄；校车司机应接受额外的急救和危险情况下的驾驶训练；加入扣分机制，比如司机在接送学生时忘记把校车标志摆出则会为其公司扣分，分数被扣完则政府会终止与该校车公司的合作。

（3）风险评估

地方政府应对所有的校车站周边环境进行正式而详尽的风险评估，目的是确保学生在车站等车时不会有危险发生。不但可以进行实地考察，还可以通过走访司机、校车公司、家长、学生来判断风险。车站应有一些必要的设施，如护栏、过马路设施等。

（4）政府应审查学校交通计划

很多学校都有自己的学生交通安全计划，关于学校如何协助政府、校车公司和家长去保障学生交通安全。政府应该鼓励这种行为，并且对学校的这些计划进行审查看自己该如何帮助实行计划和提出改进意见。

（5）政府应加大力度宣传乘车安全注意事项

政府应该加大力度在学生家长和学生中宣传安全条例，推行安全行为准则。这样做的目的在于约束校车乘客的行为来保障行车安全和秩序。

（6）不鼓励年轻司机接送学生上下学

建议 25 岁以上的司机才可驾驶校车。数据表明年轻司机发生事故的概率比有多年驾龄的老司机发生事故的概率高很多。确需年轻校车司机驾车时，可由年长的司机跟车来保证安全。

（三）英国校车面临的困难和应对措施

2016 年年初，一个名为"为了更好的交通"（Campaign for Better Transport）的英国政治倡议团体发表了一篇名为"巴士危机"的文章。文章指出由于公共交通问题更多的算是地方性问题，难以上升到国家层面，因此没有得到足够的重视，但是它却和每个人的生活和社会与经济息息相关。目前在英国由于地方财政经费紧缩，公共交通的运行得不到有效的支持于是陷入困难，这种情况在英格兰和威尔士地区尤为明显。

更为令人担忧的是，这种巴士危机进一步转变成为学生交通危机，对教育界产生了巨大的负面影响。

1. 地方政府紧缩学生交通服务

英国的地方政府在制定本地免费学生交通政策时有着一定的自由裁量权，例如，他们可在国家标准的基础上缩短本地学生免费乘车的通勤距离标准、扩大免费乘车的学生的年龄范围或者为就读于某些特殊学校的学生提供免费乘车（如教派学校）。但如今各地方政府均开始慎用他们的自由量裁权：有超过80%的地方政府（英格兰地区多达85%）不再在国家标准的基础上缩减免费乘车通勤距离标准；而另一个常见做法是减少或不再为就读于特殊学校的学生提供免费乘车服务——自2000年以来，全英国陆续已有将近60%的地方政府开始实行这一举措，目前只有37%的地方政府还在为就读于特殊学校的学生提供免费交通。STC学生交通事务调查报告显示，许多地方政府因需要控制开支而开始减少在学生交通项目上的拨款，自2000年以来，已经有接近80%的地方政府开始着手削减在学生交通上的支出。英格兰东南部的某郡政府表示："我们已经开始向就读于教派学校的学生和16岁以上的学生收取很少量的乘车费，过去对他们是完全免费的。但是目前的这个收费标准还不足以完全支付成本，所以政府还需要补贴一些费用。我们在未来几年的计划是进一步提高收费使其可以完全偿付成本。"

虽然总体趋势如此，但各郡政府之间的做法还是略有不同。在英格兰地区，除两个郡以外的其他所有郡都已经开始减少免费学生交通供给。但是在北爱尔兰和苏格兰，目前所有的郡还都保持之前的学生交通政策不变。

地方政府紧缩学生交通服务的常用做法：取消减少通勤距离标准的做法；不再为教派学校的学生提供免费交通，对原来不免费的地区提高收费；不再为16周岁以上的学生提供免费交通，对原来不免费的地区提高收费；不再为16周岁以上并有特殊需求的学生提供免费交通，对原来不免费的地区提高收费；只为学生提供到离家最近的学校的免费交通；减少或不再派遣跟车护送人员；减少为有特殊情况的学生提供的免费交通（一些英格兰农村地区的做法）；在校车上增设特座并对其收费（一些苏格兰地方政府的做法）；不再只为路径安全区域的学生提供免费校车（一些英格兰单一行政区政府的做法）。

除此之外，各地方政府也在用各种办法使得校车运行更为经济划算。具体的做法包括增大校车载客量和减少停靠站简化运行路线等。

2. 学生交通服务削减对学生的影响

（1）普通中小学生

在英国，并没有一个官方的准确数字说明共有多少学生符合免费交通乘坐条件，通常大概的人数经过抽样调查和估算得出。在20世纪90年代早期的一次调查中，估算认为在全英约有144万人符合免费交通的乘坐条件，其中110万人为英格兰学生，而那时英国的适龄学生总数为872万人。到2008年，抽样调查显示英国约有132万学生符合免费乘车条件，但在这一年全国适龄学生的总数超过930万人。校车受益人群总量减少了约12万人，由总学生人数的16.5%降低到14%。造成受益人群数量减少原因通常有两个：政策紧缩或学生的通勤距离减少。由于前文已经提到有数据表明英国学生上下学的平均通勤距离在这段时间不但没有减少反而有所增加，因此这就充分说明了政府政策的紧缩是造成校车受益人群数量降低的原因。到2015年，免费交通受益人数比例进一步下降到总学生人数的10.3%，数量仅有不到96万人，而较2008年相比，总的适龄在校生人数没有什么显著变化。2008—2015年受益人数再次下降了35万人，而丧失这一福利的学生基本上全部来自英格兰。

免费交通服务的减少使得更多的学生开始选择乘坐私家车上下学。在人口最密集的伦敦，2008—2015年就有学生约25万人的丧失了乘坐免费校车的权利，因此转而乘坐私家车上下学，这就使伦敦每天潜在的私家车使用量增加了50万次。英国学校每年有190个上课日，因此每年大约会因此增加1亿次私家车使用。

表6-7　　　　**英国免费学生交通受益人数总量（估算）**　　　　（人）

年份	英格兰	威尔士	苏格兰	北爱尔兰	全英国
1993	1100000	110000	150000	110000	1440000
2008	977500	110000	139532	91379	1320000
2015	587418	113523	158584	98000	957801

资料来源：STC学生交通事务调查报告（School Transport Matters）。

虽然以上的数据均为估算，但是 11 个地方政府提供的精确统计数据所显示出来的趋势却和表 6-7 估算数据的趋势呈现出高度的一致性。这 11 个地方政府包括 3 个单一行政区和 8 个非都市郡，他们提供了辖区内 2008 年和 2015 年学生交通情况精确统计数据。在 2008 年，11 个地方政府为约 11.5 万人提供了免费交通。到 2015 年，这个数字降低了 27%，仅为 8.2 万人。然而比较 2008 年和 2015 年 11 个地方政府在学生交通项目上的财政支出的总量，却几乎没有什么变化：2008 年为 1.159 亿英镑而 2015 年为 1.158 亿英镑。这 11 个地方反映出来的情况其实在整个英格兰地区非常具有普遍性：地方政府在过去的几年间在设法维持在学生交通上的支出总量，但因成本上升，他们不得不减少受益人群的数量来使总支出保持不变。而受这一举措影响最大的群体之一就是普通学生（无特殊需求，非来自贫困家庭的学生，尤其是就读于非离家最近，以及 16 岁以上的普通学生），因为地方政府往往会倾向于给有特殊需求的学生和贫困学生更多照顾，所以尽量做到不减少对这两个群体的交通供给。

（2）教派学校学生

受政策紧缩冲击较大的群体就是就读于教派学校的学生。过去通常是在苏格兰、北爱尔兰和威尔士地区，政府会为就读于教派学校和非离家最近学校的学生提供免费交通服务，英格兰也有一些地方有类似做法。但到 2015 年为止，已有超过 70% 的地方政府不再为就读于这些学校的学生提供这一福利了。例如，英格兰西南某郡政府已不再为就读于非离家最近的教派学校和重点学校的学生提供免费交通，英格兰南部某郡政府从 2008 年起停止为所有就读于教派学校的学生提供免费交通，而英格兰中部某郡政府则开始协助各教派学校为他们寻找新的交通方式。

（3）16 岁以上学生

16 岁以上学生也同样受到政策紧缩的影响。有些地区的 16 岁以上学生不再享受免费交通，而有些原来就不免费的地方则开始提高票价，这些变化在大城市以外的地区尤为明显。在 STC 的调查中，将近 2/3 受访的地方政府表示他们已不再为 16 岁以上的学生提供免费交通，而将免费交通受众重点放在有特殊需求的学生身上。但是值得注意的是，说明不再为 16 岁以上学生提供免费交通的政府绝大多数来自英格兰地区，而所有受访的苏格兰和北爱尔兰地方政府都表示将继续为16岁以上学生提供免费交通。在受访的为16岁以上学生提供收费交通服务的地方中，目前的收费标准每年从最低90英镑到最高超过1000英镑不等。有一些地方政府会根据学生是否有特殊需求，是否来自低收入家庭来收取不等的费用，还有一些地方政府根据学生通勤距离长短来划分收费等级。

在之前提到的11个地方政府调查同样涉及16岁以上学生的交通问题，调查结果显示，2008—2015年为16岁以上学生提供免费或收费校车的地方政府的数量下降了42%。自2008年以来，在英格兰地区约有5万年龄在16—18岁的学生不再享有政府在交通上的补贴。同时，2008—2015年这一时间段也恰好是政府实行削减学院学生教育经费政策和减少青年人教育津贴（Education Maintenance Allowance，EMA）的时间。政府给EMA基金的拨款在2010/11年度为5.6亿英镑，之后一度减少到仅有1.8亿英镑。

3. 应对学生交通服务收紧的对策

免费交通受益学生人数减少，意味着更多的学生需要采取别的方式上下学。英国各地政府采取了一系列措施来保障他们的安全和出行顺利，以减弱交通政策收紧带来的负面影响。

（1）培养学生独立上下学能力

许多地方政府都开始减少为有特殊需求的学生提供上门接送的服务，并着重培养这些学生的独立出行能力。某个大都市区的政府就表示："我们的独立出行能力培训项目取得了巨大成功，但我们面临的最大挑战其实是家长们的心理落差。很多家长无法接受我们不再为他们的孩子提供上门接送的事实。然而我们的做法是得到英国教育部肯定的。"独立出行能力培训不等于不再为有特殊需求的学生提供服务，而是教会他们使用公共交通或独立前往校车站的能力，这同时也是培养这些孩子独立生活的能力，为他们将来进入社会做准备。英格兰东北部的某大城市区的政府甚至专门开发了App给有特殊需要的学生以帮助他们独立出行。

（2）提倡可持续的出行模式

所谓的可持续的出行模式指步行或骑自行车。调查显示接近90%的地方政府已经开始在辖区倡导学生可持续出行，并且有43个受访的地方政府已经为这一倡导的落实进行了资金支持。

（3）引入个性化的预算系统

很多地方政府表示将会或者已经引入了个性化的预算方法，这种方法的引入未来将可能极大地改变目前学生交通项目的运作模式。个性化预算的出发点是把每个学生看成一个独立的、与众不同的个体，有不同的个人情况、愿望与偏好，因此对于交通服务的要求也不同。目前在英国，个性化的学生交通预算主要针对的是有特殊需求的学生。符合条件的有特殊需求的学生如选择个性预算服务，则地方政府不再为其进行交通安排，而是根据学生情况不同估算其大概所需的交通费用，将钱直接按月打入其父母或其他监护人账户，由他们来为之安排交通。这种方式之下的政府的成本将会比统一安排车辆更低。

4. 未来面临的挑战

对于未来，地方政府均表示资金紧张仍会是会是学生交通项目的巨大挑战，高达60%的地方政府仍将这个问题列为学生交通项目运作的首要挑战。其他的潜在困难包括有：地方政府专业人员数量不足；校车提供方数量不足；家长的负面情绪；与日俱增的学生需求；在校学生数量增加；学校校园越来越远离居住区。这其中，在校学生数量增加和校园距离变远不是地方政府主要在担心的问题，因为这两个问题仅仅在伦敦和其他大城市区比较凸显，在其他地区几乎完全不存在这样的担忧。另外，对于地方政府的教育部门和交通部门来说，他们担忧的问题会有所不同。显然对于教育部门来说经费问题始终是首要问题，因为学生交通的经费由教育部门承担；而对于交通部门来说，校车提供者不足的问题才是他们的主要忧虑。

有一些地方政府表明未来将会继续削减随车护送服务从而节省一些费用。某大城市区的政府这样说："我们在聘用随车护送人员上遇到了很多困难，因此我们决定不再为校车配备随车护送人员。"随着最低工资标准上涨，护送人员的工资也需要增长，因此很多地方政府希望通过取消这个职位来节省费用。另外，之前各地方政府已经有一系列举措削减给教派学校学生和16岁以上学生的交通服务，而未来，很多地方政府计划把紧缩政策的目标瞄准为有特殊需求的学生。尽管从目前来看，学生交通服务缩减对有特殊需求的学生没有太大影响，这其中很大的一个原因是因为这个群体的总数量并不庞大：在英格兰地区仅有 11.5 万符合免费交通条件的有特殊需求的学生。但是，政府在为这个群体提供交通服务上的开支却是巨大的，因此有部分地方政府开始考虑缩减给他们的帮助。EHC 计划（Education, Health and Care Plan）是一个帮助16—25 岁青少年评估其是否需要特殊帮助的项目，评估为需要帮助的青少年均属于有特殊需求这一群体，并且在群体中是属于情况比较严重的一类人。目前有约一半的被 EHC 确定为的需要帮助的学生正在享受政府提供的上门校车服务，而未来如果削减对这些学生的帮助，对他们家庭的影响将是巨大的。

另外值得注意的是，过去几年的政策紧缩对学生的影响其实还未完全显现，很多地方政府的政策改变针对的是将来入学的孩子。因此可以预测的是，政府对校车服务削减而产生的影响会在 5—7 年内达到最大。现在有一些新的针对特殊群体削减校车服务的政策和一些提高票价的政策已经被批准但尚未实施，却将在很快对新的学生产生影响。可以预见，一些仍在享受本地政府自由量裁权带来的福利的学生很快将有可能失去所有的福利。

英国学院协会（Association of Colleges）的调查发现每 5 个在学院（college）就读的学生里就有一人在考虑辍学，而主要原因就是政府已不再为他们提供免费的上下学交通。学生辍学通常会带来额外的人力成本和财务成本，英国地方政府协会（Local Government Association）预计学院学生辍学每年会造成 8 亿英镑的额外成本。换句话说，学生交通危机从侧面也在给政府带来不必要的开支。

5. 英国还需要什么

为应对日益增长的成本而造成的学生交通危机，英国各地政府普遍采取的做法就是减少校车受益人群的数量。尽管地方政府也采取其他一些措施，如提倡可持续出行等做法来应对危机，但效果如何却难以估量，至少从目前我们没有看到这些措施对学生交通危机有显著的缓解作用。本书参考了 STC 咨询公司 2016 年出版的《学生交通事务调查》（School Transport Matters），整理了一些学生交通政策的建议。

（1）需要一个全国性的学生交通票价优惠方案

英国公共交通费用高昂，许多组织，如青年委员会（Youth Council）、英国学院协会（Association of Colleges）、城市交通组织（pteg）等都认为如此高昂的票价对于学生来说是一种沉重的负担。在英国全国范围内，老年人乘坐公共交通都是免费的。形成鲜明对比的是对于几乎没有收入来源的年轻学生们，仅有部分在城市地区的学生享有优惠票价或者免费乘坐的待遇。因此，对于整个学生群体来说，他们所遭受的待遇是不大公平的。目前，城市学生多数已经受益于优惠的公共交通票价，因此今后政策调整应该更多的关心农村地区学生的乘车问题，全国的学生都理应平等地享有这一福利。

（2）需要一体化的学生交通政策

在英国，尤其是英格兰地区，缺少一个一体化的学生交通政策，因此学生在上下学交通方面所遭受的待遇就完完全全由他们所处的地点决定（地方政府如何运用自由量裁权），并且这会进一步地影响他们如何选择和接受教育。在过去的5年中，很多地方尤其是农村地区的学生得到的交通服务非常有限，因此他们要花费大量金钱购买公共交通车票，或者依赖私家车通勤。学生交通问题不仅事关教育，更是进一步牵扯到环境、医疗健康、道路拥堵以及其他的社会问题，所以更应受到政府政策的顶层设计。英国政府及其地方政府的各部门，包括教育部门、交通部门、环境部门、农村事务部门应联合起来把学生交通政策一体化，为尽可能多的学生提供使用校车或其他公共交通的机会，使他们更好地去接受教育。从地方的层面来说，虽说需要倡导国家政策一体化，但是有些具体的内容还是需要因地制宜。地方政府需要做的是对本地的公共交通、学生交通状况进行一个有效、准确的评估，听取学生和其他与学生交通相关人员的意见与建议，从而制定出更加有效的政策。

（3）需要重新考虑义务教育的年龄范围

英国公立学校学生完成义务教育，即中学毕业的年龄通常为16岁，但是法律规定学生必须继续接受教育直到18岁，因为他们会选择进入大学预科、学院、技校继续学习，或边兼职、当志愿者，边学习到18岁为止。这项规定本身就有不合理性，因为国家要求16—18岁的学生必须接收教育，但是这些学生的权益却不能像义务教育阶段的学生一样得到充分保障，他们的免费交通就不在政策法律的保护范围。当地方政府可用于教育上的资金有限时，他们常常会把16—18岁学生的交通补助砍掉。因此，英国应该重新考虑义务教育的年龄范围，如把16—18岁的继续教育列入义务教育范围，使这些学生的交通权益得到保障。

（4）需要将专项基金更有效地进行运作

整体运输专项基金（Total Transport Pilot Fund）是英国政府发起的，由多个组织赞助的用于公众交通事业建设的专项基金。资金来源于不同行业，政府在基金运作中起到作用就是作为一个协调者和代理人、整合资源，因此需要政府工作人员有很好的专业技能、管理利益相关者的能力、收集信息的能力、协调各方的能力。由于各地政府均在精减人员，因此有些地方政府失去了，或一直缺少具备这些能力的工作人员。因此，用一些资金为政府教育和交通部门工作人员提供必要的技能培训就显得很重要。这一小块资金的投入换来的是政府在运作专项基金时更好的专业性和有效性，是一种资源的优化利用。

（四）对中国的启示

1. 立法明确责任

中国需要通过立法的形式，明确在校车运营流程中所有关联方的责任。中国目前校车的管理运营主要由教育部门和学校负责，但对于双方的责任划分不明确，使得问题出现时往往出现难以问责。而英国则与中国形成鲜明对比，各方责任非常明确。中国各级政府应该承担主导责任，而教育部门、交通部门、公安部门、学校、校车提供方、学生家长以及学生自己则需要形成共同管理机制。

2. 减少校车运营资金缺口

中国很多地方政府和英国一样也面临经费不足的问题。尤其是中西部地区因为财政紧张，教育财政支出的大部分用于支付教师工资，而很难满足校车的购置和运营。因此在中国的很多地方存在着校车数量不足、规格不统一、安全系数差等大量的事故隐患。专业的校车制造成本高昂，因此销售价格也高。面对资金困难，应当由政府通过多渠道筹措校车经费：除了中央政府和地方政府的财政拨款外，通过税收优惠、交叉补贴、鼓励社会捐赠、成立专业运作的基金等方式支持校车行业。此外，在学生提倡可持续的出行方式也不失为一种有效的节流方式。中国也可以考虑像英国一样提升学生的行走安全，在危险路段或地区派遣专门人员看护，使一部分学生可以安全地通过步行上下学。

3. 人员专业化

中国《校车安全管理条例》（以下简称《条例》）于2012年4月施行，条例中有若干条对于校车司机的要求，但是这些要求与对普通客车司机的要求差异不大。与英国相比，中国对于校车司机的门槛与要求显得不够高。校车司机需要更专业的培训，具备一些特殊的技能，如与孩子沟通的技巧、应对危险情况的能力等。另外，中国对校车司机的监管机制也不完善。类似的问题也存在于校车随管员上，目前国内这个岗位大部分由未经专业培训的学校老师兼任，他们的专业技能和安全意识往往不足。建议中国各级政府出台配套规定，鼓励更多社会资源参与培训校车司机和随管员。

4. 提升校车质量

《条例》要求校车需要取得专门的许可和校车车牌，车辆要符合安全国家标准，并有健全的安全管理制度。但是《条例》本身还有待完善，缺少必要的监管和处罚标准，使得中国校车质量参差不齐，很多企业的制造的所谓专用校车其实是以前的商用客车改造而来。2013年，湖南省质监局就通报了湖南御风汽车销售有限公司销往湖南浏阳的8台19座东风校车都不符合国家强制性标准要求。2015年，陕西省渭南市华县全县幼儿园购买的几十辆五菱牌校车使用不到一年后，所有的车辆均出现了不同程度的问题，后经调查经销商承认这批产品存在工艺上的问题，但为抢占市场仓促上马。中国需要继续完善校车安全制造标准，更重要的是建立严格的质量监督机制，以及对行为失范从业者的惩罚机制。

5. 发展公共交通事业

中国应该借鉴英国经验，把公共交通作为学生免费交通的重要组成部分，投入更多的资金发展公共交通事业（包括农村客运班线），以提升公共交通条件与安全性，使更多学生可以依靠公共交通上下学。公共交通事业发展受益的将不只是学生群体，更多的社会效应、经济效应、环境效应也会随之体现。

6. 聚焦最需要校车的群体

各地政府通过与学校配合，对学生的通勤状况有更好的掌握。了解哪些学生最需要交通帮助，如家到学校距离非常远的学生、家住交通不便地区的学生、家庭贫困的学生、年幼但家长没时间接送的学生、有身体残疾的学生等。给这些学生优先享受校车服务的权利，把有限的校车资源尽量用到最需要的人群上。

7. 提高校车利用率

中国的专业校车通常只用于接送学生，只在上下学时开动，平时空置，而节假日和寒暑假不发校车。因此，校车如果按市场化标准收费，根本无法盈利。如果按运营成本收费，则费用太高。

可以借鉴英国经验，更充分地利用校车资源，如在校车闲时将其租赁出去以收回一部分成本。另外，学校之间可以共享资源，如中小学和幼儿园上下学时间通常不同，同一批校车资源可以为不同学校提供不同时段的服务。另外，政府或学校可与旅行社或其他拥有大巴的公司签订合同，在特定时段承担校车任务。

三　日本的校车制度及其借鉴

自从第二次世界大战以来，日本一直重视社会和教育的公平性，义务教育阶段的学校在城乡之间差距非常小，学校之间的教育资源也趋于均等。由于日本人口主要集中在大中城市，义务教育实行的就是就近入学政策。通常情况下，由于采用了就近入学原则，中小学生很少需要乘坐交通工具上学。但是，日本在城市化过程中，人口流入城市的同时，偏远地区学龄儿童在不断减少，进而引起了并校的现象，同时，受到日本自然条件的制约，山村和岛屿等偏远地区的学生在上学过程中必然会需要借助交通工具。而且现在日本的中小学几乎没有寄宿制，学生每天往返于学校和家里就自然产生校车的需求。根据日本文部科学省调查，日本全国62.7%的自治体（市区町村，相当于中国的市县、乡镇）使用校车，一些自然条件比较特殊的地方，如北海道、岩手县、新潟县、山形县、青森县、富山县、岛根县，90%以上的自治体使用校车。由于各地情况不同，校车的运营管理模式也很多元。

中国处于城市化和发展中阶段，在中等发展阶段中，由于快速的城市化进程和收入差距的影响，使得中国目前的教学资源和校车需求类似于日本20世纪90年代初的情景。中国偏远山区和农村地区或远郊地区的适龄学生对校车具有非常大的需求。而中国不同于日本的情况，日本虽然也经历过快速的城市化，但是中国地域远远大于日本。这就导致城市化所需的时间和地区差距缩小的时间要远长于日本。这也就决定了在很长一段时间内，中国的中小学生还很难实现较高的就近入学率。因此，校车在教育资源均等化和减少贫富地区教学资源差距上将发挥重要作用。日本经验对于解决中国门前存在的校车问题具有非常重要的借鉴意义。本节将主要介绍日本的校车运营现状、运营模式、经费分担、校车管理等方面，进而希望对中国校车制度的建立和实施有所帮助。

（一）日本校车制度的法律依据和校车现状

1. 日本校车制度的法律依据

第二次世界大战结束后，日本制定了《教育基本法》等一系列保障教育公平的法律体系。1954年日本政府颁布了《偏僻地区教育振兴法》，规定"根据教育机会均等原则和偏僻地区教育特殊性，应明确国家和地方公共团体在振兴偏僻地区教育中所必须采取的各项措施，以期提高偏僻地区教育水平"。同时，该法第三条非常明确地列举了具体的五项措施：①配备教材、教具，为教师的进修以及教育内容的充实采取具体措施。②提供教师宿舍提高教师福利。③提供音乐教育、体育教育和社会教育的必要设施。④为偏僻地区教师学生的健康采取必要的措施。⑤为了方便偏远地区儿童上学采取必要的措施。第六条提到，上述这些项目的费用，除了教材、教具、教师宿舍根据其他法律由国家负担补助之外，其余各项国家补助其费用的1/2。其中，第三条第五项和第六条规定的补助经费是指为儿童上学提供方便购买车辆所需费用。此外，校车的经费除了购置费以外，还有日常的运营管理费用。上述的法律针对车辆的购置，而运营管理费用是通过《地方交付税法》（1954年）获得政府的资助和返还①。

———————

① 牛志奎、高晓宇：《日本义务教育校车制度及其运营管理方式》，《比较教育研究》2013年第2期。

2. 日本校车运营现状

虽然日本的校车制度在 20 世纪 50 年代就已经出现，但是到目前为止还没有在全国范围内普及，主要的原因是日本义务教育阶段的中小学生采取就近入学的原则。日本的校车多服务于幼儿园或学前阶段的小朋友，每个幼儿园都有卡通造型的校车。但是在义务教育阶段，日本公立学校都实行就近入学的政策。到了中小学阶段，除了一些私立学校之外，公立学校都不再开通校车。由于日本的城镇化程度高并且人口密集，学生们上学主要依靠的是公共交通工具，校车的使用并不普遍。乘坐校车的群体大多是距离公交车站较远的私立学校、地广人稀或山路不便的乡村地区的公立学校，以及接受残障学生的特殊学校等。

日本文部科学省 2008 年的调查发现，日本校车主要分为两大类：专用校车和借用公交校车。义务教育阶段的中小学生利用校车上下学的人数为 18 万人，只占中小学生总数的 1.7%。尽管比例很小，但是为了保证学生上下学的安全，日本有 62% 以上的地方政府（负有法定的义务教育实施责任）仍然开通了校车①。中小学生上学的方式主要分为以下两种。

首先，在东京、大阪、神户等大城市，家庭住地与小学的学校之间距离很近，小学生一般都可以步行上学。中学生也通常选择就近入学，因此中学生一般也可以步行或骑单车上学。因此，对于大都市的中小学生来说，基本没有对校车的需求。其根本原因在于日本发达的教育体系和合理的学校分布，以及学校之间教学质量差距很小。因此，对于日本大都市中的中小学生而言，可以就近选择入学地点。

其次，对于日本农村或山区等偏远地区的中小学生而言，校车就是其上学的主要交通工具。接送中小学生上学的校车，大多分布在人口稀少和交通不便的乡村。此外，在北海道等冬天气候寒冷的骑车上学困难的地区，公立学校每到冬季也会向中小学生提供校车。目前，日本大约有 18 万名学生乘坐校车。

在东京，经常可以看到色彩艳丽印有卡通人物图案的中巴车行驶在路上。这些幼儿园的校车通常以这类装饰来吸引小朋友，并且能够引起

① 李春生：《日本的校车管理及其启示》，《世界教育信息》2012 年第 4 期。

过往行人和车辆的注意，自动给这些可爱的校车让路。但是，在日本一般只有私立幼儿园才有校车，家长为了节省接送孩子上学的时间，大多倾向于让自己的孩子乘坐校车。因此日本幼儿园的校车座位经常处于供不应求的状态。但校方严格遵守法律规定的核载人数，绝对不会让校车多坐一个孩子。所以在日本，进幼儿园需要排队，入园后坐校车仍然需要排队。虽然日本的校车多服务于学前阶段的小朋友，但是日本严格的校车管理制度和体系对中国校车的运行也具有重要的启示。

日本校车运营和管理的特点有以下几点。第一，根据城乡差别因地制宜。由于人口分布状况和对校车需求的城乡之间存在差异、地区之间也不尽相同。因此日本根据这些差异化的校车需求制定了不同的校车制度。第二，偏远的城乡校车需求有增加的趋势。随着日本"少子化"（15 岁以下少年人口不断减少的现象）的出现，日本社会对中小学生的安全问题更加重视，社会普遍认为接送中小学生的校车更加安全，特别是对于偏远地区的学生而言，对校车的需求在逐渐增加。第三，校车在行驶中享有优先权。日本校车的安全性主要体现在校车在道路行驶过程中的优先权。正是有了交通法规的保障使得校车安全性提高。例如，校车在路上行驶时，可以使用公交专用车道和公交优先车道。第四，乘坐校车的费用很低。乘坐校车的费用在日本各地也不尽相同。一般公立学校的校车由政府出资，学生免费乘坐；私立学校的校车费用有的免费有的收费。

（二）日本校车的运营模式

目前，日本大多以地方政府为主体制定了相关法规，规范本地区校车的运营管理。例如，日本神奈川县日光市 2006 年颁布了《日光市校车运行条例》、日光市教育委员会颁布了《日光市校车运行规则》、岛根县出云市教育委员会 2005 年颁布了《关于出云市公立学校等校车运行的规则》等①。

日本的校车运行方式大致可分为学校运营型、地方政府运营型、专用巴士委托型、专用巴士包车型和时段包车型 5 种。第一种，学校运营

---

① 李春生：《日本的校车管理及其启示》，《世界教育信息》2012 年第 4 期。

型。由学校自己购买车辆并聘用司机，其中公立学校购车时除了会获得教育经费补贴外，还会得到地方财政以及彩票收入的支持，而私立学校购车时也可以得到部分国家补贴，日常运行费用则主要来源于学生的乘车费或学校自己的预算。日本幼儿园的校车大多采用学校运营的方式。第二种，地方政府运营型。地方政府运营型是指在一些人口稀少的地区，地方政府购买车辆并聘用司机或者直接让工作人员担任司机的方式。地方政府在购买校车时，教育部将承担大部分费用。由于偏远地区的学生上学确实存在不便，因此这种校车的运行费用也主要靠中央或地方政府的财政补贴而不需要利用者承担。第三种，专用巴士委托型。专用巴士委托型是指由学校或地方政府购买校车，然后委托给专业的民间业者负责运行的方式。由于此举可以省去学校或地方政府的运行成本，目前在日本国内日渐普及。第四种，专用巴士包车型。专用巴士包车型是指学校直接向大巴公司包一辆校车并在车体上印上该校的名称，校车的购买和运行全部由大巴公司负责，校方只需提出运行路线即可。不过，如果大巴公司运行这一校车出现亏损，校方或地方政府必须予以补偿。第五种，时段包车型。时段包车型是指学校在每天上下学的时间段向大巴公司包一辆普通巴士作为校车使用，这种没有印上学校名称的巴士已经算不上严格意义上的校车。

李春生根据日本文部科学省 2008 年度对日本校车运行管理情况的相关调查，发现日本的校车运行管理主要有四种模式：政府直接运营、政府委托运营、政府资助运营、独立核算运营。他总结道："政府直接运营是指地方政府自己购车、自己运营，相关费用由政府预算全额承担，学生免费乘坐。在学生上下学以外的时间段，该车则作为政府的其他用车。政府委托运营是指地方政府将所属车辆委托给其他机构运营，运营费用由政府全额负担，学生免费乘坐。政府资助运营是指政府委托民间机构或团体用社会车辆接送学生上下学，政府对部分运营费用进行补贴，学生将负担少量的费用。独立核算运营是指由学生家长和社区团体为主导，利用社会交通资源，自主运营校车，所需费用由使用者和社区团体负担。政府虽然对这类校车的运营没有直接补助，但乘车的学生如果符合政府制定的可享受交通补贴的条件，政府将给该学生发放交通补助。除独立核算运营的校车由主导团体成立校车运营协议会负责监管校车的安全使用外，其他三种校车的运营监管部门均以地方教育委员会为主。"①

（三）日本校车的安全保障

1. 校车司机选拔严格

日本校车比较安全，很少出现交通事故。在日本虽然老龄化严重，很多出租车驾驶员都是年龄很大的老人。但是，日本校车司机很少有老年人或没有经验的年轻人，大都选择经验丰富的中年人，从而提高了校车运行过程中的安全性。校车的司机都要持有专门的驾照并经过严格选拔。校车上除司机之外，多数情况下还有一位全程陪同的指导老师，指导老师有时是学校里的教师，有时是学生家长。每次上车时教师必须先核对乘车的人数，送孩子们上车后自己最后上车，下车时指导老师要先下车，把孩子挨个扶下车，再清点一遍人数，最后把孩子交给家长。

2. 注重对中小学生的安全意识培养

日本各地教育行政部门和中小学校十分重视并采取各种措施加强对儿童学生的安全教育。任命或委派安全指导员、巡视员，开办安全知识讲座，学校在全校集会或"综合学习时间"等课程当中讲授和宣传自我防护、交通安全等方面的知识。有的市町村教育委员会还委派安全指导员跟随校车接送上下学的孩子，以使校车的安全措施到位，万无一失②。

（四）日本校车的购买和运行费用

日本现有校车有些属于学校或地方政府出资购买，也有向运输企业租用的。前一种校车由学校或政府所有和管理，司机也由学校或政府雇佣；后一种属于运输公司所有。在运行费用方面，日本各个地方的解决方法并不相同。一般公立学校的校车由政府出资，学生免费乘坐。私立学校的校车有些是免费的，有些需要收取车费。例如，在日光市，校车为运送小学生和初中生上学所需的费用，不得向学生收取；但是在学校

---

① 李春生：《日本的校车管理及其启示》，《世界教育信息》2012 年第 4 期。
② 《盘点世界各国校车管理高招》，《道路交通管理》2008 年第 10 期。

教育活动以外，教育委员会可以根据实际情况另行规定收取的费用。

　　日本校车大多以地方政府为主进行运营，所需经费在地方政府财政预算中支出，对校车的管理规定参照地方政府的公用车。校车运营的大部分费用由日本地方政府负担，但是 1954 年，日本政府制定了《偏僻地区教育振兴法》，对于购置校车补助的标准是，按照学生从家里步行到最近学校的距离，小学生的步行距离在 4 千米以上、初中生的步行距离在 6 千米以上。根据日本政府 1954 年制定的《偏僻地区教育振兴法》和该法的实施细则，对于满足下列条件之一的地区，中央政府对符合该法补助标准的地方政府予以 50% 的补贴，用于补贴购置校车的支出。具体条件是：偏远地区；由于人口稀少生源稀少导致撤点并校的地区；因人口稀少导致公交停运的地区；因市町村合并导致的撤点并校地区。此外，对于因行政区域调整导致并校后需购置校车的地方政府，中央政府也在规定的标准范围内负担 50% 的购车费用。但是对于校车的日常运营和维护修改费，中央政府是通过财政转移支付的方式按照一定比例给予补贴。例如，依据《地方交付税法》，地方政府可以获得校车运营管理经费的返还。

（五）日本及其他亚洲国家校车管理体系对中国的启示

　　日本和其他亚洲国家的经验表明，多个因素在决定校车安全运行过程中发挥了重要作用。第一，围绕校车问题的相关立法和制度规范；第二，明确规定中央和地方政府的责任和资金配套安排；第三，制定校车生产的安全标准和维护标准；第四，校车驾驶员的资格认证和培训；第五，建立一个完善的校车监督体系。

　　1. 完善校车立法保障校车安全

　　在日本，校车在路上行驶都具有绝对的"优先权"，只要校车停在路边接送学生，旁边车道上的车辆就需要停止行驶，并且与校车保持一定的距离。如果校车没有启动行驶，其他车辆就不能开始启动。这样就避免了学生上下车时跑动导致的突发事件。日本对校车的优先权来源于日本的法律。在日本儿童的安全是至高无上的，无论从学生的便当还是校车上都体现了日本对孩子的特殊关注。日本人认为孩子是未来的希望，因此他们在孩子的投入上从来是不吝惜的。同样，在校车生产上，校车则必须由专业厂商制造，由特别挑选的专业司机驾驶。然而，中国却缺乏相关的法律硬环境和人文关怀的软环境，因此，中国校车问题说到底还是一个对中国青少年成长关注的问题，这种关注不是来自父母，而是来自国家。中国应该立即制定严格规范的校车相关法律制度，使中国的校车能够享受到与日本校车一样的"待遇"，进而保护孩子的安全。中国校车安全问题首先应该从立法角度开始。

2. 从校车硬件上保障校车安全

校车主要服务于中小学生和儿童，由于学生的身材与成年人有很大区别，自我保护等安全意识弱，乘坐按照成年人标准设计的普通客车会带来安全隐患，如座椅高低和安全带的位置等。如果遇到临时紧急突发事件，由于车辆硬件保护不利造成额外伤害。因此，为了中国的校车安全，中国政府还应该及早出台校车硬件标准，有必要指定专门厂商生产标准的统一校车。同时，在校车的载客量等其他安全标准上也应该配套相关的标准。

3. 购买校车的融资问题

日本一般公立学校的校车由政府出资，学生免费乘坐；私立学校的校车有些是免费的有些是收费的。借鉴日本的经验并结合中国目前的情况，由地方政府提供校车经费可能是有困难的，特别是对于一些偏远地区和经济欠发达地区的地方政府，购买校车可能并不符合实际情况。因此，对于中国的特殊国情，应该分地区实行差别化的政策。例如，对于城市的中小学生来说，可以通过学校租车的模式，即学校通过向专门的校车生产和运营商租赁校车，同时由专门的运营商配备专门的司机，家庭可以负担每月的运营费用。但是，对于上学较远的偏远地区的学生来说，政府可以选择补贴或者直接购买校车、聘请专门的校车司机，承担运营费用。对于一些财政困难的地方政府，中央财政应该给予拨款。

4. 加强对青少年的人文关注

确保校车安全，经济条件固然重要，标准提高固然迫切，制度规定固然必要，但最关键的还是政府部门及社会公众要有责任意识，把孩子的生命当作我们最宝贵的财富，把校车安全当作如招商引资、项目建设这种大事一样重视。因校车事故，多少个鲜活的生命离我们而去。当全国人大代表周洪宇教授提交了《关于实施全国校车安全工程的议案》，有关部门却回复说财政投入不足，开展校车工作困难。如果中国政府及社会对中国的校车安全能有一定的认识高度，能够更珍视儿童的生命安全，类似的惨案可能就会减少很多。校车安全是校园安全的重要组成部分，直接关系到学生的生命安全，关系到亿万家庭的安宁幸福和社会稳定。

5. 校车的问题可以采取多方合作模式

撤点并校是日本导入校车制度的一个重要原因，特别是在市町村合并的过程中，各地区原有的交通体系被全部重新规划，在减少地方公共团体的综合成本的同时，也为居民提供了更加便利的政府服务，可谓是一举两得。但值得注意的是，校车制度的导入，并不是由文部省单方做出的决定，而是与交通道路等部门协作完成的。在校车制度正式实施后，各部门仍保持紧密的协作关系，共同探讨安全管理运营方式等问题，从而大幅度降低了运营成本，完善了校车制度。因此，在今后的发展中，仍要把校车问题放在综合交通体系中考虑，只有各部门协同一致，才能确保校车制度进一步完善和发展[1]。

6. "地区支持"在校车中起到重要作用

日本校车运营方式多样灵活，各地政府可根据实际情况进行搭配，既节约了社会资源，又减少了财政支出，该方式对中国尤其具有借鉴意义。中国各地经济、教育水平发展差异较大，各地方政府应因地制宜，发展适合各自的校车运营方式，以满足政府、学校及学生的多种需求，并可在日本成功经验的基础上，进一步探寻更符合中国国情的运营方式，使校车制度真正融入中国的教育安全体系之中[2]。

（六）总结

日本校车制度的基本理念是：保障义务教育就学条件和儿童的人身安全、提高边远偏僻地区学校教育质量、实现儿童受教育机会均等。围绕这一基本理念，日本校车制度虽然到目前为止并没有在日本全覆盖，

---

① 牛志奎、高晓宇：《日本义务教育校车制度及其运营管理方式》，《比较教育研究》2013 年第 2 期。
② 同上。

但是由于教育机会和学校分布使得日本中小学生可以方便地就近入学，因此校车的使用并非普遍，但即使在偏远地区或少量学生乘坐校车的情况下，日本校车的管理和运营体系也值得我们借鉴。

日本的《偏僻地区教育振兴法》等法律明确规定了何种条件下必须提供校车或其他交通工具，规定了中央政府和地方政府经费的分担比例。依据《地方交付税法》，地方政府可以获得校车运营管理经费的返还。专用校车运营的方式多样，主要有地方政府直接运营管理的"直营型"、委托民间企业管理的"委托型"、家长委员会等组织接受政府资助的"运营支援型"和不接受政府资助的"独立核算型"①。

总体而言，日本校车制度是建立在保障教育公平和学生安全的前提下形成的一整套法律制度，其经费主要根据义务教育以及财税法律给予保障和支持。国家在给予充分的经费保障的同时，对各地校车的经营管理又给予了很大的自由空间，保障了因地制宜，避免了一刀切的政策，这一点对于今后中国《校车安全管理条例》的修改和完善有很大启示和帮助②。

---

① 牛志奎、高晓宇：《日本义务教育校车制度及其运营管理方式》，《比较教育研究》2013 年第 2 期。

② 同上。

第七章

中国校车运营管理体系

　　本章立足于中国国情，根据中国校车各地区的需求特征，充分考虑地区差异，在借鉴和吸收国际校车发展和管理运行经验的基础上，建立一套符合中国实际情况的校车运营管理体系。

一　中国校车运营管理体系和管理原则

　　校车运营与管理模式的主要特征是：政府依法治理并实施严格的监管；客运公司依法运营；学校、父母、学生以及相关社会群体与组织分别依法参与和协作。

（一）校车运营管理体系的构成

　　校车运用管理体系根据供需关系可以分为两个部分，即提供校车服务的供给方和需要校车服务的需求方。校车运营管理主体和关系见图7-1所示。

　　从供给方的角度来看，校车供给方是由政府和自主运营机构构成。由于中国地区经济发展存在很大的差异，地方财政能力使得各地区在校车服务上采用了差异性的做法。对于有经济实力的地区，采用的是由政府采购校车，交予独立的校车运营机构进行校车运营；或是由政府和运输公司共同出资购买校车。对于贫困地区而言，其没有经济能力购买专门的校车，而是利用当地的交通运输工具承担起当地的校车运营体系。该供给方也可以根据车辆的情况划分为车辆购置、车辆运营、车辆维修和保养、车辆报废等几个阶段。

对于校车运营方来说，可以根据市场化程度，分为完全市场化的管理模式、市场化和公益性相结合的模式以及完全公益性的模式。因此，在不同的市场化参与的条件下，建立起了差异化的校车运营管理体系。

　　从需求方的角度看，校车需求方是由学校、学生以及家长组成。学校通过和校车运营公司签订合同，定制校车服务。而家长通过支付校车的费用，享受校车服务。对于使用校车服务的对象来说，其处在中国校车管理运营体系的主体地位，并承担着校车运营体系的评价义务。在校车管理方面，其承担的责任除了使用权之外，也有自我监督和评价的责任。

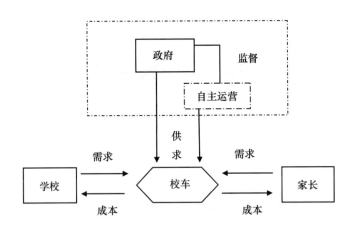

图 7 - 1　中国校车运用管理主体构成

（二）校车运营管理体系的管理五大原则

　　第一，公益性原则：公益性指的是"普遍受惠、普及实惠"。校车的运营和管理要坚持公益普惠和科学保教的目标，为群众提供有质量和收费合理的各类校车服务体系。这些校车既有政府举办、政府和企业合并办理，也有完全私营的校车服务运营主体。

　　公益性校车服务要均衡配置车辆资源，采取政府经费补贴、社会支持、独立设计校车运营路线、派驻教师、减免燃油费用等方式，对社会团体、企事业单位、城镇街道、农村集体和公民个人等各类社会力量运营的校车给予资金、人员和政策支持，引导其办成的面向大众、收费较低、质量较高的校车服务体系。

第二，公平性原则：校车服务是为所有在校的幼儿阶段、义务教育阶段的学生提供安全可靠的上下学服务的。对任何需要此项服务的孩子来说，都有权利享受此项服务，而不受家庭收入水平、家庭所在地等的限制。可以对有能力支付校车费用的家庭收取一定的乘车费，而为低收入家庭的学生提供免费校车服务，以保证教育的公平性。

第三，安全性原则：保障中小学、幼儿园学生上下学的安全。校车服务要做到安全行驶、有序出行、定时定点，确保孩子的安全。校车标识、校车装置保证校车的交通安全。显著减少甚至杜绝校车事故的发生。

校车司机是影响安全的最重要因素之一。对校车驾驶员安全要求细致而严格。校车司机必须接受犯罪记录调查，防止有任何犯罪记录的司机与学生接触，而且每年都要进行驾驶员资质审查和相关培训。校车可以在学校组织学生各种外出活动时使用，为了减少疲劳驾驶引发的交通事故，要制定强制休息等工作标准。同时要对司机进行体检和检查其药物使用情况。

第四，合理性原则：校车安全教育对象具体包括校车驾驶员、学生、政府、学区、学校等直接负责校车安全管理的人员以及相关教师、学生家长和公众。其中，校车驾驶员、学生、校车安全管理人员是校车安全教育的重点对象，其他属于一般对象。对于学生，也根据不同年龄段的心理特点和学习能力进行明确区分。这种细分避免了校车安全教育的泛化，因为对不同的对象需要采取不同的策略和措施，这样大大提高了校车安全教育的可操作性，进而增强了实效性。

第五，可持续性原则：校车服务的出现是同一个国家经济和社会发展密不可分的。随着中国城镇化速度的加快，中小学的集中，家长对校车服务的需要也在不断增加。在让广大群众受惠的同时，校车的发展一定要秉承可持续性的原则。

目前，中国的校车服务还处于初步建立的阶段。虽然现在存在一些制度上、财政上的困难，但是从校车的需求来看，无论是在城市还是在农村，这项服务的提供都是不可缺的。要充分利用当地的交运系统，建立起适合当地财力和人口分布的校车网络，方便现在以及后代人的教育可获性。同时，也要适应中国发展环保型和节约型的社会目标，做到让校车服务得到充分利用的同时，也要减少汽车尾气对空气的污染，让校车服务同社会经济的可持续发展相协调。

二 校车管理运营体系相关主体的定位和职能

中国校车运营管理主要由中央政府、地方政府以及地方学校协同治理，各级政府有明晰的责任和义务，在校车管理体系中发挥着不同的作用。此外，为保障儿童乘坐校车的公共利益以及乘车安全，需要监督各级政府的管理职能，同时非政府组织在校车管理中亦发挥了举足轻重的作用。

（一）中央政府在校车管理中的权责

虽然中央政府对校车管理权力和职责仍然十分有限，主要负责校车及校车类型的界定以及颁布校车安全技术标准，但是在全国校车安全管理体系中起着宏观调控的作用。2001 年《国务院关于基础教育改革与发展的决定》第 13 条规定：因地制宜调整农村义务教育学校布局，农村小学和教学点适当合并。2006 年，教育部出台的《关于实事求是地做好农村中小学布局调整工作的通知》总结了"撤点并校"政策施行以来的成绩和出现的问题，进一步提出了规范、调整农村中小学布局的要求。导致村村办学格局被打破，引起的直接结果是农村中小学数量大量减少，给上学路途远的学生带来了交通成本、寄宿成本以及人身安全风险。这些成本和风险理应由政府承担。国务院出台的《关于完善农村义务教育管理体制的通知》明确了义务教育体制实行"地方政府负责，分级管理，以县为主"的新模式，即县级政府负有确保农村义务教育经费的责任，通过调整本级财政支出结构，增加教育经费预算。可见义务教育成本直接是由县级政府支付。

经过教育部门的测算，全国 1.5 亿义务教育的中小学生配备校车，需要 150 万辆校车，加上维护费用，需要财政 4600 亿元的投入。但是由于县级政府财政实力有限，对义务教育资金投入乏力，省级和中央在该体制下扮演的角色过于举重若轻。2000 年以来，"撤点并校"以及农村教育经费的不足，很难提供便利安全的公共交通工具，"黑校车"成为农村孩子的无奈选择。为保障儿童的生命安全以及校车行业规模的扩展，2010 年 7 月全国第一部《专用小学生校车安全技术条件》（GB24407 – 2009）国家标准颁布实施。随后，国务院于 2012 年 4 月 5 日颁布了《校车安全管理条例》（国务院令第 617 号）。同时逐渐制定和完善了对校车行业标准，2012 年 4 月国家质检总局、国家标准化委员会分布了《专用校车安全技术条件》（GB24407 – 2012）。中国政府自 2010 年开始干预校车服务，到现在为止还处于探索阶段。但是中央政府通过立法来确立校车的安全技术标准，以及地方政府与地方学区的校车管理职责，对全国校车管理均具有指导作用。

（二）地方政府在校车管理中的权责

自中央政府开始为校车立法并设计校车规范，地方政府陆续出台了针对校车的补贴政策，主要涉及购车补贴、运营补贴和税费减免等，各地探索了不同的运营模式。目前中国中央政府规定，校车的管理权限保留给各地方政府。校车服务不仅是公共服务，更是学校教育供给系统的重要组成部分，但是校车管理权限并不是都归教育局进行管辖。因此，目前中国地方政府在校车管理权限上存在权责不清的问题。

由于校车的安全涉及多个部门，地方教育局一般协同其他相关部门共同管理校车服务，如地方交通安全机构、机动车部门、学校管理部门等。各地方校车管理机构不同，校车管理职责亦有所不同，但一般包括以下几个方面：第一，制定完善、清晰的校车运营政策，如制定校车以及校车设备的标准，以保障校车安全、高效运行。各地分政府一般通过制定制度和规定，以文件的方式使地方学校、学校管理者以及私人承包商了解地方的校车法规、政策。对于校车司机，各地分政府制定了校车驾驶员行为手册，并为校车司机及学生照管者提供校车安全建议。第二，校车财政管理系统。各地分校车管理机构建有校车成本预算系统，以便为校车的安全运营提供充足的资金。第三，安全培训系统。培训项目包括校车司机的职前和在职培训、校车运输人员的研讨会、儿童乘坐校车的安全教育课程等。第四，校车维修管理。各地方校车管理机构一般以手册的形式向校车维修人员提供校车保养以及维修的技术和管理建议。第五，地方校车信息管理系统。该系统主要负责收集校车运营数据，包括校车成本消耗、校车事故报告以及从事校车工作的人力资源情况等。各地方校车管理机构在全国校车运营管理中发挥着领导作用。第六，地方校车路线设计和行政管理。组织路线设计专家，主要是设计安全、高效、低成本的校车站点以及校车行驶路线；行政管理主要由秘书完成，秘书的职责包括安排校车会议、处理投诉以及为调度员、培训人员、路线设计专家等人员提供服务。

（三）学校在校车管理中的权责

地方学校是校车管理的基层单位。随着经济的发展，中国城市圈不断扩张，校车服务需求就开始兴盛起来。由于受到学校布局调整运动的影响，学校数量不断减少。各地方政府通过规章制定的形式将校车的运营管理权赋予地方学校，学校设立专门的管理机构负责校车的日常运营，其职责具体包括：参与校车的日常运营，如安排和组织老师进行跟车保障校车行驶时安全、提供学生住址信息、协同审查校车路线、调查校车事故及其他相关问题；推进地方校车法律法规的执行；开展安全教育，指导儿童安全乘车并开展紧急疏散演习活动；监督和评估学校及儿童上下车的安全性，保证校车站点的安全；宣传校车安全教育，增加公众对校车安全性的认识和理解。

从 2004 年开始，党和国家出台一系列政策和投入财政资金，启动了农村寄宿制学校建设工程，主要针对中西部省份的教室、实验室用房建设和学生宿舍、食堂等生活用房建设等。与中央政策相呼应，各省也做出财政预算重点支持建设农村寄宿制学校。2007 年，中央和地方财政共投入 732 亿元，在全国范围内实施农村义务教育经费保障机制改革；中央财政落实资金 60 亿元，推动化解"普九"债务；中央共投入 100 亿元，启动实施中西部农村初中校舍改造工程。2010 年，《国家中长期教育改革和发展规划纲要（2010—2020 年）》提出"加快农村寄宿制学校建设，优先满足留守儿童住宿需求"。

从对校车投入的巨大资金和对寄宿建设工程支持，可以看出，对于校车的资金投入要大大高于对寄宿工程的资金投入，并且校车的可回收成本低于寄宿工程的可回收成本。因此，学校将布局调整带来的交通成本负担在内部进行转嫁，将寄宿制模式替代校车模式，这样既可以获得政府对寄宿工程款项的支持，又可以减少一大笔对校车购买、运营、维护的费用。但是寄宿制学校目前受到教育界、心理学界的人士质疑，认为对儿童和未成年人的身心塑造起到了消极影响，在寄宿制学校和校车两者中，应主导校车优先。

此外，学校安排专门的校车服务团队。根据各个学校的规模不一，团队的人员可能有所不同，但一般包含四种职位：第一，管理人员。学校校车运营的领导者，其职责是规划、指导、协调、统筹学校的校车服务，保障本学校范围内校车安全、高效、低成本运营。第二，服务支持者。包括校车调度人员、培训人员、财务人员等。校车调度人员负责学校校车安排和协调儿童上下学及参加学校相关活动的校车时刻表；培训人员主要是对校车司机、儿童照料者进行责任和义务的培训；财务人员负责校车日常运营或额外的活动所需花费并记录和规划学区内校车经费用度。第三，校车运行人员。校车司机需保证校车无论在怎样的天气条件、道路条件及交通条件下都能安全行驶；儿童照料人员的职责是为特殊儿童及低龄儿童提供安全的校车环境，满足儿童的需要，维持车内秩序以保证校车司机能够专心驾驶。第四，校车维修人员。车辆维修主管负责整个学区校车的定期检修和维护。在维修主管的指导下，维修技工协助主管开展具体的维修活动。

校车运输主管一般由校车管理机构推选和任命，但与校车管理机构对校车的管理相比，具有更多的直接参与性。地方校车运输主管协同校车管理机构共同推进本地方的校车安全，其在校车管理体系中扮演的角色是：第一，管理者。管理本地区儿童运输项目，规划、预算及预测校车运行要求，监督儿童运输人员和私人运营商派发安全手册的情况，评估学校校车运营情况，并提供评估政策和评估程序意见。第二，指导者。校车运输主管需参与、指导儿童运输工作人员的安全教育活动，指导学校校车的运营。第三，协助者。开发简明易懂的手册，帮助校车司机理解校车行驶过程中使用药物的危害，为交通主管、校车司机、技师、家长和教师等开发适宜的培训课程。

（四）家长在校车管理中的权责

家长作为教育个体，对教育有着强大的需求，也承担了较多教育费用。事实上，很少的农村家长了解义务教育的相关法规条例，对校车安全标准了解就更少了。校车悲惨事故的发生与整个社会息息相关，包括学生家长的不懂法，无意识、默认、纵容"黑校车"的超载，以及无资质司机等现象的泛滥。2006年全国以法律形式确定了义务教育阶段全免学杂费，大大缓解了学生家庭的教育负担，尤其是农村家庭的负担。据统计平均每个家庭减负130元，但是交通成本、食宿成本却在一定程度上替代了这项费用，甚至超出了这项费用。家长作为微观主体，对校车这一产品的概念存在以下理解：一是为了自家孩子上学，肯定要支出一定校车费用；二是校车这笔支出在家庭支出中所占比例要小。

在中国大力发展校车服务体系的时候，家长作为孩子的直接监护人要加强自己的安全行为意识。要积极地参与到校车安全管理法规学习当中，配合学校做好孩子的校车安全培训，和学校联合对校车行驶和服务进行监督检查。

（五）民间组织在校车管理中的权责

校车安全涉及社会多个领域，保障校车的高安全性是一项非常复杂的工作，单一依靠政府的力量恐怕难以有效地解决各种问题，因为政府无论在资金、技术还是能力方面毕竟有局限性，可借助非政府组织的力量弥补他们的职责空白。

民间组织是指不以营利为目标且介于政府和市场之间的各类社会组织。目前，中国类似于美国校车协会（American School Bus Council）或全国学生运输协会（National School Transportation Association）的民间组织都还没用建立起来。发达国家，如美国，协会主要由校车私人承包商、制造商、供应商组成，其使命是为他们提供资源和技术指导，以保障校车的安全、经济适用、高效。

我们可借鉴美国校车民间组织，建立起非政府的民间校车组织。第一，该组织管理体系主要依靠以上校车供应商、校车运营机构、学校管理主体的协同合作，防止"绝对的权力导致绝对的腐化"。第二，政府组织与民间组织协同管理。虽然各级政府通过权力分化的形式保证了政府职能的有效执行，但若没有独立于政府之外的强大的社会力量的存在，政府内部的分权制衡必然会变得有名无实，因此非政府组织在校车管理中发挥着不可轻视的重要作用，要形成一种平等、成熟、互动的良性关系模式。政府组织与非政府组织二者既互相合作又各守其位，既互相监督又互不干预，一切以儿童乘车安全至上。

三 可供选择的几种校车运营管理模式

总结校车运营管理模式，可以帮助我们对校车运营管理的理解更加简化和清晰，发现校车运营管理中的主要问题，帮助我们和其他人之间就校车运营管理中遇到的某些重要问题进行交流，也可以使我们更好地解释现实的校车运营管理决策并分析决策的后果。

目前，国际上比较有代表性的校车管理模式有由私人运输公司托管经营的"美国模式"；学校、运输公司和地区政府联手协作的"英国模式"。而中国地方做得比较突出的有市场与公益结合"望城模式"，由县、乡财政拿出设立"接送学生车辆专项基金"的"宣城模式"，校车聘用驾驶人实行统一招录的"无锡模式"，以及政府与当地客运公司合作实施校车"专车专营"的"德清模式"。综合上述几种模式，结合中国现阶段校车管理有以下几种情况。

1. 直营型

直营型校车是指由各地区直接运营管理的专用校车，这类校车通常只在学生上下学时段内使用。根据各地实际情况不同，有些地区也会在空闲时间段把校车用作公交或社会福利等其他用途。运营费用由政府承担，学生可以支付少量费用或免费乘车。

2. 委托型

委托型校车主要是指各地方政府委托给民营企业运营的专用校车。委托形式通常分为两种：一是只向民营企业委托校车的运行业务；二是委托包括校车在内的全部业务管理。运营费用由政府和企业以合资的方式进行，政府对学生的车费进行补贴，学生缴纳一些费用。

3. 独营型

独营型校车通常是指独立经营管理的专用校车。由于中国财政支持并没有出现全范围无死角的覆盖，因此有民营或私人以市场行为的方式提供校车服务，接送孩子上下车。学生乘车需要缴纳相应费用。

4. 公交等活用型

在甘肃省的调查发现，偏远地区承担接送孩子上下学任务的校车是由当地的旅游大巴、公交等交通运输系统承担的。与专用校车不同，这类活用型校车是学生与其他乘客一起乘坐的。

具体来说，政府直营的公交巴士，受政府委托运营的公交巴士以及民营企业运营的公交巴士等多种交通工具，都可活用为校车接送学生上下学。学生只需交付一定的交通费，只有少部分地区的学生才能部分或全额地获得政府补助。

四　中国校车管理运营体系的保障机制

（一）资金保障

2012 年全国人大会议进行新年度全国财政预算编制时，中央政府确定教育财政支出按国内生产总值（GDP）的 4% 进行部署，同时教育部部长袁贵仁表示，4% 的教育财政支出包括校车购买和运营经费支出，这是中国首次将校车服务进行教育财政预算列支。但我们可以看到，在政策实际执行过程中，政府对校车服务供给的财政投入严重不足。有一些地方政府表示，财政性教育经费支出早已在其他教育必需项目中列支完毕，没有剩余预算对校车运营进行投入，而且有些地方政府反而鼓励当地学校减少或是取消正在运营的校车。因此，对校车服务的财政投入力度严重不足，加剧了当前中国校车服务有效供给不足的问题。

为此，要保障校车的正常运营和发展，一方面，中央政府要增加公共教育的投入，可以设立校车专项资金，保障校车的持续运营；另一方面，方便儿童上下学，实施了就近入学的原则。对于满足一定购车条件的偏远地区，政府将给予更多的校车运营经费补助。

除了校车购置费以外，还有日常的运营管理费用。要考虑到不同地区财政收入的差距，中央政府可以给予地方税收优惠制度来调节平衡各地的财政收入。校车经营管理费用的预算包括在义务教育的项目之内，将校车的维修、运营、司机等的费用均可通过"义务教育"项目获得返还和资助。

（二）人员保障

校车服务提供者和随车照管人员的配备管理单位，负责学生上车到下车时段的安全工作。校车服务提供者是校车安全运行的责任主体，应按照有关规定取得校车使用许可，聘用具有校车驾驶资格的驾驶人和符合条件的随车照管人员；负责校车的安全运行，督促驾驶人、随车照管人员履行安全行车职责，在线监控校车运行状况，及时消除安全隐患，定期对校车技术状况进行检修，保证车况及安全设施完好；建立健全驾驶人的招聘考核、安全驾驶、校车维护、教育培训、应急演练和档案管理等工作机制。

随车照管人员的配备管理单位应按照《校车安全管理条例》，建立健全的随车照管人员的招聘考核、教育培训、学生上下车交接等工作机制，明确随车照管人员监督驾驶人驾驶行为、维护车内秩序、记录校车运行情况、做好学生上下车交接工作等职责，保证行驶途中的学生安全。

随车照管人员应当履行以下职责：负责学生上下车时，办理交接手续，在车下引导、指挥，维护上下车秩序；发现驾驶人无校车驾驶资格，饮酒、醉酒后驾驶，乱用药物或者身体严重不适以及校车超员等明显妨碍行车安全情形的，制止校车开行；负责清点乘车学生人数，指导帮助学生安全落座并系好安全带，确认车门关闭后示意驾驶人启动校车；制止学生在校车行驶过程中离开座位等危险行为；核实学生下车人数，逐个登记确认，确定乘车学生已经全部离车后本人方可离车。

（三）体制保障

校车安全教育主要属于地方的权力管辖范围，由地方立法予以规范。在校车驾驶员安全教育方面，需要地方政府通过政策规定，校车驾驶员在上岗前须参加并通过当地教育主管部门主办的培训，培训形式既包括课堂学习，也包括实训；上岗后也需要参加并通过类似的定期培训，如每年参加培训 1 次。在学生安全教育方面，地方也需要进行了规范。例如，可以规定，学校必须对幼儿园至 9 年级的学生进行适合他们年龄的校车安全教育；对于新录取的学生，从幼儿园到 6 年级，需在开学后 3 周内接受校车安全教育，从 7 年级到 9 年级，需在入学后 4 周内接受校车安全教育；每学年学区至少要为学生安排 1 次校车安全实训。同时，各地分政府需要设定校车安全教育的最低标准。每学期至少要对学生进行 1 次专门的校车安全教育和紧急救护训练；乘坐校车外出参加活动时，出发前需对学生进行 1 次安全教育。

虽然中国各地方进行的校车安全教育的内容不尽相同，但大都涵盖了校车安全的方方面面。在校车驾驶员安全教育方面，涉及国家和地方的学生交通状况及相关管理制度、校车驾驶员的职责、交通管理法律法规、校车安全法律法规、校车安全运行规程、学生管理注意事项以及包括事故在内的各种紧急事件处理程序、残障学生护理等。在学生安全教育方面，涉及校车安全管理规章制度、校车重点危险区域、学生等待校车、学生如何安全上校车、学生在校车行驶中的注意事项以及学生如何安全下校车和穿越马路、校车发生事故时的紧急处理程序等。

随着中国校车服务的发展，未来中国校车安全教育不仅在内容上系统全面，在形式上也要实现多样化。可以通过课堂教学、现场教学、实际演练等形式广泛应用。在课堂教学中，普遍使用按年级专门编写的兴趣性强的教学材料，经常播放电影和录像等视听资料；有专门设计的游戏在课堂教学中也得到较多应用。另外，也向学生散发各种宣传材料、举办海报展览、知识竞赛和演讲比赛等活动。除了学校等组织开展的活动外，政府部门也会根据需要开展专项教育活动。

（四）制度保障

2010 年 2 月 19 日，国家质检总局发布了《专用小学生校车安全技术条件》，并于同年 7 月 1 日开始实施。对专用小学生校车的定义以及校车的配置标准进行了相关规定。2011 年 11 月 27 日，在第五次全国妇女儿童工作会议上温总理提出"法制办要在一个月内制定出《校车安全条例》"的要求。2011 年 12 月 11 日，《校车安全条例（草案）》征求意见稿由国务院法制办公布，向广大群众征求建议。2012 年 1 月

13 日，两项国家强制性标准《专用校车安全技术条件》和《专用校车座椅系统及其车辆固定件的强度》通过审查。2012 年 3 月 5 日，校车问题以"加强校车安全管理确保孩子们的人身安全"为题写入政府工作报告。2012 年 4 月 5 日，国务院公布并实行《校车安全管理条例》，对制定和修订校车安全国家标准的部门、管理责任主体、校车使用地区、校车乘车安全、校车驾驶人资格、校车通行安全等有了明确规定。该条例规定幼儿入园也以保障幼儿就近入园和由家长接送为原则，而高中学生上下学不纳入校车服务范围。2012 年 5 月 1 日，国家标准委员会发布新校车国标《专用校车安全国家标准》，包括了两项强制性国标《专用校车安全技术条件》和《专用校车学生座椅系统及其车辆固定件的强度》，校车安全技术标准更具专业性、针对性。2012 年 5 月 2 日，《专用校车生产企业及产品准入管理规则（征求意见稿）》对外公布。此时，中国校车法律法规已经趋向完善。

五　中国校车管理运营体系的评价机制

中国政府在一系列学生交通事故悲剧发生之后，于 2012 年 4 月 5 日由国务院颁布了《校车安全管理条例》。同时，国家质检总局、国家标准化委员会分布了《专用校车安全技术条件》。各地方政府随后便陆续出台了符合当地情况的校车补贴政策，积极地探索了不同的运营模式。然而，学生运输安全问题不等同于校车技术标准问题，有些政府官员误以为只要校车安全标准提高到"装甲车一般的结构水平"就可避免发生悲剧的发生。但是，实际情况是，校车并不能单独承载学生运输安全之重。校车管理运营体系涉及交通部门、教育部门、校车运营机构、学校和家长等各个参与主体。

虽然校车安全事故属于突发性的公共事件，但是事实上它的爆发都不完全是偶然因素造成的。人可以发挥自身的能动性避免事件的发生。从校车服务运营体系参与主体的角度看，构建一套无缝化的校车管理运营评价机制，健全校车安全管理信息共享机制，可以有效地进行突发事件预警，在实际中是非常可行的。通过独立的监督评价中心、校车管理中心，以及与各行政职能部门和社会组织通力合作，可以让各主体参与到校车安全运行当中。监督评价中心通过对校车服务需求的受理及确认环节对校车需求及满足状态进行掌控，并通过立案与结案操作为管理部门与各环节代理的工作做出明确的界定。整个运营评价流程见图7-2所示。

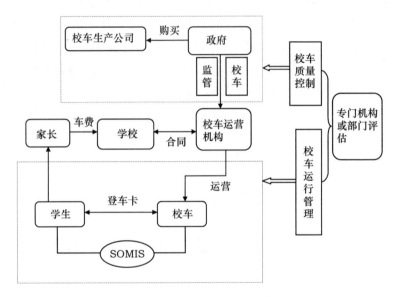

图7-2　校车运行管理评价体系

注：SOMIS（safety operation management information system）表示安全运行管理系统。

总的来说，校车运行管理评价体系可以分为两个部分：一是校车质量控制环节；二是校车运行管理环节。其中，校车质量本身是由校车生产厂商决定的，且校车的质量标准必须严格遵守中国在2010年7月颁布的第一部《专用小学生校车安全技术条件》（GB24407-2009）国家标准。因此，独立的部门和机构在监督和评价校车质量控制环节时，要考察专营性校车是否符合中国校车的安全技术标准。另外，也要对采购校车的价格和数量进行审查，保证过程的透明公开。

校车运行管理环节涉及的部门较多，该安全运行管理系统包含的内容就较广。大致可以进一步分为4个部分。

1. 校车管理运营评价

校车的主要功能是运输学生，尤其是义务教育阶段和幼儿园孩子。

目前中国具有校车运输服务能力有专营的大鼻子校车和普通的运输载客车辆。但是在校车管理运营上，应该具有一致的管理运营评价体系。具体包括驾驶员的驾驶资质、校车每日行车路线的固定、跟车老师、校车载人数量、校车运行时间、校车 GPS 定位系统、校车内外景监控记录。

随着媒体、网络和各界的呼吁不断，德国、英国和美国等发达国家均形成了民间组织、官方监督双管齐下的校车监管机制。该机制通过不断地向媒体和政府相关部门反映与校车相关的安全隐患，敦促政府完善校车安全方面的法律及政策。中国的校车体系刚成立，可以借鉴这些发达国家的经验，采取事先预防和控制的做法，在校车内安装 24 小时监控，不仅有效防止校车上出现的欺负现象，如发生在学生上车后以强凌弱、抢占座位，造成部分学生受到身心伤害的情况。也可由独立的"校车安全小组"对校车驾驶员可能对留守儿童以及未成年进行了的人身伤害，提醒校车司机提升责任心，呼吁每辆校车配备多个摄像头进行监控，学校应当通过监控及时解决校车上发生的侵权事件。

2. 校车安全评价

安全是校车服务的最终目标。为确保校车的安全运营，除了做到校车运用的实时监控之外，还要做到对校车的安全行驶状况进行定时评估。而校车安全评估的范围包括校车每日载客人数、随车监督员的考勤状况如何、每日行车的安全情况、校车行驶标志等。

3. 校车服务费用评价

校车服务本身就具有很强的公益性和公平性。这就意味着校车服务在收费方面也必须做到"普遍受惠、普及实惠"。校车服务的合同一般是以一个学期进行签订的，而且校车费用多半是以学期或月进行支付。从我们实际走访的情况来看，校车单程费用在 1.6—7.0 元。具体的费用多少同学校之间的距离呈正比。对于偏远地区的农村孩子来说，一个学期的校车费用几乎占到学生总支出的一半。如果要实现普惠性，就要对这些农村家庭的孩子进行补贴。可以设立贫困家庭补贴制度或减免，来保证孩子的校车服务费用，保障校车的公益性。

4. 校车服务综合评价

校车服务是个综合的体系，因此要有对应的综合评价体系。一方面，无论是学校、家长、运营公司、司机，或是群众等在校车配备和运行的过程中，发现异常问题，有责任和义务将问题投诉到监管和评价中心。另一方面，监督和评价中心也需要通过对业务环节异常数据进行储备，并及时回应投诉，了解流程的运行情况，反馈到校车专管部门，督促催办专管部门及早对异常事件进行处置。出现具体问题时，可由专管部门派遣相关人员到问题所在地处理问题。问题处理完后，需要用户（学校、家长和学生以及群众等）对校车专管部门做出评价，并将情况反馈到监督和评价中心做出评价。监督和评价中心经过核实才能进行结案，整个流程中的异常数据和处理流程会自动存档在数据库，作为预警参考信息。校车相关的行政部门、社会公益组织、志愿组织和媒体组织在整个流程中业发挥协同监督和评价中心和专管部门进行资源调度，以第三方身份进行的外部监管，是保证校车实际安全不可或缺的力量。将校车安全管理与网格机制相结合是实现校车综合评价体系创新管理的方法。

附　录

中国校车发展典型模式调研报告

一　浙江省"德清模式"调研报告

2013 年 8 月 19—22 日，课题组赴浙江省湖州市德清调研校车发展运营管理情况。在湖州市社会科学院的协助下，课题组与德清县校车安全管理部门（教育局、财政局、交通局、安监局、交警大队、宣传部等）进行座谈，实地调研了校车运营公司，考察了典型小学的校车使用情况并与若干学校校长座谈交流。

（一）德清县经济社会和学校基本情况

1. 社会经济概况

德清县位于浙江省北部，属湖州市，接杭州、太湖，望上海、无锡，西枕天目山麓，处长三角腹地，总面积 936 平方千米。德清县区位优势明显，逐步形成以新兴产业为主的工业布局，经济发展健康快速。全国百强县排名第 42 位，获得中国全面小康十大示范县、世博之星。中国（长三角）最具活力民营经济县、国家卫生县城、全国科技工作先进县、全国体育先进县、全国文化先进县、全国首批文明县城、全国首个新农村建设气象示范县、全国平安建设先进县、省示范文明城市、省级园林城市、省级森林城市、省首批教育强县、全省农村基层组织建设先进县等荣誉称号。

2. 学校与学生分布

德清县辖 9 个镇、2 个乡，户籍人口 43 万，常住人口 49 万。9 个镇包括武康、乾元、新市、洛舍、新安、雷甸、钟管、禹越、莫干山；

2个乡包括筏头、三合。目前，全县共有各类学校90所，在校生65908人（含义务段进城务工人员随迁子女9359人），在编在职教职工3774人。其中，普通高中5所，初中（含中心学校，指小学、中学合一的学校）19所，小学17所，幼儿园35所，职业类学校1所，特殊教育1所，成校12所。另有湖州技师学院1所，电大德清学院1所。

全县共有小学生约2.4万人，其中约有1/4学生乘坐校车上下学。从2009年开始，德清县政府斥资2500多万元，相继分4批次购买91辆校车，另有两所民办小学（接收进城务工人员随迁子女）分别购买1辆校车，截至目前共计93辆校车。政府购买的91辆校车开设接送路线140条，上学时间早晚分别运行197车次，承载对象是全县22所小学中6644名12周岁以下的学生。

（二）德清县校车的发展历程与优势

1. 发展历程

德清校车的发展主要经历了粗放管理、规范整治和完善提高三个发展阶段。

（1）第一阶段：2005年以前，粗放管理阶段

这一阶段的主要特征是自发形成的自备车和个体承包车为主的模式。在有条件的家庭，学生主要由家长自己接送。在学生比较多、路线比较远的地方，学校在考虑实际接送需要的情况下，直接与车主协商，采取个体承包的形式，并与之确定线路、运费、补贴等事项，组织集体接送。政府主要负责学生接送人数的统计，接送车辆技术状况的检查、审验合格，以及监管驾驶员接送过程中超速超载。

（2）第二阶段：2005—2009年，规范整治阶段

从2005年开始，德清县开始实施城乡公交一体化改造。在此基础上，政府委托城乡公交营运公司接送学生，由公交公司统一收购个体承包车辆和线路，按政府统一规划的线路、班次、站点组织公交化营运。县政府明确了公安、教育、交通等部门监管职责，同时政府成立领导小组进行监管，明确票价和财政补贴标准。当时安排学生接送车辆共103辆（其中每天接送的89辆，周末接送的14辆），接送线路140条，211趟次，接送学生4959人（其中每天接送4399人，周末增加560人），

票价 1 元每人次。

在开始阶段，学校、学生家长、政府都比较满意，一是车辆更新乘坐舒适，二是接送时间较准。但随着运营的持续，一些问题也暴露出来，主要集中在三个方面：第一，学生接送亏损严重，资金缺口较大。负责接送学生的还通公司在运营中承担公益性服务功能，实行城区公交低票价政策，2005—2007 年，各年分别亏损 49.8 万元、211 万元、200多万元，累计亏损 460.8 万元。第二，行业监管部门压力中，学生家长不满意。因为学生接送使用公交车，企业上下班高峰时间重叠，造成客运班线无法正常营运，运力调配困难，群众投诉、非法营运增多。同时，学生接送时混载、超载、超速现象时有发生，驾驶员、接送车辆、路线不固定，接送责任不到位、不准时，存在大量安全隐患，家长不满意。第三，政府不满意。县委、县政府一直重视学生接送工作，多年一直投入资金发展学生的接送活动，但未取得预期的效果和成效，家长、学校和公交公司意见较大。这些问题都亟须解决。

（3）第三阶段：2009 年以来，完善提高阶段

2009 年年底，在县委、县政府统一领导下，德清县启动了"学生交通安全保障工程"，在经历了"摸索、试点、推进、实施"四个阶段后，最终实现了校车专车专营城乡圈覆盖，并形成了"政府主导、部门监督、市场运作、公司管理"的校车运营德清模式。

经过需求调查、考察学习，决定采用"政府出资买车，委托专业公司管理"的运营模式，自 2009 年年底，县政府陆续投入 2500 万元分 4批次购买 91 辆校车，并成立德清县永安学生交通管理服务有限公司，负责校车的营运、维修和保养。采用这种模式主要有两个原因，其一，专业的公司在车辆运营方面经验丰富，管理人员比较专业；其二，校车未来的发展肯定是市场化程度越来越高，而不是都由政府来包办。

县政府成立了校车工作领导小组，由一位副县长任组长，协同县乡两级政府、教育、公安、交通、安监、财政、学校、校车公司 8 个部门，各负其责，共同完成校车的管理。县政府出台一系列制度和措施，推进校车工作，包括《德清县学生接送车优先便利通行实施办法》《德清县学生接送工作管理办法》《学生接送车运行线路安全设施建设方案》《德清县校车运行线路安全设施建设标准》等。抓好平时监督管

理，将校车安全管理工作纳入《德清县 2013 年度乡镇部门安全生产目标管理责任制考核办法》。抓好专项资金落实工作，"不算小账算大账，不算经济账算政治账"，出台了一系列针对学生接送车的减免政策，坚持校车公益性原则，按照"政府加大扶持、公司节约成本、家长适当负担"的基本要求平衡接送费用。

在新式校车投入运营前，县交警大队会同教育、交通、安监等部门，对覆盖全县 30 所学校 100 个乡村的 178 条形式路线、400 多个停靠站点及周边道路进行细致勘察，完善交通标志标线和校车停靠点的设置，及时整治交通安全隐患。最后确定了 149 条符合安全要求的行驶路线和 386 个停靠站点。严格遵循了"定人、定车、定座、定批、定时、定点、定线、定价"的操作程序，严格驾驶员岗位培训，严格乘车学生安全教育，严格职能部门执法监督，初步形成了学校、老师、家长、学生和社会普遍认可和欢迎的校车运营模式。

2. 优势特征

一是经济发展迅速，具备硬件基础。德清县地处长江三角洲腹地，经济基础好。近年来，工业发展迅速，国内贸易和旅游、固定资产投资、对外出口都有较大增长，2012 年财政收入近 55 亿元。良好的经济条件为校车制度的推广提供了经济基础。县政府除了投资 2500 万元购买校车外，每年向永安校车公司支付财政拨款 500 万元，还在全县农村公路涉及校车通行线路共设置钢护栏 14055 米，完成 171 个候车厅的选址、站牌设置等项目，投入 670 万元。在 2012 年暑期，教育局投入 29.75 万元，对 GPS 系统进行升级，并为每辆校车安装 3G 视频监控系统。

二是小学布局合理，入学距离适当。德清县小学和幼儿园布局合理，大部分学生能够满足就近入学，即步行 30 分钟，或距离在 2.5 千米以内。校车接送的主要是地处乡村，距学校在 2.5—4.5 千米、12 周岁以下的小学生。同时，采取学校教师"跟车"的措施，由所在学校的教职和管理人员轮流乘坐校车，负责学生上下学的点名、接送等任务。

三是公交城乡一体化体系比较成熟。早在 2005 年开始，德清县开始实施城乡公交一体化改造，城乡道路交通基础设施建设也比较完善。

政府委托城乡公交营运公司接送学生，由公交公司统一收购个体承包车辆和线路，按政府统一规划的线路、班次、站点组织公交化营运，城乡公交一体化体系为校车运营奠定了良好的基础。

四是道德引导，强化校车优先意识。德清县探索形成了法律规范、道德引导、舆论助理的综合机制，营造校车便利通行的社会环境。2011 年 8 月，县人大常委会做出了《关于学生接送车优先便利通行的决议》，县政府也随即出台《德清县学生接送车优先便利通行实施办法》，给予学生接送车便利通行的权利。同时，加大校车特权宣传力度，2011 年 6 月，县教育、公安、交通等部门发起"关爱孩子，礼让校车"的倡议。同年 11 月，又组织开展"礼让校车文明行"活动，倡导每个交通参与者养成礼让校车的良好习惯。

五是校车驾驶员专业化。负责校车运营的永安公司为德清公交运营公司的子公司，校车驾驶员专业化程度高。80% 的校车驾驶员来自长途客运或公交驾驶员，已经具有多年大客车驾驶经验。永安公司与他们统一签订劳动合同，月工资 2000 元左右，并缴纳五险一金，为其提供一定的福利。大部分驾驶员为乡村当地人，一方面距离学校近，取车方便；另一方面与学生家长相识，便于交流。而且校车的运行时间为早上 6—8 点，下午 4—6 点，其余时间为驾驶员自行支配，有的经营农家乐，有的开工厂，有的搞养殖，有的开客车，校车驾驶相当于他们的第二职业，还有稳定的收入和保险，特别受年龄偏大的驾驶员欢迎。

（三）"德清模式"的特点与经验

经过十多年的探索，历经"摸索、试点、推进、实施"四个阶段，德清县逐步形成了"政府主导、部门监管、市场运作、公司管理"的校车运营模式。总结德清县校车运营和发展经验，主要呈现出以下几个方面特点。

一是政府发挥主导作用，校车近似公共产品。从校车购买、运营、路线设置、安全设施、监督管理等全方面介入，保证校车正常运营。目前 91 辆校车总价 2500 万元，全部由县政府承担，假设校车按照 10 年折旧，每年约 250 万元，县政府设立每年 500 万元左右的校车运营补贴专项资金，每年学生乘车收费仅为 200 多万元。即便不考虑其他运营管理、安全教育宣传等方面的投入，目前校车正常运营每年需要投入接近1000万元。其中，政府投入约800万元，占到80%左右。县政府也提出了"不算小账算大账、不算经济账算政治账"的原则，坚持校车运营的公益性原则，按照"政府加大扶持、公司节约成本、家长适当负担"的基本要求平衡运营费用。校车路线安全设施建设别列入全县民生实事的百日攻坚项目，2012年投入672万元新建标准校车站牌、候车亭，改造公交站亭，增设临水、临崖路段安全防护栏，资金全部由县和乡镇承担。

附表1　　　　　　　　　德清县平均每年校车运营费用情况

	项目	金额（万元）	比例（%）
政府投入	小计	800	80
	购买校车	250	25
	运营费用	500	50
	安全设施	50	5
学生家长	乘车费用	200	20
合计		1000	100

资料来源：根据德清县教育局提供相关数据估算得到。

　　二是校车专用封闭运营，确保有效监督管理。为确保校车运营安全，便于监督管理，德清县采用了封闭管理的方式，避免无序竞争和市场不规范带来的风险。全县成立了专门的也是唯一的校车公司——永安学生交通服务管理有限公司，负责接送学生、驾驶员培训、校车维护等，没有其他校车运营企业参与竞争。校车实行"专车专用"，不得用于学生以外的其他人员，在按时完成日常学生上放学接送任务后，要求做到定时定点停放，其他时段学校若需要使用校车接送学生，必须遵循"学校先提出申请、教育局进行审批、运营公司最后确认"的三步程序。

　　三是部门职责分工明确，重视部门监管协调。校车发展和安全运营的一大障碍就是责任分担，校车安全又是一个系统工程。德清县成立了学生接送工作领导小组，协调教育、公安、交通运输、安监、财政、审计等相关部门，领导小组下设办公室，办公室设在教育局，明确各部门职责，注重部门监管的策略，形成了相互协调、相互合作的良好机制。政府出台了《德清县学生接送工作管理办法》，成为德清县校车安全运营管理的指导性文件，对各个相关部门的职责进行了明确分工，有效避免了推卸责任、回避矛盾的问题，为校车安全提供了良好的组织保障。

四是树立校车文化，重视宣传教育。德清县不仅将校车作为一项民生工程，同时提出了"校车文化"理念，探索形成了法规规范、道德引导和舆论推动的综合机制，积极营造校车优先便利通行的良好社会环境。2011年8月，县人大常委会做出了《关于学生接送车优先便利通行的决议》，给予学生接送车优先便利通行的权利，成为全国首个给予校车特权的地区，在参加国务院法制办邀请的《校车安全条例（草案）》征求意见座谈会上，建议将校车特权的思想以法律形式给予保障，最终条例中也明确落实。通过大力宣传校车特权，将其纳入驾校培训考核内容，在全县发起了"关爱学生、礼让校车"的倡议，组织开展"礼让校车文明行"活动，依托"和美家园"建设平台，在全县151个行政村组织实施"文明交通行动计划"，45所学校中开展"你我手拉手，平安路上走"中小学生交通安全主题宣传教育活动，从道德层面倡导每个交通参与者养成文明礼让校车的良好习惯，"校车文化"深入人心，成为校车安全的最好保障。

附表2 德清县校车安全相关部门的职责分工

部门	职业职责
学生接送工作领导小组	负责统一领导和组织协调，监管学生接送交通安全工作。建立学生接送线路勘察小组、学生接送安全督察小组、学生接送安全与服务考核小组、学生接送专项资金审计小组
乡镇（开发区）	负责对辖区内接送车乡村沿途道路检查整修、村民安全教育及协调村民工作。协助确定车辆行驶线路，建立候车亭、停靠站点标志标线等安全设施。指导学校与公司做好乘车协议签订。提供安全上下车的接送场地
学校	建立学生接送安全管理工作机构、方案和机制，组织学生安全乘车。学期开学前将需要接送的学生数、车辆数、接送路线等向县教育主管部门报告。完善学生接送工作台账，配合相关部门妥善处理学生接送安全事故，做好学生数量和分布等信息汇总

续表

部门	职业职责
教育局	建立学生接送安全工作责任制和事故责任追究制。汇总全市接送学校、人数、路线等情况，制定学生接送总体方案。制定教育布局调整方案时考虑学生上下学交通问题。对公司学生接送工作实施情况进行考核。协助有关部门负责"学生接送车"标志牌的领取和发放
交通运输局	指导公司科学配置学生接送运力，对公司运营进行监督管理，督促公司选配和培训驾驶员。负责县道以上公路的维护保养、隐患整改及安全设施落实。配合相关部门勘察确认接送线路。配合相关部门对公司学生接送工作实施情况进行考核。配合调查和处理交通安全事故。免除学生接送车的过路费用
公安（交警）局	接送车安全技术状况的监督管理，对校车驾驶员资格进行审定，组织开展"礼让校车"宣传教育活动，落实"校车先行"的相关规定。加强路检路查工作，查处校车超速、超员等违法行为，配合相关部门勘察确认学术接送线路。配合相关部门对公司学生接送工作实施情况进行考核。负责交通安全事故的调查和处理
安监局	负责综合协调和监督学生接送交通安全管理工作，督促相关部门认真履行安全生产管理职责，参与勘察确认学生接送车通行路线及站点，组织并参与安全事故调查和处理
财政局	负责专项补贴资金的筹措和保障，协助审计部门对公司财务状况进行审计核算
审计局	负责组织相关部门对公司年度接送运行资金使用情况进行审计

资料来源：根据《德清县学生接送工作管理办法的通知》（德政办发〔2011〕125号）整理得到。

（四）德清县校车运行的制度保障与管理创新

德清县建立了一套校车安全规范运营的制度体系，为校车安全提供了良好的制度保障。关键的制度和措施主要包括以下几个方面。

第一，总体运行管理制度。县政府出台的《德清县学生接送工作管理办法》是学生接送工作和校车安全运营的总体指导性文件，重点对部门职责分工、公司安全资质、校车驾驶人资质条件、公司接送服务职能、购车经费、运行补贴、委托管理等内容进行明确，确保校车运行正常，保证接送服务到位。为配合校车安全运行，在人大常委会做出了《关于学生接送车优先便利通行的决议》之后，人民政府随即出台了《德清县学生接送车优先便利通行的实施办法》，给予校车优先便利通行权利。德清县的校车运行管理制度为全国《校车安全管理条例》的最终出台提供了重要参考。

第二，安全设施配套制度。校车运行线路安全设施建立是校车行驶安全的重要保障。德清县学生接送工作领导小组制定了《学生接送车运行线路安全设施建设方案》，明确乡镇（开发区）所属校车运行线路标准站点牌、候车亭、临水临崖路段的安全防护措施的建设任务，列出建设实施的时间表，并将建设情况列入乡镇教育工作目标考核。针对站点标牌有国标、候车亭没有国标的情况，领导小组根据相关国家标准和本地实际情况，制定了《德清县校车运行线路安全实施建设标准》，进一步对安全设施建设的要求和标准予以明确，为校车接送提供安全保障。

第三，校车运营公司管理制度。德清县永安学生交通服务管理有限公司建立了《安全管理规范》《驾驶员安全操作规范》《驾驶员违规行为扣分标准和处理办法》《校车 GPS 监控管理制度》《校车安全及服务质量检查制度》《校车驾驶员工奖考核细则》等规章制度，对公司的日常运行进行规定，对校车驾驶员的操作进行指导，对校车运行轨迹、速度进行监控，确保行车安全，确保学生接送工作安全、有序和高效。尤其重视驾驶员的教育管理和安全培训，集中安全培训每年不少于 2 次，定期组织驾驶员召开安全工作例会，对新招聘驾驶员，要求做到"两个不少于"，即不少于参加公司专业业务培训 4 次、不少于跟车 6 个月方可上岗，所有驾驶员和驾驶车辆都建立档案，做到一车一档、一人一档，规范管理。

第四，学校校车安全制度。学校严格执行"定人、定车、定班次、定路线、定座、定时、定点、定价"的"八定"原则，切实保证校车的专车专用和安全有序。学校具体负责乘车学生的安全教育，每学期召开乘车学生安全会议不少于 4 次（每月 1 次），培养学生安全文明乘车习惯。每学期组织召开乘车学生家长会议和值班教师工作会议，要求家长协助学校做好学生的教育管理工作，确保准时准点到站点接送学生；要求值班教师强化责任意识，明确工作职责，安排教师跟车，确保学生安全。学校建立"一车一档案""一趟一点名""一次一记录""一周一汇报""一月一报告"的接送安全工作台账。

（五）"德清模式"的总结思考

"德清模式"的最大特点是政府主导、依托财政，将校车作为公益性事业和公共产品来运营。在政府高度重视下，这一模式能够在较短时间内迅速实施、全面推广、成效显著。当然，这一模式的成功基于德清县在经济发展、财政能力、公共交通等方面的良好基础和优势条件，是否能够以及如何推广还需要更好地总结思考，同时，"德清模式"目前以及未来运行可能出现的问题也值得研究。

第一，"德清模式"发展动因。德清县是排名 40 位左右的全国百强县，仅仅是因为经济基础好就出现了校车"德清模式"吗？相比较来看，同处于东部沿海地区的宁波、温州、东莞等地经济实力更强，为何没有更早推动校车发展？实际上，从地方竞争格局来看，德清县在经济和产业发展方面并没有优势，地方政府去"拼经济"似乎机会不大、难以出类拔萃，去"拼民生"反而成为更好选择、似乎也是唯一路径，在良好经济基础和财政能力保障下，抓住一两个备受关注的民生问题更容易闪现"亮点"、迅速见效。"德清模式"正是在目前这种地方政府竞争格局和机制下自发形成的，经济基础和财政能力的确是校车发展的重要保障，但显然不是充分条件。

第二，政府主导的运营效率。尽管德清县将其校车模式定义为"市场运作、公司管理"，但实际上市场化成分并不高、市场机制也未建立，只有一家在政府指导下组建的校车运营公司。在没有市场竞争情况下，监督成本较高，运营公司增强成本控制和提高效率的动力不足，如何实现长期可持续运营将成为较大挑战。可以考虑适当引导社会资本进入，建立良好市场竞争机制，扩大校车运营公司范围，提高校车运营效率。

第三，校车运营费用的分摊。"德清模式"中地方财政承担了全部费用的八成以上，这种模式是否可以在其他地区尤其是中西部欠发达地区推广？分摊机制是否还有再调整的空间？例如，学生家长负担比例适当提高，降低对财政的依赖程度，若将目前每趟 1 元的乘车收费标准提高到 2 元，即家长负担比例提高 40%、财政负担比例下降到 60%，是否能够维持校车正常运营？按照"德清模式"估算，平均每年 1000 万元校车运营费用保障 6600 名学生，平均每个学生每年约 1500 元，目前家长负担300元左右，这一负担水平还有多少调整空间？对于不同经济发展地区是否可以有弹性、有多大弹性？在地方政府和学生家长均无法承担的情况下，中央财政是否可以分担一定比例？

第四，校车供给的覆盖范围。目前"德清模式"校车仅服务于12岁以下的小学生，以距离学校较远的乡镇和农村小学为主，扩大校车服务范围存在需求和呼声。目前阻力主要在于财政支出和安全考虑，尤其是面向学前教育阶段的幼儿园，对校车安全要求更高，相应承担的责任也更大。需要研究探讨校车是否有进一步扩大覆盖面的必要，是否可以逐步扩展到主城区、学前教育阶段或初中教育阶段？

第五，校车驾驶员的专业化。校车的驾驶员标准更高，相对的工资水平（以工作小时工资衡量）必然要比其他驾驶员更高，但是，校车的专用性导致驾驶员的工作时间有限，一般就在5小时左右，全职的校车驾驶员收入水平（以月收入衡量）并不比其他人高甚至还低，工资标准高与工作时间短、工资总收入低产生了矛盾，从而导致校车驾驶员队伍不稳定，或者过多（80%左右）从事第二职业，可能影响校车驾驶安全。

第六，校车的教师跟车制度。每辆校车必须配备跟车人员，已经由《校车安全管理条例》给予明确，尽管没有明确要求必须是学校教师负责跟车，但实际操作上教师更熟悉学生情况，由此成为目前唯一选择。跟车制度成为目前学校和教师的最大压力，在激励和补偿（每次40元跟车补贴，但尚未兑付）有限的情况下，跟车制度如何良性持续？跟车制度是否会影响教师教学质量？是否可以安排专业化的跟车服务业务和队伍？

第七，校车维护与管理激励。校车的专用性要求更高标准的日常维护管理，目前德清县校车没有配备专用停车场，与其他公交运营车辆停放在一起，寒暑假期间长期停放不用，在露天下风吹雨淋，减少了校车使用寿命。在政府主导模式下，运营公司没有强烈动力建设专用的停车场或车库，仍然需要政府规划和出资建设。如何考虑改变运营公司的激励机制、增强其提高维护管理效率；或者如前面提到的关键问题，如何积极引入市场竞争机制，以提高校车运营的政府投入效率。

二 江苏省"六合模式"调研报告

2013 年 8 月，课题组赴江苏省南京市六合区调研校车发展运营管理情况。在南京市社会科学院的协助下，课题组与六合区校车安全管理部门（教育局、财政局、公安局、交通局、安监局、国资办、交警大队、宣传部、公交公司等）进行座谈，实地调研了校车运营公司，考察了典型小学的校车使用情况并与若干学校校长座谈交流。

（一）六合区社会经济概况和校车的发展历程

六合区是江苏省省会南京市北大门，全区面积 1485.5 平方千米。2011 年全区年末总人口 89.35 万人，农业人口 28.38 万人，非农业人口 60.97 万人。2011 年，全区实现地区生产总值 505.1 亿元，完成全社会固定资产投资 555 亿元，财政收入 73.8 亿元，其中地方一般预算收入 43 亿元。2011 年，城镇居民家庭人居可支配收入 29297 元，农村居民家庭人均纯收入 12718 元。

六合区现有独立学校 107 所。其中小学 40 所、教学点 4 个，初级中学 20 所，九年制学校 1 所（仕金学校），高级中学 3 所，中等专业学校 1 所，教育培训中心校 1 所，特殊教育学校 1 所，规模幼儿园 40 所，办园点 34 个。全区在校生（2013 年上半年）总数为 62815 人，其中高中 7968 人、初中 12846 人、小学 26122 人、中职 3168 人、幼儿园12644 人、特殊教育学校 67 人。

20 世纪 90 年代，六合区教育布局的进行了调整，优化了教育资源，教育均衡度和人民群众的满意度有了大幅提升，但是学生上放学的路途越来越远，学生交通安全隐患日渐突出，家长担心，政府也揪心。2003 年，南京市政府购买 100 辆 17 座（后改成 21 座）依维柯用于接送路远学生上学，其中六合区分得 21 辆，由于车辆不够用，征用社会车辆 21 辆。2009 年，随着老校车使用年限的迫近，南京市逐步推行校车公交化；2009 年 9 月，六合区政府在冶山镇试点小学生上放学交通公交化；2011 年 2 月，由六合公交公司购买 68 辆友谊牌 19 座中巴车在全区实施小学生上放学交通公交化。但随着乘车学生日渐增多，问题也逐步显现：每天运行趟次多，学生等车时间长，甚至出现超载现象。

2011 年下半年，甘肃、江苏徐州两次恶性校车事故发生后，引起六合区委、区政府主要领导的高度重视。2011 年 12 月，江苏省公安厅领导到六合区驻点 1 周，专题调研学生交通安全。面对严峻的学生交通形势，六合区委、区政府以民生优先为执政理念，审时度势，在财政困难的情况下，斥资 3000 多万元，购买符合《专用小学生校车安全技术条件》的校车 100 辆。到 2013 年 8 月，开通街道乡镇 10 个，线路 156 条，运营车辆 137 辆（专用校车 92 辆，中巴车 45 辆），学校 31 所，乘坐学生近 6000 人，全面实现单人单座，极大地改善了小学生交通出行条件，有力地支撑了六合区教育布局调整，得到全区老百姓的普遍赞誉。2012 年 2 月 6 日，江苏省、南京市领导出席六合区校车开通仪式并讲话，中央、省、市媒体都曾报道六合校车运行情况，纷纷对六合区率先开通标准校车运行予以赞誉。2012 年 10 月 10 日，国务院校车安全部际联席会议督查组到六合区检查校车工程进展情况，充分肯定六合区校车模式，认为六合区校车管理符合《校车安全管理条例》相关要求，是校车工程的先行区。2013 年 1 月 27 日，江苏省民主同盟部分盟员实地考察六合区校车运行情况，对六合区这个经济欠发达地区办成如此漂亮的校车工程感到“震惊”，表示将以六合区发展校车的做法为蓝本向江苏省政府建言献策。到目前为止，已有十余家省内外市、区县来六合区学习校车发展经验。

（二）校车运行管理模式

经过不断努力和实践探索，六合区已经逐步形成了“政府主导、部门监管、市场运作、公司经营”的校车管理和运行模式。

1. 政府主导

六合区建立了以“政府主导、社会参与”为指导的投资渠道。一是投资 3000 万元增购新校车 100 辆（区政府承担校车购置资金 75%，其余 25% 由校车承运公司承担）；二是投资 2 亿元资金整治校车营运道路，增加会车点，增设学生上下车站点设施；三是区政府与南京扬子公交六合客运有限公司签订《六合区小学生接送专车运营补贴补偿办法的备忘录》，每学期区政府开学前预付 300 万元校车启动资金，为每个乘车学生购买最高赔付 50 万元的意外伤害险。校车营运坚持保本微利的原则，每名乘车学生每学期只缴 350 元，区政府每学期对校车营运支出进行审计，对校车营运产生的亏损由区政府补助"托底"，并在此基础上再对校车营运公司给予不超过营业额 7% 的奖励。目前，区政府每年实际用于校车营运的财政补贴约为 800 万元。

2. 部门监管

六合区政府成立了由分管区长挂帅，教育、公安、财政、交通、城管、安监等部门参与的校车安全运行领导小组，同时出台了《南京市六合区校车安全运行管理办法》，进一步明确十个部门和街镇工作职责，形成管理合力。由区教育局牵头，定期组织有关职能部门，对涉及小学生校车的事项进行全面检查，发现问题及时整改。所有学生专用车实行全程跟踪，平台监控。通过 GPS 监控和车内摄像头，严格控制车速和无关人员上车，监督驾驶员规范操作。

3. 市场运作

一是慎重选择承运公司。校车承运公司的选择是由六合区政府按"让利于民、服务社会"的标准通过多轮磋商、签约选定。二是坚持标准购置校车。校车的购买也是在严格坚持标准的前提下，从众多厂家中选择了质优价廉的供货商——郑州宇通公司。三是招标确定保险公司。校车各项保险及学生意外伤害险承保公司是通过招标投标方式从多家保险公司中选中的。四是校车驾驶员招聘由人力资源公司从市场按校车驾驶员聘用标准和程序选聘而来。

4. 公司经营

六合区政府和区教育局不负责校车的具体运营管理，而由签约公司——南京扬子公交六合客运有限公司（原南京六合中北威立雅客运有限公司）承担运营任务；该公司本着"公司运作、专业管理"的原则，秉承专业化服务理念，成立了校车车队，独立核算，保本微利；承运公司负责驾驶员的选聘，要求学生校车驾驶员持准驾车型证照，实际驾龄 3 年以上，无不良记录，首聘年龄不超过 45 周岁，负责驾驶员的安全教育和培训管理，公司编制《校车安全管理手册》；每天派人到学校检查驾驶员到岗及车辆出行情况，每周安全学习一次，每半个月在区交警大队学习一次，每月检查校车安全机件，校车时速控制在每小时 40 千米之内（国家规定时速限制为 60 千米）。

六合区教育局作为牵头单位高度重视校车安全管理，重点抓好以下四项安全保障措施：一是健全组织领导。区教育局成立由局长担任组长的学生乘坐校车管理工作领导小组，安全管理科专职负责相关管理工作，建立安全管理制度，定期和不定期派工作人员到学校检查管理情况，设立《校车管理日志》，记录校车运行相关情况，切实做到有案可查。二是明确管理职责。要求学校领导经常跟车检查，明确一名车管干部具体负责校车管理工作；车管干部坚持"校车超员不出校、驾驶员有问题不出校、跟车人员未到位不出校"；选择有责任心的教职工担当跟车人员，负责点名上车、安全看护上下车和过马路、车内安全管理；组织跟车人员学习教育局制定的《跟车人员职责》；加强学生交通安全教育，乘坐校车的学生严格遵守《学生乘车须知》。三是重视多方协作。学校加强与家长的沟通，发放《致乘车学生家长的一封信》，告知注意事项，督促家长及时到达接送点，共同对孩子安全负责；与六合客运公司、交警大队一同优化调整线路，配合对驾驶员考核、奖惩，及时反馈驾驶员文明服务情况，考核不合格者不得从事校车驾驶。配合六合客运公司及时向有关部门汇报道路安全隐患，配合公安部门进行交通安全教育和检查。四是强化应急管理。教育局和学校制定《六合区小学生上放学校车突发事件应急预案》，教育局成立小学生校车突发事件应急工作领导小组，组织开展模拟突发事件演练；六合客运公司预留一定运力以便急需；校车驾驶员和跟车人员均参加应急救护培训并获初级救护员证；校长和驾驶员免费开通天气预报，及时掌握恶劣天气信息；跟车人员熟悉学校应急方案和掌握应急联系方式，学生家长了解特殊情况下应急处理方式。

（三）校车运行中的困难和改进思路

第一，区政府财政压力巨大。六合区是经济欠发达地区，前期购买校车 3000 万元，整修农村道路和安装交通安全护栏、警示标志等，区、街镇两级政府投入 2 亿元，再加上每年校车均需区政府补贴运行费用约 800 万元以上，地方政府投入巨大，且随着用工成本的不断上升，政府每年用于校车的财政补贴还将进一步上升，区政府财政已不堪重负。

第二，校车闲置比较明显。校车每天运行 2.5 小时左右，每年运行不超过 200 天，其他时间闲置，由于是专用车辆，不便用作其他用途，但其人员工资、车辆保险不能中断，维护费用较大，国有资产闲置浪费较严重。

第三，跟车制度艰难维持。目前六合区校车跟车教师由学校教师担任，教师平时教育教学工作较辛苦，跟车护导承担了本属于学生监护人的安全监护责任，起早摸黑，属正常工作时间外的义务行为，没有专项报酬补助，时间久了，教师也难免怨言较多，难以长期坚持。

针对以上问题，改进思路如下：第一，建议国家对推行校车不搞一刀切，可采用学生上放学公交化和校车相结合的方式，乡村道路通行条件较好的地区，可结合农村交通出行公交化让学生自行乘公交车上放学，以分散学生上放学交通的安全风险；对地处偏远，暂时无法实现公共交通出行的乡镇，实行校车营运。第二，建议中央、省级政府设立校车财政补助专项资金，给实施标准校车运营的区县予以学生交通安全专项经费补助，缓解区县沉重的财政压力，保障校车运营可持续发展。第三，《校车安全管理条例》第 38 条规定："校车服务提供者为学校提供校车服务的，双方可以约定由学校指派随车照管人员。"要求学校派跟车照管人员，客观上加重了教师本已沉重的心理压力和工作负担。建议政府以购买服务的方式，聘请社会人员随车照管。第四，幼儿不宜乘坐校车。由于幼儿年龄太小，缺少基本的安全自护能力，谁也不敢承担幼儿的交通安全监护责任，幼儿园孩子上放学的安全监护责任应由其监护人负责，建议国家明确幼儿不纳入校车服务范围。

三　山东省"青岛模式"调研报告

从 2011 年年底成为全社会普遍关注的话题至今，校车获得了迅速发展。然而，以 2012 年校车市场 2.8 万辆的销量相比于全国校车估算需求量约 100 万辆来看，校车市场仍处于起步阶段。从教育部公布的对全国 14 省、市校车专项督查结果来看，校车在采购运营中尚存诸多困难，制约了校车的持续投入和普及推广。为此，课题组于 2013 年 8 月

21—22 日赴山东省青岛市调研校车发展运营管理情况。在青岛市社会科学院的协助下，课题组与青岛市教育局、财政局、交警大队、交通委运管局、青岛交运集团以及教师代表等进行座谈，实地调研了校车运营公司，并与公司负责人进行交流。

（一）青岛市社会经济和学校基本情况

1. 社会经济概况

青岛市地处山东半岛东南部，东南濒临黄海，东北与烟台市毗邻，西与潍坊市相连，西南与日照市接壤，总面积 11282 平方千米，是全国 70 个大中城市之一。青岛在城市规划、生态环境、居民住宅等方面得到全面发展，造就了经济与社会协调发展、人与自然和谐共处、生活舒适的人居环境。被评为国家卫生城市、中国优秀旅游城市、国家园林城市、国家环境保护模范城市，并相继获得联合国和国家人居环境范例奖、中国人居环境奖、全国文明城市等称号。

青岛市是中国东部沿海重要的经济中心城市。2012 年全市实现生产总值 7302.11 亿元，较 2011 年增长 10.6%，其中第一产业增加值 324.41 亿元，第二产业增加值 3402.23 亿元，第三产业增加值 3575.47 亿元。全年城市居民人均可支配收入 32145 元，增长 12.5%；人均消费性支出 20391 元，增长 5.7%；其中城市居民人均可支配收入中位数 28924 元，增长 14.3%。农民人均纯收入达 13990 元，增长 13.1%；人均生活消费支出 8653 元，增长 12.9%；农村居民人均纯收入中位数 12587 元。

2. 学校与学生分布

青岛市全市可分为市南区、市北区、崂山区、李沧区、黄岛区和城阳区六区以及胶州市、即墨市、平度市和莱西市四市。目前，青岛市共有各级各类学校 3778 所，学生 150.66 万人，教职工 13 万人。其中，全市有幼儿园 2476 所，在园幼儿 21.87 万人，教职工 2.08 万人；小学 894 所，在校学生 47.95 万人，教职工 3.37 万人；普通中学 300 所，在校学生 37.33 万人，教职工 3.67 万人，包括普通高中（含完全中学）56 所、在校学生 11.99 万人，初中学校（含九年一贯制）244 所、在校学生 25.34 万人。截至 2012 年年底，青岛市拥有专业校车 903 部，为 285 所学校开通专业校车线路 1835 条，惠及学生 59393 人，实现了对青岛六区四市的全域覆盖。

（二）青岛市校车的发展历程与优势

青岛市早在 2004 年就在胶南市采用由政府买车、政府运营监管的校车服务，各区根据不同特点，采取政府租赁、市场运作等方式，于 2007 年、2008 年相继开展校车服务。2011 年，青岛市在全国率先试点开通了学生公交专车和专用校车，2012 年将发展农村校车这项民生工程作为市办实事重点发展。

1. 发展历程

从其发展历程看，可划分为三个阶段。

（1）第一阶段：2004—2006 年，起步阶段

胶南市是较先展开校车运营的区域之一，由于国家尚未出台专用校车的配备标准，一些中巴车成为青岛校车的前身。车辆采购费由政府与企业或个体户共同承担，政府的出资额达 60% 以上，政府主要起了合作和主导的作用。在运营初期，效果非常显著，得到了家长和社会的共同认可。但好景不长，超员超载现象频发，安全隐患逐渐上升，在新闻媒体介入并大肆报道后，负面影响日益加重，家长、学校以及新闻媒体一致呼吁政府尽快出台有关措施和采取相关办法解决此种安全隐患，但是，胶南市的校车在运营初期确实解决了学生上下学途中的安全问题。

（2）第二阶段：2007—2010 年，发展阶段

针对家长及社会对校车问题的频繁举报，青岛市教育局、公安局、交通局及财政局等部门在实地考察了全市的实际情况后发现，在一些政府没有出资购买车辆的区域，三轮车、小面包、报废车和农用车等"黑校车"是接送学生上下学的主要交通工具。据统计，2007—2008 年政府共在全市取缔了 709 辆"黑校车"。然而，部分学生家长只是一味认为孩子们上下学只要有车坐就行，并没有考虑到这些"黑校车"的安全隐患，"黑校车"的司机们也为此失去了部分收入，从而导致了群众集体上访。青岛市政府在结合山东省威海市、浙江省德清县等地调研结果及本市的具体情况，决定出资购置统一标准的校车。

（3）第三阶段：2011 年以来，成熟阶段

2011 年，青岛市政府出资 4000 万元购买专用校车，在总结前期调研和经验的基础上，进入了良性发展时期，提出了"政府主导、部门监管、企业运作、财政补贴"青岛校车的运营模式。2011 年 9 月 22 日，10 辆橙黄色的"大鼻子"美式校车正式上路，并以私家车较多、择校学生较多以及学生上下学路途较远的学校作为试点学校，进而开始了青岛专业校车试点之旅。青岛市政府在全市率先开通的城市校车，得到了广大老百姓的充分认可，它不仅解决了学生上下学交通拥挤、堵塞的问题，还使学生的安全得到了保障。此后，青岛校车运营从市南区逐步推广到市北区、李沧区等，并形成各个区域的特有模式，如点对点、一点对多点。2012 年年初，青岛市政府建立了全市中小学生上学使用交通工具信息数据库，并以此作为全市校车的需求量以及乘坐校车区间范围的测算标准。2012 年和 2013 年，分别配备的 600 辆专用校车，在城乡兼顾、重点农村原则以及区域先远后近、先幼儿园小学后初中原则下，主要在农村地区运营，并形成了市区校车、农村校车、新区校车、山区校车、郊区校车和社区校车六位一体的经营格局。

2012 年 4 月 10 日，青岛交运集团青岛温馨校车有限公司正式组建为国内第一家实施"专业化、标准化、规模化、产业化"运营的校车公司，打造"温馨校车"品牌。2013 年，温馨校车自编教材统一培训，创建了国内第一家全面系统的员工培训体系，并采取"123"的新培训模式，"1"是一套系统的培训计划，"2"是驾驶人、照管员两类岗位培训教材，"3"是技术专家、专业管理人员、一线员工三位一体的师资组成。进一步规范了员工操作技能，提高了岗位技术含量和服务水平。

但是，青岛市接近 1000 辆非专用校车还依然存在，主要集中在农村、郊区和山区。随着这些非专用校车 3 年内逐步退出市场，专业校车市场也会获得更大的发展空间。目前，温馨校车相比于非专用校车的竞争力逐步显现出来，尤其在乡镇。原来，非专用校车利用低价竞争存在较大市场，但超载、车辆存安全隐患等问题突出，现在通过政策法规和市场的合力，这些非专用校车的市场空间将越来越小，学生上下学安全保障也将大大提高。

2. 优势特征

一是市场运作，政府购买服务。校车运营模式采取政府购买服务方式，依托有营运资质的经济实力强、社会效益好的国有企业成立专业化校车公司，负责购车和运营。政府购买服务，按照运营成本核算给予企业经费补贴。驾驶员及工作人员全部由校车公司负责招聘、培训和管理。校车运营费用按照企业购车、政府补贴方案，采取个人缴纳、政府补贴和区（市）配套的方式筹措。经过比较测算，参照当地收入水平，兼顾到驾驶员及护导员工资、车辆折旧及维修成本，并结合试运营线路实际，温馨校车要维持正常运营，一天一名学生往返的成本费用超过20元，但是，青岛市政府给予财政补贴的支持下，目前学生一天只需要出2元钱就可乘坐。

二是成立专业校车公司，品牌至上。交运集团青岛温馨校车有限公司于2012年4月正式组建注册为全国首家独立运营的专业化国有校车运营公司，注重品牌意识。并在青岛各区（市）成立分公司，实行属地管理，强化校车管理的组织、协调、检查，如该属地的驾驶员和导护员均从当地招聘。该公司率先参与制定校车安全标准和技术标准，完善校车服务标准，成为国内校车服务标准化的制定者和推广者。在市政府及主管部门的统一部署指导下，2012年重点发展农村校车，逐步形成了市区校车、社区校车、郊区校车、新区校车、山区校车和农村校车的"六位一体"战略发展格局。六区四市所有的专用校车都由公司统一采购，集中管理，标准化服务，专业化运营。

三是校车驾驶员的选拔和培训。在教育部校车专项督查中，校车运营面临的一个主要问题是社会上持A1驾照驾驶员较少。青岛交运集团集中全集团的力量，从集团所属公交企业的专业司机中选拔优秀者担纲市区内的校车司机，并成立了专门的培训中心，常年招收司机，并进行培训，定期考试合格即可上岗，为校车司机储备合格人才，进而解决下属县、区、市的校车司机。

四是撤点并校，学生自由择校。一方面，大规模的撤点并校对整合教育资源、提高教学质量起到了重要的促进作用，但确实也带来了学生上学不便、路途遥远等问题。另一方面，青岛作为一个国际化大都市，不仅吸引了众多国际友人，也吸引着大量外来务工人员，这无形中会增加学生数量及乘坐校车学生的需求量。

（三）"青岛模式"的主要做法与经验

经过近 10 年的探索，青岛市逐步形成了"政府主导、部门监管、企业运作、财政补贴"的校车运营模式。主要有以下做法和经验是值得推广和借鉴的。

1. 主要做法

（1）统一调配，满足校车地区供求不均

青岛市校车运营模式秉承"坚持政府主导、企业运营的原则；坚持政府补贴、部门监管的原则；坚持城乡兼顾、重点农村的原则；坚持区域先远后近、先幼儿园小学后初中的原则"，统一领导、统一调配。市政府根据各区域教育局提供的学生住址和学校位置及计划用车数量，将设计出的校车线路和站点及需求校车的人数提供给运营企业，由企业负责具体的运营事务。

（2）依托大企业平台，严格执行经营管理

政府购买服务方式，依托有营运资质的经济实力强、社会效益好的国有企业成立专业化校车公司，负责购车和运营。青岛市校车由具有50 多年经营历史，且各项综合指标在全省同行业居首位的国有大型综合性交通运输企业集团——青岛交运集团负责运营。交运集团的服务，一直是由品牌创建引领。2000 年 10 月，"温馨巴士"的创建和发展更成为青岛交运集团坚持品牌经营战略的新突破和新亮点。在"温馨巴士"上，摆放着零币兑换盒、纸巾帕、服务袋和报纸袋等共 9 种服务设施，满足乘客的不同需要。在校车运营中，青岛交运集团以其丰富的经验和良好的群众基础，再次打造品牌、温馨和服务，充分发挥站群资源和班线资源优势，对校车行驶线路进行优化整合，通过错峰上下学、合理调度和线路优化设计，提高校车利用率。

（3）配备专员，从业者考试合格持证上岗

针对校车驾驶人、随车护导员的岗位特点，依照《校车安全管理条例》等法规，从业人员职业特点和技能要求，在广泛搜集素材，参照国内外相关职业的基础上，以先进性、实用性、标准化为原则，交运集团编纂印制了国内第一套校车驾驶人随车照管员的职业技能培训教材。校车培训教材分为护导员、驾驶员两册，分别从企业文化、职业素质、服务礼仪、突发事件应对等几个方面编写。此外，被培训的驾驶员必须具备无犯罪记录、无酒驾记录、最近连续3个记分周期内没有被记满分记录、无致人死亡或重伤的交通事故责任记录、身心健康等条件。护导员必须具备高中以上学历、形象气质佳等条件。培训结束后，人社局将统一组织考试，合格后，颁发专业技能证书，不合格者不得上岗。

（4）注重人文关怀，打造温馨校车

尽管社会上现存一些"黑校车"、非专用校车，"温馨校车"依靠更高的"安全+服务"管理标准，实现了与之明显区分，打造了学生温馨的港湾、家长放心的课堂。每辆校车都配有一位护导员，一个医用急救箱，还有一个学生服务箱，放置雨伞、花露水、创可贴、晕车药及学习用品等用具，以备不时之需。车内还安装了学生信息卡，详细记录每个学生的信息，确保学校和家长随时联系。同时，车厢内会定期结合热点主题播放雷锋的故事、纪录片，传播音乐、海洋、时事热点等知识，还展示孩子们的作品，增进大家的相互交流。此外，根据小学生的年龄特点和需求，校车内放置了卡通化的校车线路牌、清洁工具，播放小学生喜欢的影视剧及儿歌等。为学生营造温馨的乘车环境。

（5）建立学生数据库，实现定点接送

青岛市教育局为方便校车管理，建立了学生信息数据库，该数据库中包含了学生的姓名、就读学校、居住地、上学方式（步行、公交车、校车、私家车接送等）、所在班级、学号，若乘坐校车，该数据库还将记录乘车区间和上下车时间，以方便学校、家长及时掌握学生动态。此外，在学生接送车定车、定线、定点、定员、定时接送，实行专人负责管理。学生接送车发车前把好"三关"：安全教育关，在学生上车前学校组织开展"一分钟"交通安全警示教育，内容涉及上下车、乘车途中、横穿马路等注意事项；清点人数关，学生乘车长负责组织同车次回家的学生排队等候，再由值班教师和管理员点名后护送学生安全上车；核准人数及签单关，值班教师和管理员组织学生上车后，与司乘人员核准人数并签发清单。坚持精细管理，并建立健全学生乘车、接送车辆和驾驶人管理台账，做到每次接送登记造册，记录清楚。

（6）严格统一技术标准，申请技术专利

根据国务院 2012 年出台的《校车安全管理条例》《专用校车安全技术条件》《专用校车座椅系统及其车辆固定件的强度》等一系列规范文件。青岛市政府在不断修订《青岛市校车安全管理办法》，以加强校车管理，进一步做好学生就近入学布局，并在全市区域内统一了校车运行责任书，即学校与家长签订的责任书采用的同一个模板。此外，2013年年初，青岛市政府还制定了校车安全运行技术标准，该技术标准属于全国首创。

（7）寻求专业合作与创新，提高车辆安全系数

青岛市校车在采购时，以安全性标准为先，对所有品牌车型都一视同仁。采购的校车不仅要符合国家的相关标准，而且在配置上还根据原先实际运营的经验，针对运营中可能遇到的问题提出改进意见，很多要求都高于国家标准。例如，为增强正面碰撞的安全性，青岛市采购校车均为长头式设计，"大鼻子"校车主要针对城区和市区学生的接送，"小鼻子"校车对农村或山区路况有更好的适应性。再例如，第一批采购的校车逃生门设计在侧面，后来经过改进放到了尾部，使车辆在侧翻时增加了逃生机会，并且逃生门设有自动两级踏步楼梯，还采用独特的警示铃设计，在农村和山区、集市等路段，远远地就能让大家知道校车来了，不仅起到了很好的提示作用，也方便学生乘车和家长接送。此外，校车座位间距要达 65 厘米，要采用安全带一键解锁、应急自爆窗玻璃、外置停车警铃、踏步灯带照明等新技术、新装备，以确保车辆的安全性和舒适性。

2. 主要经验

（1）政府重视是关键因素

青岛市校车运营管理之所以能在全国处于领先水平，关键是政府起到了很好的主导作用，支持力度大，行业部门也起到了很好的监管作用。如平度市政府不仅将校车补贴问题纳入政府办公会，还设立了专门的校车办公室。除了补贴资金支持，青岛市政府还在法规上对校车进行了路权优先的规定，校车享有走公交专用道等特权。如果在校车行驶过程中，社会车辆不避让的，由交警部门一律处 200 元罚款。此外，全国普遍存在的上牌难问题，由于青岛市政府对校车的重视，

也迎刃而解。

（2）科学规划是必要前提

青岛市教育局作为校车的主管部门，专设了职能部门，管理校车的发展规划和线路设计，并由教育局牵头，联合交警、交通等相关部门多次召开了专项会议，明确各相关部门的职责，各司其职，不仅使校车在牌照的申领上较为顺畅，还为校车线路的申报铺平了道路。此外，在校车线路的规划方面，根据乘车学生人数、学校分布状况测算出校车上下车地点与学生住址的平均距离、最远距离等数据，初步设计出校车路线，并通过实地考察将路线安全化、用时合理化，负责校车运营的公司会依据乘车经验将校车线路进一步优化。

（3）加大投入是重要保障

校车作为准公共产品，具有公益性，校车只有在财政的支持才能真正地做到配好、管好、用好，切实保障学生安全。在青岛市校车的财政补贴上，由区级和市级两级财政共同分摊，不仅减轻了学生的负担，也维持了校车运营的稳定性。

（4）严格标准是重大抓手

青岛市校车在车辆品牌及车型的选择上一直坚持标准化，由机务人员与市教育局等政府相关职能部门人员成立专门的招标小组，结合试运营情况、车辆配置等严格筛选，优中选优，统一采购，尤其是对安全性要求非常高。可见，由青岛交运集团负责采购和配置的校车不仅符合或超过国家的相关标准，在市里也是统一的。此外，交管等有关部门也会不定期地对驾驶员和导护员进行培训、检查车辆是否年检和超载、是否超过规定时速以及是否按照规定线路行使等，并对发现的不符合标准的驾驶员及有关责任人给予严格的惩处。

（5）创新机制是内在动力

青岛市校车的创新主要体现在以下两个方面：一是监管创新。青岛市教育局、交通局、公安局和财政局等部门在国务院出台的《校车安全管理条例》等一系列规范文件的指导下，多次召开座谈会，在校车管理中实现信息共享，各部门各负各责，各司其职，齐抓共管。二是防患措施创新。青岛市政府制定了校车消防、灭火、疏散的应急预案，以及在恶劣气候下行使的应急预案，并进行相应的演练，以保护学生的安全。

此外，还制定了驾驶员、导护员等安全服务规范，以及校车驾驶员岗位培新教材和随车照管人员的岗位培新教材。

（四）青岛市校车运行的主要问题

青岛市在校车运营中具有地方特色，并在很多方面起到了指导和推广作用，但是，该种校车运营模式也存在着一些问题。

1. 校车"闲置"严重

众所周知，校车的主要作用在于接送学生上下学。鉴于校车运行区域的局限和校车的专车专用性质，可见其属性更偏重于公益属性。校车每天的运营时间较短，周末、寒暑假等大多数时间都会闲置，很难通过正常运营获得较高的利润，即使在学校的寒暑假活动、春游、运动会等活动中，积极参与包车运营，尽量减少校车的停驶、空驶时间，多半也是微利甚至是亏损运营。而且，校车运送的都是学生，其承担的责任又很大。无论是从经营的角度，还是从责任担当的角度，校车运营都不是"划算的生意"。

2. "歧视"对待

青岛市目前可乘坐校车标准定为居住在距离学校2千米之外的小学生以及居住在距离学校3千米之外的中学生有资格乘坐校车，且公立学校的学生一天只需要花2元钱就可乘坐。但是，一些未满足校车乘坐距离标准的家长们也纷纷要求他们的孩子乘校车上学，并质疑标准的规范性。此外，对于在民办学校上学的学生，他们并没有享受政府补贴的待遇，每天的乘车费用是20元，这些学生的家长也希望自己的孩子在车费上能得到"平等"对待。

3. 监管部门的责任不清

校车管理工作涉及交通运输、安全生产监督、教育等多个部门，但每个部门各自承担哪些监管责任，尚无明确的法律依据。校车是一种特殊的公共交通工具，其管理还是应该形成由教育部门牵头，由公安部门、交通运输部门通力合作的运行机制。但是，校车到底是学校为学生提供的一种交通运输服务，还是属于政府部门提供的公共服务，或者是一种经营性质的行为？这个问题尚未得到明确的答案，因而也就造成了交通管理、教育行政等部门职责划分不清的一个重要原因。

4. 补贴资金滞后

青岛市校车财政补贴采取的是结合学生乘坐人数，由市级财政与区级财政按照 1 : 1 的比例原则进行补贴，据统计，2012 年需财政补贴 9400 万元左右，2013 年财政补贴约 1.1 亿元。然而，财政补贴到位不及时，在边远贫困地区尤为明显。此外，政府尚未提供一些政策上的支持，如提供相应的优惠补贴措施、减免税收或提供无息贷款等各种补贴。

（五）总结与启示

"青岛模式"的成功与青岛市的经济发展水平、财政状况以及交通运输情况等息息相关。"青岛模式"的最大特点是企业负责运营，政府购买服务。政府的介入让校车普及更为广泛，让校车项目的推进更为迅速，成效显著。然而，"青岛模式"在推行过程中尚存在校车闲置、"歧视"对待等问题。就该模式而言，无论是成功的经验，还是尚存的缺陷，均为中国校车未来发展起到了重大的启示作用。

1. 校车发展模式需要顶层推动

校车的利润率较低，责任较大，如果完全交给自由竞争的市场，恐怕不会有企业愿意办校车。而且，推广校车需要多方面资源，是单纯的社会力量没有能力提供的。例如，立法保证校车的路权，完善校车的标准；运行线路由当地公安、教育部门和运输公司协定，采取招标方式将运营权交给运输公司，国家给予财政补贴，交通部门、财政部门等多方协调配合等。因此，在推动校车工程过程中，政府必须承担起主导责任，并加大投入，明确中央政府和地方政府对校车的投入比例。此外，应该优先发展农村校车，优先保证农村校车财政补助资金。

2. 寻求大企业平台的支撑

校车具有准公共物品的性质，单靠政府支持难以保证资金充足与资金及时到位。通过调研发现，青岛市政府通过寻求与交运集团合作，政府购买交运集团服务，由交运集团提供校车服务的模式大大节省了政府财政资金。此外，大企业的运营制度与服务也提供了校车安全保障。通过与宇通集团的合作，在校车标准化的基础上，追求校车各个部件精益求精，极大地提高了校车的安全系数。校车模式推广过程中，政府应当积极寻求与当地的知名大企业合作，利用其优势资源，节约政府校车管理的交易成本，确保校车更加安全地运行。

3. 建立明确的责任关系

校车安全运营不应只由政府和运营公司来承担，学校和家长也应是校车安全的责任人，因此，需构建一个校车运营的安全责任体系，将学校、家长、运营公司和政府等利益相关主体都纳入进来，相互监督，各司其职。在一些外来人口较多的城乡结合区，县级、村级政府应高度重视学生乘车的安全性，向家长普及安全知识。对难以保障义务教育阶段学生就近入学或在寄宿制学校入学的农村地区和城郊地区，学生居住地距离学校超过法定距离的，政府有义务提供校车服务。此外，政府各部门间的职责也应明确，如果校车违反交通法规，就应该由交管部门来追究责任；如果财政经费不足，应该由财政部门负责；如果是超载或司机素质没有达到技术标准，就应该由运营公司追究；等等。校车问题并不能寄希望由某一个部门负责解决。

4. 提高安全意识，实现上学途径多元化

虽然青岛市校车的在近两年的普及度很高，但是，青岛市的校车行驶仍存在着黑色地带，不规范的校车依然很多，主要集中在农村、郊区和山区，而这些地区的学生难以获得正规的校车资源及服务，严重威胁了学生的人身安全。同样，在中国广大农村地区和山区，受经济条件和道路条件的约束，难以实现统一标准的校车调配系统，大量不正规的"黑校车"依然存在。为保证校车安全，需要采取多元化上学途径。一是提倡路途较远的学生在校寄宿，缓解偏远地区校车不足问题；二是实现增加正规校车数量与延长校车途经路线并举的方式，尽量满足学生需求；三是推行市区校车"公交化"，农村地区、山区校车"正规化"，实现城市地区为农村地区、山区腾出更多的校车资源。

四 安徽省"天长模式"调研报告

（一）天长市基本情况

天长市地处安徽省最东部，素有安徽省"东大门"之城，除一面与本省来安县接壤外，其余三面皆被江苏省5县市区（高邮、仪征、金湖、盱眙、六合）环抱。全市面积 1770 平方千米，总人口 63 万人，市区人口约 20 万人，辖 14 个镇、1 个街道办事处、2 个省级经济开发区。综合实力连续十年位居全省十强，2010 年位居全省科学发展一类县第 4 位，连续 5 年保持在中部百强县之列。2012 年，全市各级各类学校 161 所，其中，完中（包括初中和高中）8 所，初中 18 所，九年制学校 16 所，职业学校 1 所，完全小学 45 所，公办、民办幼儿园 73 所，在校学生 91280 人。

根据 2011 年情况统计，天长市乘坐机动车上下学的中小学生、幼儿总数达到 1 万多人。除去由城市公交和农村班线合法合格车辆或家长亲自接送外，尚有 7000 名学生（主要在农村）仍然乘坐 384 辆非法营运车辆。这些非法运营车辆大多属于无证营运且超载严重，驾驶人员年龄偏大、素质不高、安全意识较低。天长市政府组织教育、公安和交警等部门多次整治了非法接送学生车辆。非法运营校车停运的后果是，学生上下学接送成了问题。为了彻底解决学生上下学交通问题，天长市下决心对全部 384 辆非法接送学生车辆予以坚决取缔，并在全市范围内推行了校车运营新模式。

天长市于 2012 年 2 月 3 日举行了隆重的校车开通典礼。2012 年 2 月 7 日是新学期开学之日，在这一天校车全面投入运营。

（二）天长市校车运营管理模式

天长市采取了由政府主导、市场化运作、政府购买校车服务，教育、交通、公安和安监等部门联合监管，家长配合的运作模式。

1. 校车购置运营准备

天长市高度重视学生交通安全，成立了市政府主要领导为组长，分管教育的副市长为副组长，公安、交通、城管、安监、教育、财政、审计等职能部门和各镇（街道）主要负责人为成员的全市学生交通安全管理工作领导小组，多次组织召开学生交通安全工作专题会议，研究解决学生交通安全问题；多次组织相关部门对全市学生交通安全隐患和非法接送学生车辆进行排查、整治和取缔，2011 年投入近 200 万元，完善了学校周边各类交通安全设施及校园监控系统，组织了有关部门赴外省市考察了校车运营模式，探索在天长市推行校车运营机制。在广泛征询社会各界意见和建议并参照先进地区校车模式的基础上，天长市结合自身实际情况，于 2011 年 12 月底出台了学生专用校车购置、运营实施方案，制定了详细的实施细则，并通过电视、网络等媒体向社会各界、学生家长进行解读和宣传。充分的前期准备为确保天长市校车顺利开通奠定了良好社会基础和舆论氛围。

2. 校车运营工作规范

（1）校车购买方式

由管理理念先进、经济实力雄厚、社会声誉较好的天长市中南公司一次性投资 2160 万元购置高标准校车 90 辆，优先服务公交或农村班线暂未通达、由非法接送学生车辆接送学生的镇、社区所在地学校，全面开展校车接送学生上下学工作。

（2）运营原则

一是发展公共交通原则。凡是能够通过城市公交或农村班线解决学生上下学的尽量通过城市公交和农村班线来解决。二是分步推行原则。凡城市公交上下学高峰期力量不足和农村班线未通达的地方先行安排校车，同一社区一步到位，不同地方分步进行，最终实现由城市交通、农村班线和校车解决学生上下学交通的全覆盖。三是费用共同担负原则。校车运营费用由学生家长合理负担一部分，市、镇财政共同补贴一部分，承运校车的运输企业微利运营。

（3）校车分配原则

根据学生乘坐校车分布情况，天长市为农村中小学购置了 85 辆 30 座校车和 3 辆 52 座校车，为市区学校购置了 2 辆 52 座校车。天长市共开通 120 多条镇、村接送学生专用车辆线路，撤并乡镇前的 23 个原乡镇中小学、幼儿园先行安排了校车，近 7000 名学生实现了校车上下学。少数未安排校车但是又有校车需求的学校学生已经通过农村班线、城市公交采取延伸或增加班线的方法解决了上下学问题。

（4）运营费用分担原则

天长市对校车运营费用的实行协同分担。经过测算，每辆校车一年的运营成本约 12 万元，如果购置 90 辆校车则一年的运营成本约为 1080 万元。天长市学生乘坐校车费用约可收取 555 万元，加上国家已经出台的给予城市公交和农村班线的补贴 233 万元，尚有缺口 292 万元。缺口部分加上校车运营公司（中南公司）第一年的投资回报率（按10%计算，约204万元）合计497万元，这笔费用由市政府和有校车接送任务的乡镇政府各补贴50%；按第二年以后投资回报率12%计算、再加上当年缺口部分合计约536万元，补贴方法和第一年相同，最终的实际补贴额需要经过审计部门审计后确认。

对于天长市乘坐校车的费用，市区学校的学生按照公交车辆对学生的优惠价这一标准收取，农村学校学生比照乘坐非法运营车辆费用和农村班线的平均水平收取。据此计算，学生每学期乘车每天两趟收取400元，四趟收取520元。少数家庭经济困难学生乘车费用通过申请贫困生资助方式解决。

3. 校车运营管理

天长市制定了具体的学生专用车辆运营单位和部门工作职责，市政府按照"谁主管、谁负责"和属地管理的原则，实行分工负责、逐级、逐部门分解工作职责。教育部门严格按照"五定"（定车、定路线、定人、定时、定点）要求，细化了方案。各镇（街道）及相关部门各司其职、分工协作、密切配合，对学生专用车辆运营工作进行了全面监管。

同时，天长市还建立了学生交通安全管理责任制和责任追究制。市政府和各职能部门，市政府和校车运营公司（中南公司），中南公司与校车驾驶员，教育部门与学校，学校与承运人层层签订安全责任书，明确责任和义务。对责任心不强、工作不力的单位和个人，将予以通报批评、限期整改；对未能履行相应职责，对学生乘车安全造成严重后果的，将依法追究有关领导和直接责任人的行政或刑事责任。

（三）天长市的校车运营管理经验

天长市校车开通运营以来，各项工作正常有序，主要的经验包括以下五个方面。

1. 政府要发挥主导作用

政府不下决心，不加大投入，发展校车就难以做到。校车工程是一项系统工程，涉及资金、运营、管理、安全等多个方面，这都需要政府发挥主导作用，将校车发展置于当前交通安全管理、教育资源配置的大环境下来考虑，根据本地的经济发展水平、在校学生数量、学校分布等实际状况，统筹制定科学的校车发展运营规划，有计划、有目标地开展校车工作，同时要把责任分解到乡镇，并充分调动乡镇参与此项工作的积极性。

2. 实行企业市场化运作

政府发挥主导作用并不意味着政府直接购买校车并直接管理，那样将会陷入消耗教育资源的无底洞。将校车经营权交给具备一定资质、声誉和实力的企业，由企业承担起作为运输者和经营者的全部职责，政府作为消费者购买其服务，既有利于区域校车运行工作的统一调度，又可以形成规模效益，大大节约运营的成本。

3. 各职能部门协同监管

对校车的监管涉及教育、公安、交通和安监等各个部门，各部门要按照"谁主管、谁负责"的原则，通力协作密切配合。尤其是教育、公安、交通等有关部门一定要当好参谋和助手，积极向市政府建言献策，推动政府有计划、有步骤地发展校车，促进校车扎实、安全和有序运营。

4. 充分利用和发展公共交通

在公共交通通达的地方安排校车不仅增加了财政补贴，还抢占了公共交通的市场资源，造成资源浪费并引发诸多矛盾。随着天长市城市化进程的加快和公共交通的不断推进，校车必将逐渐减少并有可能最终退出历史舞台。应优先考虑利用和发展公共交通来解决学生的乘车问题。

5. 坚持发展校车让老百姓受益的宗旨

学生上下学乘车难问题归根结底还是家庭经济能力的问题，因此，在发展校车的过程中一定要让老百姓得到最大的实惠。在不增加学生家长经济负担的情况下，政府要鼓励企业无偿投资购买校车，校车企业要坚持公益化、非营利性运营原则，在向学生收取了基本乘车费用后，不足的部分由政府进行审计补贴。这样既提升了企业的品牌价值和社会责任心，也减轻了政府负担并真正让经济发展成果惠及普通百姓。

（四）天长市有关校车问题的困惑

1. 政府的困惑

校车运营和管理工作过程中，天长市市政府也产生了一些困惑，主要包括以下五个方面。

（1）缺乏校车费用承担的国家标准。全国各地收取学生乘坐校车费用不一，不存在全国统一硬性的费用分担标准，无法评判究竟什么是"合理"、什么是"不合理"校车费用分担标准。

（2）无法避免校车资源的浪费。校车利用率有限，校车司机费用、车辆维护费用和校车道路费用都比较大，而校车只能在学生上学期间运行，每天也只能够运营三四趟，校车资源存在很大的浪费。

（3）校车分配不均。校车主要在农村运营，但是各乡镇农村校车分配不是十分均等。不同学校之间的分配也做不到绝对平均。不同乡镇的不同人口变动和不同学龄学生变动将会导致校车需求的变动，这也加剧了校车分配不均问题。

（4）乡镇之间发展不均衡导致校车道路基础设施发展不均衡。各个乡镇的道路交通状况不尽一致，有的乡镇农村靠近交通主干道、道路条件较好、比较容易享受到校车服务，有的乡镇农村远离交通主干道、道路条件比较差、享受校车服务比较困难。

（5）部门联合监管存在"监管疲劳"。安全性是校车运营的最重要标准，校车始终安全运营当然最理想状况，但是，也正是这种始终安全状况将会导致"监管疲劳"，各个监管部门可能会因此逐渐疏于监管。

2. 校车运营企业的困惑

（1）校车驾驶员资质

《校车安全管理条例》对于校车驾驶人员资质的规定在提高，由原先的"具有机动车驾驶证A照"进一步提高要求变成了"具有机动车驾驶证A照且具有三年以上大型客车驾驶经验"。提高校车驾驶员资质的首要目的是提高校车运营的安全性，但是与实际情况产生了矛盾。当地"具有机动车驾驶证A照且具有三年以上大型客车驾驶经验"的司机比较紧缺，受到更高待遇和收益的吸引，符合条件的司机更愿意从事非校车驾驶的职业。同时，由于很难做到每个校车司机都符合资质，实际上，部分校车不得不"非法"营运。

（2）校车轮胎

国家先后出台的两个版本的校车安全条例对于校车轮胎的规定也发生了变化，由于两个校车安全条例出台时间间隔较短，导致了刚刚购买的符合第一版校车条例的校车轮胎不符合第二版校车条例，从而导致校车无法合法运营而必须更换，造成了浪费并增加了负担。

（五）对天长市校车发展的思考

尽管天长市只是皖东经济比较发达的县级市，但天长市的校车事业呈良性发展态势，具有可持续性。这其中的关键原因是当地政府所选择的校车发展模式。对于校车事业，天长市政府主导而不大包大揽，购买校车运营服务；政府及教育行政管理部门不直接全款购买校车，而是主要通过市场化运作方式由校车公司购买，政府仅对校车公司购买校车提供政策扶持；校车运营费用由政府部门严格监管和审计，兼顾各方利益。

虽然天长市校车运营良好并且具有一定的可持续性，但是它仍需要国家从法律法规和财政等多方面予以扶持，才能够更加健康和可持续发展。另外，天长市政府及教育行政主管部门对于校车和农村班线公交之间的关系具有自己的认识和判断。他们认为，随着当地农村班线公交的发展，未来校车可能逐渐减少并最终消失。天长市校车运营企业天南公司的校车运营负责人希望政府能够将给予农村班线的优惠补助同样给予校车，并提出了"两免一补贴"建议，即免校车车辆购置税费、免校车上车牌费和补贴校车燃油费用。

五　陕西省"阎良模式"调研报告

2013 年 8 月 28—30 日，课题组赴西安市阎良区调研校车运营发展情况。在陕西省社会科学院的协助下，课题组与阎良区校车安全管理部门（交通局、教育局、安监局、交警大队、公安局、公交公司负责人等）进行座谈，实地调研校车运营公司并与相关负责人进行讨论，考察典型小学、民办幼儿园的校车使用情况并与若干学校校长座谈交流。

（一）阎良区经济社会和学校基本情况

1. 社会经济概况

阎良区是西安市辖的远郊区，地处市东北方向的渭河以北，距中心市区 50 千米。全区航空工业高度发达，驻有中航工业西安飞机工业

（集团）有限责任公司、中航工业第一飞机设计研究院、中航工业飞行试验研究院、623 飞机结构强度研究中心、西安航空职业技术学院等国家航空企业和科研、教学单位，是亚洲地区最大的集飞机研究设计、生产制造、强度检测、试飞鉴定、航空教学五位一体的"航空城"。阎良区辖 5 个街道、2 个镇：凤凰路街道、新华路街道、振兴街道、新兴街道、北屯街道、武屯镇、关山镇，共有 20 个社区居民委员会、80 个行政村、593 个村民小组。总面积 244.4 平方千米，全区常住人口 27.8 万人（2010 年）。

2. 学校与学生分布

阎良区共有各类学校 76 所，在校学生 4.57 万人，教职工 3669 人。其中，普通中学 12 所，教职工 1272 人，在校生 14713 人；职业高中 1 所，教职工 113 人，在校生 2016 人；小学 39 所，教职工 1155 人，在校生 13774 人；幼儿园 23 所，教职工 653 人，在园幼儿 6735 人。学前 1 年入园率达 94.37%，学前 3 年入园率达 90.08%；小学儿童入学率 100%，毕业升学率 100%；初中生入学率 100%，毕业率 99.74%，高中阶段毛入学率 91.19%；高考大专上线率 60.1%。

全区约有 3300 多名农村小学生乘坐校车上下学，占全部农村小学生的 1/3。从 2009 年开始，阎良区政府斥资 1800 多万元（其中也包括从省、市两级财政争取来的校车专项资金），相继分四批次购买 43 辆校车，开设接送路线 128 条，接送住地离学校 2 千米以上（2012 年前的标准是 2.5 千米）的学生上下学。覆盖的学校包括全部农村 14 所定点小学，同时校车也承担了部分城镇小学和幼儿园的学生接送任务。

（二）阎良校车的发展历程与优势

1. 发展历程

阎良校车管理主要经历了由"不管"到"管"，由"政府管"到"市场管"的发展阶段，具体可以分为三个发展阶段。

（1）第一阶段：2009 年以前，粗放管理阶段

由于历史原因和人口分布状况变化的影响，一些中小学出现了生源差、布点多、规模小、条件差及资源浪费等一系列问题。为此，2008 年，阎良区开始全面实施中小学教育布局调整，撤并农村学校 36 所，

学生到改扩建的定点学校上学。目前，阎良区共有小学 34 所，其中农村定点（布局）小学 11 所。当地群众虽然对定点学校设施和教育水平满意，但是学生上学距离的问题却凸显出来。部分学生要走 5 千米，有的甚至超过了 6 千米。这不仅是群众的困难，也成了撤校并点工作的最大难点。孩子上学不安全，家长接送有困难。住校的话孩子自理能力差，家长不放心；而且住宿费用还会加重家长和学校负担。在校车需求的驱使下，少数小学和幼儿园购买了自己学校使用的校车。这一阶段，政府负责安全监督，校车管理职责主要在学校。这一阶段的校车管理相对松散混乱。

（2）第二阶段：2009—2012 年，校车管理探索阶段，教育局"自管自营，局管校用模式"

经过多方调研论证，2009 年 9 月阎良区开始试行农村定点小学校车服务。2009 年 9 月，阎良区通过常委会会议，区政府首批投入 50 万元，从市里争取到 120 万元专项资金，购买了 12 辆校车，从 9 月 21 日开始在关山镇、武屯镇、北屯街道办和新兴街道办所辖的 6 所小学试点接送学生，凡居住地距学校路程超过 2.5 千米的小学生，周一至周五都由专用校车统一接送。后来区政府又购置校车 10 辆，实现全区 80 多个自然村校车全覆盖。共计购买 22 辆校车，花费共计投入资金 430 万元。阎良区成立了以主管副区长为组长，教育、公安、交通、财政、安监、工商等 8 个成员单位负责的阎良区农村定点小学校车领导小组实现校车的统一管理，22 辆校车和区里的幼儿园自有校车都纳入了管理。教育局成立"校车办"，是校车管理的专门机构。

2010 年 5 月，实现了全区农村定点小学校车服务全覆盖。22 辆专用校车覆盖 11 所农村定点小学、4 所幼儿园，受惠学生及幼儿 3100 人。校车运行 3 年来，累计接送 500 余天，累计行驶 80 万千米，接送学生 150 万人次，未发生一起安全事故。

在这一阶段，阎良区建立了一套比较完善的校车运行管理机制，阎良校车模式的公益性、规范性、安全性受到普遍认可。2011 年 9 月，阎良区被教育部确定为全国校车运营管理试点区。阎良区政府专门成立了校车管理办公室，负责校车调配、使用和管理，并做好校车运行费用的筹措、成本核算及运营管理。首先，由教育局通过试点学校对在校学生进行摸排登记，了解各村组学生密度、道路交通及乘车情况等，初步设定运行路线、站点，确定接送时间和人数等。其次，由物价部门核定校车接送费用，并通过各校"家长委员会"听证通过。最后，由区教育局制定科学合理的校车运行制度，印发《校车管理手册》，其中不仅对驾驶员工作职责、考核办法，护送老师工作职责，教育局、学校责任都有明确规定，还制定了安全事故应急预案。在这一阶段，阎良区的校车管理进入规范化阶段，但也给教育部门更多的责任和工作，给校车管理者带来超负荷的工作量。

（3）第三阶段：2012 年以来，完善提高、扩面推广、市场化运营阶段

2012 年 4 月，西安市政府将阎良、长安、户县 3 个区县纳入全市首批校车试点工程区县。根据《西安市校车工程试点方案》安排，区政府多次召开联席会议，吸收各有关部门、学生家长、专家学者意见，对《阎良区校车试点方案》进行修改和完善，成立了由区政府常务副区长担任组长，分管副区长担任副组长，各职能部门为成员的阎良区校车工作领导小组，领导小组下设办公室，办公室设在区交通运输局。并确定了校车管理的新思路：即遵循"政府统一领导，部门依法监督，运营公司具体实施"的工作机制，按照"政府主导、部门监管、市场运作、公司管理"的办法，抽调专门人员具体负责，由阎良区交通运输局依托现有运输企业——惠航公交公司全面负责校车运行工作。阎良区惠航公交公司成立校车运营分公司，政府出资向企业购买校车安全运营服务，实现校车管理的市场化、企业化、规范化运行。按照"政府加大扶持、公司节约成本、家长适当负担"的要求，推进校车市场化、企业化、规范化管理。

2012 年 12 月 1 日，阎良区教育局与区交通局共同举行了校车运行管理工作交接暨新校车交付使用仪式。由市、区两级财政共同出资新购置的 21 辆校车及原有 22 辆校车全部移交区交通运输局管理，双方就相关具体任务分工进行了对接和明确，实现了平稳过渡。至此共 43 辆校车投入到阎良区校车运营中，服务于各农村定点小学和部分幼儿园，全面解决农村地区上下学交通安全问题。同时也标志着前期的教育局"自管自营，局管校用模式"正式转换为校车运营的"局管校用，市场运

营模式"。

2. 优势特征

一是区内交通发达，地势平坦。阎良区的社会经济发展水平和自然地理条件符合校车发展要求，这是推行校车服务的重要前提。阎良地处关中平原，地势平坦，村庄相对集中，各乡道、村组之间道路已实现硬化全覆盖的客观优势，区内最远村组距离定点学校均不超过5千米。同时，阎良区交通发达、公交体系成熟。西韩、西延、咸铜铁路在阎良境内交汇，有4条省级公路与外界连通，地方道路"三横六纵"村村通油路，西安至阎良高速公路已建成通车。良好的社会经济条件为校车制度的推广提供了经济基础。阎良结合本地实际，从当地经济和社会发展的实际情况出发，综合考虑人口密度、地理环境、交通状况、生活习惯等因素，打破镇街行政界限和城乡界限，在"方便就学"与"提高教育资源的利用效益"二者之间找到了切合点。

二是从政府管理者到社会风气强化校车优先意识。阎良区校车"局管校用"的运营模式，深受阎良老百姓好评，过硬的校车运营管理监管"质量"才是安全的核心，才是家长和社会放心的源泉。资金方面，从长远来看，伴随阎良定点学校的增加，校车的需求量也会加大，财政支出也要相应加大，坚强的财政后盾不可或缺。当然，这也需要社会力量的加入。另外，令我们可喜的是校车所受到"驻足礼遇"式的尊重在阎良逐渐形成一种氛围，黄色"特权"并不傲慢，而是一种呵护与尊重。阎良作为中小学校车管理试点地区之一，其监管运营经验是值得借鉴的。当靓丽的黄色校车行驶在乡间公路上时，我们打眼就能知道这是"校车"，为安全保驾护航。

三是从民生工程角度办"校车"，坚持部门通力协作。"公益性"是推行校车服务的出发点和落脚点。推行校车的初衷是为彻底解决学生"上学远、不安全"的问题，保证学生不因撤校并点失学，将群众从接送孩子的难题中解脱出来。这样的校车才能赢得了群众的支持，真正使校车服务成为便民利民的民生工程。同时，管理部门间的通力合作是校车管理的关键环节。推行校车服务，政府要发挥统筹规划、组织实施的职能。只有各职能部门各尽其职，通力合作，齐抓共管，才能确保校车服务规范实施。

四是必须坚持安全运行。这是推行校车服务的重中之重。安全出了问题，既影响社会和谐与群众家庭幸福生活，又影响政府形象。我们在推行校车服务中，严把安全关，层层落实安全责任，建立联席会议制度，共同履行安全监管职责。同时，将校车安全管理纳入相关单位目标责任综合考评，与驾驶员工资奖金挂钩，实行长效管理，确保了校车安全运行。

（三）"阎良模式"的特点与经验

阎良校车发展，历经"前期试点""探索运行""规范运营""移交运营"四个阶段，逐步向"政府主导、部门监管、市场运作、公司管理"的校车运营模式转变。总结西安市阎良区校车运营和发展经验，主要呈现出以下几个方面特点。

1. 政府主导制定校车工程实施方案

按照西安市政府统一安排，规范学生接送行为，根据《中华人民共和国道路交通法》《中华人民共和国义务教育法》《中华人民共和国道路运输条例》以及《中华人民共和国校车安全管理条例》等法律法规，结合阎良区实际状况制定了《西安市阎良区校车工程实施方案》。成立了由常务副区长为组长的校车工程领导小组，由区政府办公室、交通局、教育局、区发改委、区委宣传部、财政局、审计局、物价局、安监局、质监局、公安局以及各乡镇为组成成员，负责全区校车工程的统一领导和组织协调。领导小组建立了校车工作联席会议制度，联席会议的召集人为领导小组组长和副组长，定期召开校车工作会议，研究决定校车工程实施过程中遇到的重大问题。

2. 校车服务对象及覆盖范围

《西安市阎良区校车工程实施方案》中规定，阎良城区内学生及公共交通到达的范围（2千米以内）不实行校车接送。目前，实行农村定点小学校车服务。全区校车接送服务范围为11所农村定点小学及新建成关山南房小学学区内半径2千米以上的所有小学学生。全区现有小学34所，在校学生13550人，农村小学学区内走读半径2千米以上的学生3351人，按照每80人配一辆车标准。2009年，阎良区累计投入财政资金430万元，配置小学生专用校车22辆；2012年财政投入760万元又配备 21 辆 58 座校车。至今，政府配置的小学生专用校车 43 辆，校车服务范围为 12 所农村定点小学和 6 所幼儿园的学生 4150 人，校车接送小学生占阎良区中小学人数总量的比重为 24.7%。校车接送幼儿人数为 800 人，占全区幼儿总数的比例约为 10%。

3. 校车运营初期"自管自用、局管校用"模式

西安市阎良区最初由区教育局主导，成立校车办，负责校车调配、使用和管理，同时承担校车运行费用的筹措、成本核算及运营管理。首先由教育局通过试点学校对在校学生进行摸排等级，了解各村组学生密度、道路交通及乘车情况等，初步设定校车接送费用、并通过各学校"家长委员会"听证通过。最后由教育局制定科学合理的校车运行制度。2009 年 9 月，首批 12 辆校车试点运营，统一接送在定点学校读书且居住地距学校超过 2.5 千米的校学生。阎良区这种教育局或学校进行采购并进行独立管理运营的模式实际是政府独立管理运营的一种模式，也是"阎良模式"发展过程中的一个典型特征。

4. 校车运营公司的"新阎良模式"

2012 年《校车安全管理条例》出台后，为进一步规范西安市校车管理工作，2012 年 4 月，西安市政府将阎良区、长安区、户县 3 个区县纳入全市首批校车试点工程区县。根据《西安市校车工程试点方案》安排，阎良区政府制定和完善了《阎良区校车试点方案》，成立了由区政府常务副区长担任组长、分管副区长担任副组长，各职能部门为成员的阎良区校车工作领导小组，领导小组下设办公室，办公室设在阎良区交通局。其中，确定了校车管理的新思路：即遵循"政府统一领导，部门依法监督，运营公司具体实施"的工作机制，按照"政府主导、部门监管、市场运作、公司管理"的工作机制，按照"政府主导、部门监管、市场运作、公司管理"的模式，抽调专门人员具体负责，由区交通运输局依托现有运输企业——区惠航公交公司全面负责校车日常运行工作。政府出资向企业购买校车安全运营服务，实现校车管理的市场化、企业化、规范化运营。设计思路是"市场运作、公司管理"，但阎良区惠航公交公司是交通局的下属企业，而校车领导小组办公室又设在交通局，因此，"新阎良模式"是将校车安全运营与管理的牵头负责部门从教育局转移到了交通局，校车运营与管理的主体还是政府部门，这

种模式是将校车服务看作"车"的问题，只是与其他交通工具有所区别。

5. 校车运营的定价机制

阎良区校车运行过程中，坚持以公益性为主，校车由政府财政投入统一购置，无偿配置给符合条件的小学。对乘车学生按照实际乘车次数每天收取2元乘车费用，对辖区内家庭经济困难的学生和驻地部队子女，经所在村组申报乡镇和教育局审核通过，实行免费接送。在购车投入上，实行西安市政府与阎良区政府两级财政比例投入，其中，西安市市级财政承担20%，阎良区财政承担80%。在校车运营和管理成本上，实行市区两级财政分摊，其中，西安市市级财政承担50%，阎良区财政承担50%。按照目前阎良区校车专门运营公司的测算，每年校车运行费用为929.40万元，其中，驾驶员和管理人员工资为552.07万元，车辆运行费用为334.32万元，停车及维修、停车场地租赁费为42.65万元，学生缴纳的车费收入为120.64万元，政府每年需安排808.40万元的财政预算用于支付校车运营及其管理费用；这样，市、区两级财政每年需分别承担404.2万元。实际上，校车运营成本的定价，没有形成合理市场定价机制，由校车运营公司独自核算，缺乏合理透明的市场定价机制。

（四）阎良校车运行的运营模式与制度保障

1. 政府自营模式与管理制度

作为教育部中小学校车运营管理试点的阎良与其他试点地区不一样的是，阎良区校车运营管理模式最初由阎良区教育局主导，有一个"校车办"，所有阎良区的校车都要归这个部门管理，负责校车调配、使用和管理，以及校车运营费用的筹措、成本核算和运营管理，这就是"局管校用"的管理模式，也是典型的政府自营模型。2012年12月，阎良区政府将前期教育局"自管自用，局管校用"的模式转换为校车运营的"交管校用，局管企业运营"的新阎良模式。这种新阎良模式的本质依然是政府自营模式，因为移交交通局管理后，交通局的管理依然是通过另一个交通局领导的"校车办"进行校车调配、使用和管理，而承担运营的企业——阎良区惠航公交公司，其本身就是交通局下属管理的一体化改造之后的一个公交运营公司。

在上述两种政府自营模式下，阎良区政府及政府管理部门不断建立和完善的校车管理制度（见附表3），以及各相关部门的具体管理措施和办法，内容涉及阎良区教育局校车管理暂行办法、校车驾驶员工作职责、校车驾驶员考核办法、校车护送老师职责、校车养护维修规定、校车管理目标责任书、校车管理办公室职责与人员分工表、校车交通安全事故应急预案、驾驶员学生评议表、乘坐校车学生登记表以及规定的乘车运营线路图等。

附表3　　　　　　阎良区校车管理制度与相关政策文件整理

时间	政策发布部门	配套制度与政策制定目的	备注
2009年9月	阎良区教育局	《阎良区校车管理办法》	当地首个校车管理办法
2009年9月	阎良区政府	《阎良区农村定点小学校车试行方案的通知》	首个政府出台的文件
2012年4月	阎良区政府	《阎良区校车试点方案》	校车移交区交通局管理
2012年6月	阎良区政府	《西安市阎良区人民政府关于西安市阎良区校车工程的实施方案》	系统整体校车管理方案
2013年7月	西安市政府	《西安市校车安全管理办法》	上一级政府管理制度

注：这里仅列出政府及相关部门对校车管理制度的主要政策文件，各相关部门的具体管理措施及办法较多，如教育局、交通局、财政局、安监局、交警大队以及校车运营公司等的管理措施，属于具体操作实施层面。

2. 校车民营与政府监管

在阎良区校车政府主导、部门具体运营管理模式的模式下，还存在较小比例的校车运营民营模式。目前，阎良区校车中，民办幼儿园自备的37辆幼儿接送车（17辆为小学生专用校车、20辆为14座以下的普通客车）每天接送2300余名幼儿。为确保育儿园自备接送幼儿车辆运行安全，阎良区制定了以公安部门监管为主的管理模式，也就是说在以交通局为主的"交管校用，局管企业运营"的新阎良模式下，还有校车运营交警管理的民营模式。但从政府安全管理的角度来看，幼儿校车管理机制尚不完善，需要探索更完善和更具操作性的管理制度和运营机制，明确细化各有关责任的责任主体，形成更紧密、更有力的监管和民营运行管理模式。

3. 校车运营管理"5 + 1"工作思路

为了保障学生每天的接送途中的安全，阎良区校车日常运营管理安全措施中要求"5做到"：1是每天校车出发前，由专职驾驶员对校车进行安全例检并填写安全行驶表，检查合格后方能行驶出发接送学生；2是每周不定期对校车驾驶情况进行抽查，重点检查配备教师到位情况，消防器材、逃生设备配备及安全带使用情况，及时消除安全隐患；3是每月召开安全例会，进行安全知识和职业道德培训，提高驾驶员和跟车人员的安全意识和服务水平；4是每季度举行安全事故疏散演练，提高应急和突发事件处理能力；5是每学期开学前和放假后对校车技术状况的进行全面检查，确保学生安全、舒适的乘车环境。"1必须"：制作登车检查证7张，校车在承载学生和幼儿过程中，驾驶员必须见证才能开车门，不能例外。

4. 政府相关部门相互协作联动管理

阎良区校车管理模式中的政府相关监管部门相互协作联动管理的特点体现在：首先，阎良区交通局、教育局、交警大队联合组织对现有校车驾驶员（按照原规定公开招聘）和陪护教师进行岗前培训，确定实施接送的学校，对要求接送的学生进行统计调查，对原有接送路线进行调整和充实，对所有校车在开学前进行检查、审验和维修。其次，阎良区交通运输局根据分工，负责组建、监督、管理校车运营公司，建立健全公司人员配备和各项规章制度，协调教育、公安、安监、财政、审计等部门对校车运营公司接送工作计划实施情况进行考核。成立校车管理办公室，由专人专项进行负责。校车运营公司则全面具体承担校车运营任务和承办校车相关手续，负责车辆调度、维护保养等工作。而区教育局会同交通局制定校车运行相关方案、制度和相关管理办法，指导学校加强师生安全教育，做好学生陪护和校车服务质量管理工作。区财政局按照西安市政府规定负责校车购置、运营、管理经费的保障工作，协助区审计部门对校车公司的财务状况进行审计。公安交警部门负责校车安全技术状况和日常运行的检查监督工作以及驾驶员上岗资格的审定，会同交通局取缔无牌无证等不合格运载学生的工具。

（五）"阎良模式"的问题与深层次思考

1. 校车的定位与政府公共服务购买

阎良区校车管理运营无论自 2009 年起探索初期的"自管自用、局管校用"政府自营模式，还是到遵循"政府统一领导，部门依法监督，运营公司具体实施"的工作机制，按照"政府主导、部门监管、市场运作、公司管理"的工作机制，形成"交管校用，局管企业运营"的新阎良模式。对校车可持续发展的一个关键问题，校车的定位核心是"人（学生）"还是"车"？前期将校车的核心定位为"人"，就有了"自管自用、局管校用"的教育局自营模式，2012 年后为了遵循国内倡导的"政府主导、部门监管、市场运作、公司管理"的工作机制，将校车的核心定位为"车"，就有了"交管校用，局管企业运营"的新阎良模式。这种模式是为了体现"部门监管、市场运作、公司管理"，将校车看作向特定人群提供的交通工具。但是，无论哪种模式都没有真正抓住校车服务的本质——政府应该如何提供或者购买这种公共服务，公共服务的对象是小学生。

2. 政府主导与政府监管下的校车运营成本

无论是阎良区校车管理运营初期时教育局管理的"自管自用、局管校用"模式，还是交通局管理"交管校用，局管企业运营"的新阎良模式，都面临校车运营费用如何筹措、运营成本如何科学合理测算的问题。调研中也发现，无论是教育局管理还是交通局管理，除了主管政府部门担负的社会安全责任以外，运营管理费用的筹措也是两个部门都面临的主要难题。虽然校车运营费用的来源是采取适当收费和财政兜底的原则，区财政列支专款用于校车运营，但是财政预算的额度倚仗运营成本科学合理测算，而政府主导下的校车运营成本很难做到这点。一是因为政府主管部门为了政绩，无法清楚界定监管成本和实际运营成本，导致主管部门为了弥补部门管理中的成本支出，往往虚报或高报一定比例运营成本。二是政府主导下的校车运营公司往往将运营成本高报，避免主管部门财政补贴的额度不能足额支付。调研中校车运营公司测算的运营成本与民办幼儿园的运营成本的差距正说明了此项问题。政府主导与政府监管下的校车运营、维护等机制是完全不同的，道德风险和激励机制是很难平衡的。

3. 政府主导模式下的校车运营管理考核与评价

阎良区校车管理制度与组织框架体系，虽然建立了"校车办"进行校车调配、使用和管理，政府各相关监管部门相互协作联动管理的特点，但是无论是前期作为校车管理主体责任部门还是目前新阎良模式交通局的主体责任部门，都是政府部门，很难做到监管与责任的统一，或者说多部门的相互协作联动管理的主体实际上都是交通局或教育局。因此，各部门虽然有明确的职责分工和监管范围，但是是否真正有效地起到安全管理的作用，是否能使目前的校车运营体系持续有效地运行？这种政府主导模式是难以做到的。这就是为什么无论是阎良区教育局还是交通局都是维持一个目前的运营状况，在校车运营过程中的很多管理细节和创新方式都不愿尝试、采纳，原因就是这种模式下校车运营管理考核与评价只能是好的和正面的，不能有任何负面的评价，否则没有哪一个政府部门愿意成为校车管理主体责任部门，最后的结果可能是各相关监管部门相互协作联动的考核会变成一个形式，因为交通下属的校车运营公司承担的责任与交通局是同质的。

六　甘肃省"酒泉模式"调研报告

近年来，随着社会对教育重视程度提高，以及很多地区进行教育资源整合、集中办学，对校车的需求不断提高。但与此同时，由于经费投入不足、管理制度不健全，校车安全事故频发，引起了社会各界的广泛关注。为此，2012 年国家颁布了《校车安全管理条例》，试图规范校车运营、促进校车发展。发达国家的校车已经有了上百年的发展历程，各项制度相对完善，而中国校车事业刚刚起步，各项制度在实际操作过程中可能遇到诸多问题。其中一个最主要的问题就是校车发展中面临区域自然地理和经济发展水平的差异。为探索适合同类地区校车发展的模式，为国家制定差别化的政策提供依据，课题组分派调研小组赴甘肃省酒泉市对其校车发展进行调研。酒泉市 2011 年开始着力推进校车事业发展，经过各方面的努力，形成符合当地客观情况的"酒泉模式"。"酒泉模式"在西北地区及其他区域的欠发达地区具有一定的推广意义，这是课题组选择酒泉作为调研点的重要原因。

（一）酒泉市基本情况及校车发展的背景

酒泉市位于河西走廊西端，总面积 19.2 万平方千米，下辖"一区两市四县"，总人口 110 万人。酒泉市面积超过广东省全省面积，而人口却仅相当于广东省的 1%，是典型的地广人稀的地区。从经济规模来看，2012 年全市地区生产总值 574.6 亿元，在甘肃省地级城市中排名第二位，人均 GRP 水平列第三位，其经济综合实力在甘肃省是比较靠前的。城镇居民可支配收入为 20062 元，相当于全国平均水平的 82%；农民纯收入 9645 元，高出全国平均水平约 20 个百分点。但总体上，酒泉的经济发展水平从全国地级市范围来看还处于中下水平。在气候分类上，酒泉市属干旱半干旱荒漠地带，大部分是戈壁、荒漠，在祁连山冰川融水汇集的地方形成了大大小小的绿洲，酒泉市的大部分人口就分布在这些绿洲中，形成了以绿洲为载体的城镇体系。

地理形态决定了人口和城镇分布的形态，也决定了教育资源的分布形态。酒泉市共有各类学校 580 所，在校生 19.6 万人，教职工 1.3 万人。其中，小学 233 所，在校生 77569 万人；普通中学 68 所，在校生 68005 万人；幼儿园 268 所，在园幼儿 29195 人；还有职业教育学校、特殊学校 11 所，在校生 1.6 万人。一般来说，公共服务设施的配置应该以尽可能满足所有居民的需求为原则，但在财力有限的条件下，也需要尽可能做到公共设施配置效益最大化。因此，在布局学校时不得不以提高教学质量、满足多数居民需求为原则。酒泉市的地貌和气候特点决定了其经济活动和人口分布必然呈现"大分散、小集中"的形态，即城镇节点之间的距离很远，区域内几乎所有的人口都分布在水资源较丰富的绿洲地区。因此，酒泉市基本公共服务也逐渐形成与之类似的状态。特别是 2006 年，酒泉市开始了农村中小学布局调整工作，撤并不足 100 人的农村小学，新建与扩建城镇的中小学。目前，酒泉市教育分布形成高中集中在城区，初中集中在城镇，九年一贯制学校和完全小学集中在乡镇的格局。

集中办学的确提高了教学质量，但也同时产生了增大学生上下学的通勤规模和通勤距离的问题。从学生们上下学的通勤距离来看，一般都在10千米以上，最远的甚至超过70千米。因此，相当一部学生选择学校寄宿，每一至两周回家一次。据统计，全市寄宿中小学生占全部中小学生的38.6%，在城区就读的寄宿学生比例达到58.3%。大量学生寄宿带来了一个重要的问题就是往返于学校和家庭之间的交通需求与安全问题。由于学生上下学时间相对集中，在当地公共交通体系并不发达的情况下，短时间内上下学会给公共交通体系带来较重的压力。另外，学生的独立行为能力还没有完全形成，如果没有家长的陪同，学生往返学校的途中发生安全事故的风险比较大。周期性地接送孩子上下学及支付交通费用会给寄宿学生家庭带来不小的负担。为减轻寄宿学生家庭负担，并保障寄宿学生的交通安全，2011年酒泉市开始大规模推行校车服务。

2011年4月，肃州区开始实施"政府主导、社会参与、市场运作、部门监管"的运营模式和"错时放学、集中接送"的校车运送制度。政府在校车发展中起着主导作用，其责任是设计校车制度，提供资金支持，规范校车运营，监督校车安全。学校是重要的责任方，其责任是勘定校车运行路线，监督行车安全，配备随着教师，组织学生乘坐校车，以及协调校车和家长对接。运输公司负责提供安全的校车服务，配备校车司机，监督和约束司机行为。

肃州区5家客运公司安排班线车辆按运输线路统一接送学生，学生承担单程交通费用，车辆往返过程中的空驶费用由财政进行补贴。肃州区的中学每两周往返接送一次，农村学校寄宿生每周往返一次。2012年，国家颁布《校车安全管理条例》之后，甘肃省政府于当年9月开始实施"校车安全工程"。由于酒泉市没有严格意义上的专用校车，为落实国家和甘肃省"校车安全工程"的目标，同时也为了使校车服务能够惠及肃州区以外的县市，酒泉市通过探索形成了两种落实校车安全工程方案：在公共交通线路能够满足学生上小学需要的地区，通过优化公交路线和站点满足学生上下学需求，学生乘车可以享受费用优惠。例如，敦煌市人口居住相对集中，交通网点比较发达，通过政府对公共交通进行补贴，基本实现了满足学生通勤需求和保障交通安全的目标。在公交体系不发达的地区，政府通过协调运营单位开设专线，保障学生获得校车服务。例如，肃州区等市区，由于寄宿学校较多，公共交通运力不足，通过学校与运输企业签订协议，设定接送学生的专线，政府对专线班车进行补贴来提供校车运输服务。

（二）酒泉市校车运营模式与成本分摊

酒泉市无论是从西部还是全国来看，经济发展和人民生活水平都不属先进的行列，但是酒泉市在校车服务方面根据自身的特点和经济承受能力形成了独特的校车运营模式，被总结为"酒泉模式"。

1. 酒泉市的校车运营模式最突出的特点

第一，政府出资购买客运公司的运输服务，在相关职能部门和学校监督下临时作为校车之用。酒泉市的校车发展模式确切地说是提供"校车服务"，即包车服务，而非提供专用校车提供日常上下学服务的交通工具。"校车服务"和专用校车之间的差别是，前者是即时性消费，即没有购置专用校车，只在需要时购买客车的运送服务，服务结束后，客车仍从事普通客运服务；而后者需要购置符合国家校车安全标准的车辆，这些车辆只能从事接送学生上下学之用，而不能作为普通的载客工具。与购置和维护专用校车相比，购买校车服务无疑具有成本优势。首先，由于专用校车安全标准较高，价格也不菲，校车服务是临时的，政府无须投入车辆购置费用，因而节约了大笔固定资产购置费用。其次，购买专用校车需要配备专用司机并对车辆进行保养、修理，这些校车日常维护费用也是一笔可观的支出。校车来源也不尽相同，有的是客车公司的汽车，有的则是挂在汽车公司的私人车辆。车辆来源不一也就决定了校车管理存在一定难度。

第二，酒泉市的校车按学校的学段提供运送服务。酒泉市的寄宿学校数量众多，如果所有学生被安排在同一时间运送，当地的客运系统显然是无法承受的。因此，酒泉市形成了错时放假的制度，为避免拥挤，寄宿学校放假被错开，这样运输公司能够安排出足够的运力。但是这又产生了另一个问题，错开放假如果安排不合理，教学计划可能会被无规律的节假日安排所打断。学校为保证教学计划的完整性，逐步形成了按照学段划分整个学期的教学任务，学段结束学生放假。因此，校车服务也与学校的学段相对接，各个学校的学段结束时间不同。这样既保证了学校的教学计划，又能够实现错时安排校车运送的目的。这种运营模式不同于提供"日送制"校车服务的经济较发达地区，采取学段式的运营模式是与当地教学点分布和办学特色相适应的，是酒泉市在当前各方面的约束下形成的最优选择。

2. 校车运营的成本收益核算

校车服务归根到底来说是基本公共服务中的一项，其存在是不以营利为目的的。但是，任何公共服务也不能不计成本地提供，提高服务的效益对大多数人民群众来说是有利的。因此，考察一项基本公共服务的成本和收益，找到影响该制度健康发展的问题，对其可持续发展也是有益的。酒泉市各县（市）根据自身实际，采取了不同的运营补贴模式。具体来看，金塔县单程票价按照现行市场票价收取，学生负担按单程票价的80%，剩余20%由县级政府补贴，校车空驶费用按照国家油补标准进行补贴。肃州区按照实际运营成本，运送距离在4千米以内的学生票价为2.5元，超过4千米票价为3.5元，这样的负担基本相当于市场票价的1/3，校车空往和空返按每千米1.8元的标准给予油补。玉门、瓜州单程票价由学生个人承担，校车空驶费的50%由省、市财政按3∶7的比例进行分摊。敦煌市采取分段计价，按照6千米以上每学生每天补助3元，6千米以下每学生每天补助2元的标准，对接送学生的公交车辆进行补助。肃北县、阿克塞县校车运营费用和空驶费用全部由政府进行补贴。根据同客运公司的座谈我们发现，运营成本高于票价和政府补贴，即存在运营成本缺口，而这部分缺口主要来自于校车空驶的成本。目前，各地制定的票价和政府补贴能够弥补单程运输成本，但往返的空驶成本只能依靠油补来补偿，但国家油补标准不高，虽然能够弥补空驶耗油，但对其他空驶损耗却不能进行补偿，因此总体上运营公司还需从其他渠道筹措资金进行弥补。

（三）酒泉市校车发展存在的问题及制约因素

酒泉市的校车服务于2012年形成，可以说处于刚起步的阶段，通过调研，我们发现并整理了酒泉校车运营过程中的存在的几方面问题和制约因素。

1. 校车服务在农村地区还无法实现全覆盖

自2006年以来，酒泉市中小学集中布局的结果是高中在城市，初中集中在城镇，完小和九年一贯制学校在乡镇。目前，酒泉的校车覆盖到了乡镇以上的学校，乡镇以下的小学学校还未开通校车。但是，由于酒泉的地形特点，人口分布分散，即便是在本乡镇中心上学，离家距离也比较远，很多小学生也不得不寄宿在学校。因此，在周末和节假日时往往会出现使用非正规的交通工具接送孩子回家的现象，其中也不乏"黑校车"混在其中。可以说，农村地区还是酒泉市校车服务的"盲区"。但受各方面条件限制，开设乡镇一级小学的校车服务班线还有困难，安全隐患还不能排除。

2. 校车供给不足导致超载问题仍时有发生

酒泉没有专门校车，提供校车服务的车辆平时在运营普通客运服务。在平时普通客运服务不紧张时，这些客车比较有积极性作为校车运送学生，但在普通客流量较大的节假日时期，普通客运从事校车运营机会成本较高，有些作为校车的运营车辆为增加收益经常采取超载的行为。从监督领域来看，集中放假时期，几百辆校车同时运营，公安部门警力有限，车辆载仪器也配备不足，不可能监督到每辆校车。同时，教育部门没有执法权，虽然校车上配备了随车老师，但只能起到提醒的作用，而不能对违规的校车司机进行惩罚。即便举报违规行为，该客车作为校车的资格被取消，能够进行替代的车辆也不足。因此，有时对校车的超载行为只能采取默认的态度。

3. 校车运营和发展最主要制约是资金不足

根据调研，酒泉市的校车运营过程中最大的问题是资金不足。首先，校车的运输成本和收益存在较大缺口。校车接送学生后返程都是空驶状态，另外即便是运送学生收取票款，票价往往也是低于市场价。返程空驶与车票优惠所带来的成本，其中最多有一半能够由学生支付的票价所补偿，剩余部分则要么由政府承担，要么由运输公司设法解决。其次，除了运输成本外，车辆维护费和司机工资支出也比较高，这些成本很大一部分并不在政府的补贴范围之内。

4. 财政分摊方式导致校车运营负担差异较大

甘肃省位于西部地区，经济发展在全国处于较为落后的水平，财政收入较低，提供基本公共服务的资金不足。相对于发达地区，甘肃省开展校车服务的基础比较薄弱，落实到基层政府时财政负担压力太大。近年来，甘肃省逐渐实行省财政直管县（市）的财政体制。对肃州区而言，其财政支出由甘肃省、酒泉市和肃州区三级分摊，落实到肃州区的财政负担相对较轻。而对省直管的县（市），财政支出是省县（市）两级分担，因而对一些经济相对落后的县（市）而言，校车服务的支出负担肯定要重于肃州区。这种财政收负担上的差异显著地影响了校车票价的负担模式。对于财政状况较好的肃北县和阿克塞县（一般财政收入排名前两位），学生乘坐校车不用承担运营费用，对财政状况较差的县，例如金塔县（一般财政收入在酒泉最后一位），学生要负担校车票价的80%，政府负担20%，瓜州和玉门的财政状况处于中等水平，政府基本承担了校车运营50%的成本。

5. 城乡公交系统不够完善，无法分流乘车学生

正常情况下，如果公共交通系统比较发达，对年龄稍大的学生则可乘坐公交车上下学，这相当于分流了学生。但酒泉地域广阔、人口分布分散，很多村庄没有覆盖公交线路，此外行政村内不同的自然村之间距离往往也比较远，公交系统即便能够覆盖到行政村，但也难以覆盖所有自然村。因此，原本可通过公共交通系统分流的学生也不得不乘坐校车，这也就意味着增加了校车供给的压力。另外，还有一个突出的问题是，有些离家较远的学生无法享受到校车服务，酒泉市现有运行的校车最大的通勤距离是70千米，对距离更远而又无公交系统覆盖的地区而言，学生回家比较困难。

6. 校车服务加重了学校和教师的负担

部分寄宿制学校的规模较大，每逢节假日需要乘坐校车的学生较多，由于校车数量有限，很多校车经常多次往返接送学生。而且校车随车老师均为学校抽调的教学老师兼任，并没有设置专门的随车老师，校车制度实行之后增加了老师负担，而这部分老师的待遇却没有相应提高。例如，酒泉四中的寄宿学生有近2800人，乘坐校车的学生有2300多人，路程最远的学生乘车70千米，需要校车62辆。这么多学生要回家，老师的管理难度增加。虽然学校采取了错时放学的错时，但由于校车数量不足，从第一批学生离校开始到最后一批学生离校需要5个小时以上，跟车护送的老师要到晚上很晚才能回家。老师们的主要工作是教学，接送孩子回家虽然付出很多劳动，但待遇并没有显著地改善。因

而，校车服务某种程度上分散了学校的教学精力，也加重了老师的负担。

（四）由酒泉市校车发展看如何完善中国校车制度

酒泉市是地广人稀的西北地区中一个普通的地级城市，在资金不足和各方面瓶颈较多的情况下，摸索出了符合自身发展阶段的校车运营模式。通过对酒泉校车模式的调研，我们总结出了其校车发展中的经验与问题。通过对这些问题思考，结合对国家校车发展相关的政策分析，我们提出了以下几方面的建议。

1. 中央要制定关于校车服务的制度安排

目前的《校车安全管理条例》是对校车的，而非校车服务，实际上校车服务是一个更宽泛的概念。从酒泉市校车运营模式来看，政府购买校车服务而非配置专门校车也是契合区域实际情况的。国家只出台专门的《校车安全管理条例》是不够的，因为这对发达地区或城镇"日送制"学校以及配置了专门的校车的地区，更有指导意义，对没有条件配置专门校车而不得不购买校车服务的地区则缺乏指导意义。从酒泉市的情况来看，经济发展水平不高、财力有限固然是限制专用校车购买的制约因素，但酒泉市教学资源比较集中，学生上下学距离很远，即便拥有专用校车，每日耗费数小时接送学生也是不可取的。而且，即便是购买了校车其利用率也非常低。因此，对酒泉市这样的地区更适合购买校车服务这样的校车模式。但是，在制度不完善、法律法规缺失的状况下，合理的模式反而暂时"不合规"。由此可见，国家仅出台《校车安全管理条例》是不够的，应该考虑各地的实际情况，综合出台扶持校车服务发展的指导意见。

2. 各地区因地制宜地选择校车运营模式

学校是校车服务的最基本的组织单元，因此各地区学校运行方式不同决定了其校车运营模式，欠发达地区或城镇地区普遍是"寄宿制"学校，发达地区或交通不便地区大多以"日送制"学校为主，各地区应该按照学校运行方式来选择校车运营模式。对寄宿制学校而言，以周或周以上时间为周期运送学生往返，而且多为运送学生放学回家。这种情况下没有必要购置专门的校车，更好的方式是购买校车服务。对"日送制"学校而言，每天都需要运送孩子上下学，这就对校车的要求比较高，需要购买专门的校车、雇用专门的校车司机以及配备随车教师。中国国土面积广袤，自然、地理环境迥异，对于人口居住分散、学校分布相对集中的中西部地区，采取酒泉模式比较适宜。

3. 建立合理的校车发展成本分摊机制

中国虽然已经出台了《校车安全管理条例》，但只是粗线条地规定了校车发展方向以及各方的责任，其中一个极其重要的问题并未涉及，即校车发展成本由谁来负担。目前，各地区普遍将校车作为义务教育阶段的一项基本内容来实行，这就产生了一些问题。根据《中华人民共和国义务教育法》规定，义务教育阶段经费主要由县及县以上政府负担，中央政府的义务教育专项补助起到托底的作用。但由于各地区经济发展水平差异很大，教育经费与经济发展直接相关，教育水平也和经济发展水平一样差异巨大。但中央财政支付额度一般较低，逆向调节的作用有限。同样，在校车发展过程中，由于校车运行需要巨额资金投入，财政收入充裕的地区购买校车，支付日常费用完全没有问题；但对财政收入匮乏的落后地区，却拿不出相应的资金来发展校车。这当中，中央的责任实际上是缺失的，既然国家要下决心发展校车事业，就必须承担相应的责任，把责任推给地方政府必然无法收到好的效果。近年来，中央财政给予了多项教育专项补助项目，如营养餐计划、免学杂费等，姑且不论补助效果如何，单从普及程度来看，还是让大多数学生享受到了优惠，这些事业的运作方式可作为校车发展的借鉴。我们认为，中央和省级政府要成为校车发展成本的主要承担者，特别是中央对各省发展校车进行普惠制的补贴。要对各地区校车发展模式和乘坐校车的学生进行充分的调研，对校车经费补贴方式进行科学的设计，要让每个需要乘坐校车的学生都能享受到中央的补贴。

4. 明确相关利益主体义务和责任

校车安全运营是一个系统工程，设计到社会方方面面，单靠政府或学校很难对校车安全进行全方位的监督。校车运营设计的利益相关方包括政府（包括职能部门）、学校、运营公司（或校车司机）以及家长。在校车运行制度设计上务求科学严谨，必须明确各方的责任，调动各方的积极性，构筑学校、政府、运营公司、家庭四位一体的安全责任体系，各级政府部门要职责明确，力争做到没有安全盲区。在城镇中校车运行监管相对到位，公安、交管、安监各负其责就能够实现有效的监督。但对于广大乡村地区，由于监督手段和监督力量不够，无盲区监督还难以实现。这种情况下，乡镇政府和村委会要负有安全责任，学生家长作为至关重要的利益主体也要负担责任，有责任才能有动力去学习。上级政府要经常抽查乡镇的校车安全情况，如果发现乡镇政府有关人员失职要进行处罚，如果发现学生家长安全意识淡薄，要进行批评教育，并将其责任明确告知。

5. 建立校车运营成本负担的弹性机制

校车运行资金短缺固然是一个棘手的问题，但政府仅出台一个校车管理办法并不能"万事大吉"，更为关键的问题是没有建立成本负担的动态机制。近年来，由于校车司机、油费、维护费用随着市场价格发生变化，特别是人工费用增长很快，实际运行成本可能与预算出入较大，很多地方校车成本补贴额度确定不久就不能适应实际环境。因此，有必要建立校车运行成本定期评估机制，校车运营的各方必须了解校车运营缺口和其他困难，各方协商核定补贴标准和票价。

6. 中央通过补贴校车企业降低校车购置费用

校车运行支出中最为重要的一笔支出时校车的购置费用。由于校车服务主体相对弱小，自我保护意识不强，因此专用校车设计需要比一般客车的安全系数更高，这就导致校车购置费用相对较高。对酒泉市这样的地区而言，几百辆校车的购置费用就达上亿元，这对经济实力并不雄厚的酒泉市而言实在是一笔难以承受的支出。补贴校车发展一个相对有效的途径是直接对生产厂家进行补贴，政府对每辆售出的校车进行一定比例的资金补贴，以使得校车价格低于市场价格。这样能够从源头上降低校车购置费用，减轻政府负担。而且，对出资者来说，这种方式最大限度地发挥了市场的作用，降低了寻租空间，提高了补贴的效果。

7. 多渠道筹集校车购置和运营费用

鼓励社会资本进入校车领域，鼓励企业承担社会责任。不可否认，政府支持校车发展的资金不足是制约校车发展的根本瓶颈，但校车发展不能只规定为政府的责任。社会的发展必须依靠社会的力量，校车发展也不例外。应该鼓励企业、非政府机构和个人支持校车的发展。我们认为，校车具有公共品和准公共品双重属性，对收入高的群体而言，完全可以通过自己的力量在市场上购买更高质量的校车服务，如果发挥了这部分群体的力量，显然可以腾出更多的资金为中低收入群体家庭提供更好的校车服务。另外，随着经济发展水平的提高，很多企业和个人开始热衷于公益事业，他们有资金、有精力为校车服务提供自己的力量，但现在还没有一个很好的途径引导这份力量进入校车领域。政府应该积极宣传，建立和规范校车公益事业制度，发挥有责任感的企业和个人的力量，能够减轻校车发展的资金不足问题。

七　宁夏回族自治区"中卫模式"调研报告

（一）沙坡头区基本情况

中卫市位于宁夏回族自治区中西部，辖区内有中宁县、海原县以及沙坡头区。总面积达 1.6 万余平方千米，其中山区面积有 1.3 万余平方千米，占 78.33%。总人口有 118 万人，以回族为主的少数民族人口占 35%。2004 年 2 月，中卫撤县设立地级中卫市，原中卫县辖区改称为沙坡头区，直属中卫市管辖。沙坡头区总人口 39.59 万人，占中卫市总人口的 33.52%，其中回族人口 2.04 万人。

2012 年，中卫市委、市政府将推进校车规范化管理进程列为 15 项民生实事和年度"创新引领行动"计划任务项目。市政府多次召开常务会议专题研究校车运营的有关事宜，市人大、市政协也组织人员开展调研，提供政策依据。各职能部门之间建立了不定期联席会议、校车安全管理工作例会，加强信息通报和工作协调，及时解决校车运营中出现的问题，确保校车的安全平稳运营。

中卫市率先在沙坡头区展开了有关校车运营的机制创新，并取得了良好的效果。目前，沙坡头区共有校车 40 辆（50 座 5 辆、37 座 20 辆、32 座 15 辆），投入运营的有 34 辆，备用 6 辆。校车主要服务对象为中小学及幼儿园，共计 17 所。其中，幼儿园 15 所（公办幼儿园 2 所、民办幼儿园 13 所），小学 2 所。接送小学生、幼儿共计 1920 人，其中：15 所幼儿园在园幼儿有 4607 人，校车接送幼儿 1226 人，占幼儿总人数的 26.6%；2 所小学在校学生 2196 人，校车接送学生 694 人，占学生总人数的31.6%。沙坡头区的校车服务，基本满足了学生的乘车需求，受到了各学校、幼儿园及社会人民群众的一致好评，并受到了国内主要媒体的关注。

（二）校车运营管理模式

中卫市沙坡头区的校车运营管理采取了企业经营、政府补贴、市场化和公益性相结合，各职能部门共同监管的运营管理模式。

1. 企业经营、政府补贴的运营模式

2012年2月20日，由中卫市交通运输集团出资1533.76万元，购置校车40辆，成立了中卫市公共交通校车服务股份有限公司（以下简称校车服务公司）。该校车服务公司的性质为股份制有限公司，总投资经营范围为公交运输，由中卫市交通运输集团统一管理运营，公司自主经营、自负盈亏、自担责任、独立核算、具有法人资格。公司成立后，为促进公益性事业的发展，中卫市政府对校车服务公司补贴总出资额的45%。

在校车服务公司的日常运营中，政府支持学校、幼儿园租赁校车使用，用车学校、幼儿园承担租赁费用的40%，每年按照9.5个月计付，此租赁费用由学校、幼儿园每月向乘车学生、幼儿收取；市教育局承担租赁费用的60%，每年按10个月计付，由市教育局预先垫付，市财政全额拨付教育局。

2. 教育局主导、多方职能部门联动

为切实加强校车安全管理，强化部门监管力度，中卫市人民政府建立了校车安全管理联席会议制度（以下简称"联席会议"）。该联席会议办公室设立在中卫市教育局，由教育局局长兼任办公室主任，联席单位包括了中卫市公安局、市委宣传部、市发展和改革委员会、市司法局、市财政局、市住房和城乡建设局、市交通运输管理局、市安监局、市规划管理局、市道路运输管理局、市质监局以及市法制办。

联席会议的主要职责包括：统筹协调校车安全管理工作，分析校车安全形势，研究拟定相关政策措施，建立健全校车安全管理长效机制；组织实施校车安全工程，指导和督促各成员单位贯彻落实《校车安全管理条例》，协调解决校车安全管理有关重要问题；组织开展校车安全管理专项检查。

（三）校车监管机制

为保证校车运营新模式的正常运行，中卫市政府建立了较为完备的校车监管体系。首先，在监管机制上，制定了一系列的法规条文，对各职能部门的监管职责和任务进行了明确。其次，在校车的运营管理上，着力于建立校车安全运营的长效机制，出台了校车运营的相关细则，严格了校车运营过程中的操作规范。最后，通过部门联动，依托高科技，建立了动态的科学监管体系，实行网络化管理，并将校车安全管理工作纳入全市安全目标管理考核范围。

1. 监管机制完善、各方责权清晰

在市政府的牵头下，沙坡头区制定了《中卫市沙坡头区校车运行工作实施方案》《中卫市校车运营管理方法（试行）》《中卫市中小学幼儿园校车交通安全专项整治行动实施方案》等，对校车运营及监管做了全面的安排，进一步明确了职责和任务。市教育局与公安局联合制定了《中卫市沙坡头区校车安全运营即时监管制度》，从校车路查路巡、违法举报、交通安全进校园、责任举求四个方面分解工作目标，细化责任落实，严格责任追究。

2. 安全管理的长效机制

为建立校车安全运营长效机制，中卫市人民政府对校车运营提出了"五个最""六统一"的要求，即使用最安全的车辆、最可靠的司机、最严格的责任、最优先的政策、最合理的机制；统一购置车辆、统一参加保险、统一车内配置、统一保养维修、统一收费标准、统一业务培训。

3. 动态的安全监管

将校车安全管理工作纳入全市安全目标管理考核范围，建立部门联动机制，实行网络化管理。以科技为支撑，建立校车全程监控系统（统一安装 GPS 及行车记录仪），依靠视频监控实现即时监管、动态监管的科学监管体系。

（四）校车安全保障体系

为全方位保障校车运行安全，在校车安全保障体系上，中卫市建立了"六定"管理模式，同时在每一辆校车上都安排专职教师对学生、幼儿进行照看，并对校车驾驶员进行定期培训。

1. "六定"管理

为确保校车运行安全，对校车实行了"六定"管理。六定是指：①定线路：固定接送路线，方便学生乘车；②定时：校车服务公司固定每天接送时间，确保学生、幼儿按时上下学；③定点：每条校车线路确定若干个固定乘车点，由家长负责将学生、幼儿护送到乘车点乘坐校车；④定车：固定每条线路接送学生车辆，不准调用非专用车辆接送学生；⑤定人：定驾驶员和随车照看教师；⑥定标识：每个学生由教育局统一发放乘车标识，每天检查上下车学生、幼儿人数，按照乘车标识固定学生、幼儿乘车座位。

2. 配置安全照管人员

购买校车服务的学校，在每辆校车上安排1—2名照管人员，随校车全程照管乘车学生，并履行以下职责：①学生上下车时，在车下引导、指挥、维护上下车秩序；②学生下车后需要横穿道路的，带领学生安全通过；③发现驾驶员无校车驾驶资格或者发现驾驶员有饮酒、校车超载等明显妨碍行车安全情形的，制止校车开行并立即向校车服务公司责任人报告；④清点乘车学生人数，确保乘车学生安全落座，确认车门关闭后示意驾驶员启动校车；⑤制止学生在校车行驶过程中离开座位等危险行为；⑥核实学生下车人数，确认乘车学生已经全部离车后本人方可离车。

3. 驾驶员培训

校车服务公司自聘校车驾驶员，聘用的校车驾驶员必须符合《中华人民共和国道路交通安全法》和《校车安全管理条例》的相关条件及资质，并具备良好的职业道德。禁止聘用未取得校车驾驶资格的机动车驾驶人驾驶校车。校车驾驶人应当每年接受公安机关交通管理部门的审验。校车服务公司建立健全校车安全管理制度，配备安全管理人员，加强校车的安全维护，定期对校车驾驶人进行安全教育，组织校车驾驶人学习道路交通安全法律法规以及安全防范、应急处置和应急救援知识，保障学生乘坐校车的安全。

（五）运营成本及费用分担

各小学、幼儿园与校车服务公司签订校车安全管理责任书，并支付一定费用租赁校车服务。2012 年，校车租赁费用为每车每月 1.1 万元，用车学校、幼儿园承担租赁费用的 40%，每年按照 9.5 个月计付。此部分租赁费用，由学校、幼儿园每月向乘车学生、幼儿收取。中卫市教育局承担租赁费用的 60%，每年按照 10 个月计付。此部分费用由中卫市教育局预先垫付，市财政全额拨付给教育局。

乘坐校车的学生、幼儿，由学校、幼儿园统一配发学生乘车证，乘车费用由物价部门统一核定为 1.6 元/人次（按学生乘车实际次数核算）。

附表 4　中卫市沙坡头区 2012 年校车（40 辆）营运实际费用明细表

项目		金额		每月分摊费用
车辆保险	ZK6100DA 校车（5 辆）交强险 4690 元/年、第三者责任险 6260 元/年、承运人责任险 5940 元/年、车损险 11364 元/年、玻璃单独破碎险 580 元/年、不计免赔 2062 元/年	每辆车 30896 元/年	93.84 万元	
	ZK6726DX 校车（20 辆）交强险 4690 元/年、第三者责任险 6260 元/年、承运人责任险 4070 元/年、车损险 7487 元/年、玻璃单独破碎险 580 元/年、不计免赔 2062 元/年	每辆车 25149 元/年		437.84 万元
	ZK6662DX 校车（15 辆）交强险 3420 元/年、第三者责任险 5124 元/年、承运人责任险 3520 元/年、车损险 4673 元/年、玻璃单独破碎险 520 元/年、不计免赔 1470 元/年	每辆车 18727 元/年		43.78 万元
大客司机工资		每月 5000 元/人	240 万元	
校车日常维护费用		每年 2.4 万/辆	96 万元	
年检费及 GPS 使用费		每年 2000 元/辆	8 万元	

续表

项目	金额	每月分摊费用
燃油费	173.87 万元	17.39 万元
总计	612 万元	每月合计 61.2 万元

中卫市政府也同时在积极争取将校车纳入国家石油价格（城市公交）补贴范围。如争取到补贴资金，则每年石油价格补贴资金的55%由交通运输集团获得，45%用于抵扣市教育局所承担的租赁费用。

（六）宣传与教育

为了有效地执行校车运营管理的相关细则，建立校车安全管理的长效机制，中卫市政府以校车安全运营为主要抓手，将校园交通安全教育进行常态化和规范化，并建立了校车运营督查机制。

1. 交通安全教育常态化

加强校园交通安全日常教育，通过国旗下的讲话、主题班队会、黑板报、演讲比赛、知识竞赛、专题讲座、观看宣传片等多种形式对师生进行交通安全常识的宣传教育，保证师生对交通安全常识的知晓率达到100%。建立放学前安全教育提醒制度，利用"放学前一分钟教育"校门口全安提示牌等，做好学生乘车、骑车和行路安全教育。同时，进一步加强对校车驾驶人、随车照管人员的交通安全教育，分期开展安全教育培训，增强安全意识。

2. 交通安全管理规范化

学生上下学时段安排教师护路护队，做好学生交通安全保卫工作；实行"文明安全行小黄帽路队制"，培养学生文明交通素养；联合交警部门，组织学校值班领导、教师开展文明交通劝导活动；对学校周边交通设施进行摸底调查，及时协调有关部门完善相关设施；加强学校沟通，通过家长会、家访等多种方式增强家长的安全意识和责任意识。

3. 校车督查制度化

2012年，在中卫市委、政府领导的带领下，开展了中小学幼儿园校车交通安全专项整治行动。并成立了专项检查组，深入各学校及校车公司，对校车运营情况进行检查。市教育局联合交通、交警等各部门，对校车运营情况进行定期以及不定期的督查，加大执法检查力度，坚决杜绝校车超员、超速等违规行为，确保校车安全运营。

（七）存在问题与改进

总体而言，在调研过程中，各小学、幼儿园负责人对沙坡头区校车运营模式给予了极大的肯定和赞赏，认为该模式有效地制止了私家车、黑校车、拼车等接送学生现象，解决了非法运营校车的安全隐患，同时也极大地缓解了之前家长、各小学，尤其是幼儿园教师接送学生的心头大患。但同时，由于该校车创新模式运行时间不长，相关政府官员和各学校负责人也反映出在实践过程存在的一些问题，例如，一些小学校长反映，由于每辆校车上要派出专职教师照看学生，占用了学校的教师编制，因此导致其他教师的工作任务加重，师资力量被削弱。一些幼儿园负责人也反映，由于要派专职教师照看，导致教师的工作压力加大，而每日的接送补助仅 5 元，经费上还是紧缺。校车服务公司负责人也反映，由于社会物价，尤其是油价、人工、校车维护、维修成本上升，使得校车服务公司 2012 年处于亏损状态，因此构建校车运营的长效机制，需要考虑校车公司的盈亏平衡。市交通局负责人表示，目前社会上尊重校车，让校车优先的风气尚未形成，未来除了要执行好人员的安全监管以及理性检查之外，还需要在社会群众教育上加大力度。市财政局负责人表示，目前沙坡头区校车运营中的政府投入部分，完全是由市财政全额支付。由于身处西部地区，每年财政收入有限，因此未来在政府的资金补贴上，需要考虑其他的融资模式。

经过一番热烈的商讨，有关专家和各职能部门负责人都认为，为了能确保沙坡头区校车运营模式的长效机制，必须保证政府在财政投入上的持久能力，必须保证校车运营公司在收支上的平衡，同时也要努力帮助各小学、幼儿园进一步减轻压力。因此，未来需要在以下几个方面多进行政策调研，寻求政策支持：①目前，沙坡头区校车运营的政府投入部分完全由市级财政全额拨付。希望未来中央财政能加大对西部地区校车运营的投资，建立中央、省、市三级财政投入体系，减缓市财政压力。②努力申请国家燃油补贴，免税等政策，减轻校车服务公司的财务压力。③通过多部门协作，进一步优化校车行驶路线，并提高利用率，降低运营成本。④探索校车运营市场的企业竞争机制。⑤探索校车运营费用的提价机制与提价空间。

参考文献

［1］陈方：《我国校车问题的伦理思考》，《云南农业大学学报》（社会科学）2014 年第 6 期。

［2］代玉慧：《美国、日本校车管理制度对我国校车发展的启示》，《学园》（教育科研）2012 年第 14 期。

［3］丁倩、尤嘉勋：《国内外校车市场发展现状及未来市场需求展望》，《商用汽车》2012 年第 9 期。

［4］甘凤春：《广西农村地区中小学校车需求状况调查报告》，《西南农业大学学报》（社会科学版）2013 年第 2 期。

［5］耿益群、张洁、秦学智、王保华：《国外校车运营和管理状况及特点管窥》，《教育科学研究》2010 年第 9 期。

［6］《国内校车质量堪忧，东风因质检不合格召回 8 辆》，《投资者报》2013 年 10 月 20 日。

［7］李岩等：《校车安全事故中的政府责任及对策探究》，《洛阳师范学院学报》2012 年第 6 期。

［8］李春生：《日本的校车管理及其启示》，《世界教育信息》2012 年第 4 期。

［9］牛志奎、高晓宇：《日本义务教育校车制度及其运营管理方式》，《比较教育研究》2013 年第 2 期。

［10］《盘点世界各国校车管理高招》，《道路交通管理》2008 年第 10 期。

［11］申寅子：《校车伤害事件敲响学校生命安全教育警钟——兼论中美校车制度措施之比较》，《现代教育科学》2012 年第 6 期。

［12］《世行报告：中国校车达标有限，尽早调整校车交通的制度框

架》,《东方早报》2012 年 3 月 30 日。

[13] 《渭南幼儿校车现质量问题　五菱：工艺问题》,《陕西都市报快报》2015 年 7 月 9 日。

[14] 汪中传、张海洋：《解读美国校车安全标准》,《商用汽车》2012年第 1 期。

[15] 徐芸：《我国校车资金来源问题研究》,《湖北广播电视大学学报》2013 年第 6 期。

[16] 叶正梗等：《洛阳市中小学校车需求量预测》,《大观周刊》2012年第 15 期。

[17] 余柳、刘莹：《北京市小学生通学交通特征分析及校车开行建议》,《交通运输系统工程与信息》2011 年第 5 期。

[18] 张素蓉：《校车事故的深层原因：教育规模布局调整重经济性轻人文关怀性——以深圳市龙岗区为例》,《湖南师范大学教育科学学报》2012 年第 5 期。

[19] Aviva (2013), Transportation means to School Used by Single Parents with Children in the United Kingdom (UK) in 2013.

[20] Bolton, P. (2014), Education Spending in the UK, House of Commons Library.

[21] British Medical Association (1997), *Road Transport and Health*, BMJ Books.

[22] Chowdry, H., Sibieta, L. (2011), Trends in Education and Schools Spending, Institute for Fiscal Studies, Economic Social Research Council.

[23] Department for Education (2014), Home to School Travel and Transport Guidance: Statutory Guidance for Local Authorities.

[24] Department for Education and Skills & Department for Transport (2003), Travelling to School: A Good Practice Guide, London.

[25] Department for Education and Skills & Department for Transport (2003), Travelling to School: An Action Plan, London.

[26] Department for Health (1998), Inequalities in Health—The Acheson Report, London.

[27] Department for Transport (2014), National Travel Survey 2014: Travel to school.

[28] Department of the Environment, Transport and the Regions (1998), A New Deal for Transport-Better for Everyone, London.

[29] Department of the Environment, Transport and the Regions (1998), Focus on Personal Travel, London.

[30] Department of the Environment, Transport and the Regions (1999), From Workhorse to Thoroughbred—A Better Role for Bus Travel, London.

[31] Department of the Environment, Transport and the Regions (1999), School Travel Strategies and Plans, London.

[32] Department of the Environment, Transport and the Regions (2000), Guidance on Full Local Transport Plans, London.

[33] Department of the Environment, Transport and the Regions (2000), Transport 2010—The 10 Year Plan, London.

[34] Department of the Environment, Transport and the Regions (2001), A Training Programme for Bus Drivers Focusing on Conflict Resolution with School Pupils, London.

[35] Department of the Environment, Transport and the Regions (2001), Increasing Bus Use for Journeys to School: A Guide to Best Practice within Existing Legislation, London.

[36] Fish, A. (2015), The New Agenda: Personalisation: Budgets, Processes and Transport Information Systems.

[37] Green Communities Canada (2010), Review of International School Travel Planning Best Practices, London.

[38] Higginbotham, Amy, Jared Pincin, Tami Gurley-Calvez, and Tom Witt (2009), Public School Transportation National and Regional Perspectives: An Update, www. be. wvu. edu/bber/pdfs/BBER - 2009 - 02. pdf.

[39] NCST (2010), National School Transportation Specifications and Procedures, Fifteenth National Congress on School Transportation, http: //

www. ncstonline. org, last visited November 22, 2013, pp. 26 – 129.

[40] Safer Scotland, Transport Scotland, and SCOTS (2010), A Guide to Improving School Transport Safety: Casualty Risk, Responsibilities and Legal Requirements, and Ten Ways to Reduce Risk on the School Journey.

[41] STC Ltd. (2016), School Transport Matters: A Report on School Transport Provision across the UK 2010 – 2016.

[42] The House of Commons (2009), School Bus (Safety) Bill 2008 – 09, London.

[43] U. S. Census Bureau (2002), Government Organization, http://www. census. gov/prod/2003pubs/gc021x1. pdf.